लाल फीता
(व्यंग्य)

लाल फीता

हेमन्त द्विवेदी

लोकभारती प्रकाशन

लोकभारती प्रकाशन
पहली मंजिल, दरबारी बिल्डिंग, महात्मा गांधी मार्ग
प्रयागराज-211 001

वेबसाइट : www.lokbhartiprakashan.com
ईमेल : info@lokbhartiprakashan.com

शाखाएँ : 1-बी, नेताजी सुभाष मार्ग, दरियागंज
नई दिल्ली-110 002
अशोक राजपथ, साइंस कॉलेज के सामने
पटना-800 006
1, अनमोल सोराबजी संतुक लेन, धोबी तलाव
मरीन लाइंस, मुम्बई-400 002

पहला संस्करण : 2010
तीसरा संस्करण : 2023

राजकमल प्रेस
नई दिल्ली-110 002
द्वारा मुद्रित

LAL FITA
by Hemant Dwivedi

ISBN : 978-81-8031-487-2

मूल्य : ₹625

बड़ी बहन

प्रतिभा

को

अनुक्रम

पूर्वार्ध

उत्तरार्ध

भूमिका

बाबू मलूकदास ने अपने जीवन में एक ही बात कही थी, जो बड़े मार्के की थी—

अजगर करै न चाकरी, पंछी करै न काम।

दास मलूका यों कहें, सबके दाता राम।।

साफ जाहिर है कि जो आदमी अजगर है यानी अजगरी प्रवृत्ति का है, उसके बस की नौकरी नहीं है। वह तो बस एक जगह पड़े-पड़े अपना पेट भरता रहता है। प्रवृत्ति तो हमारी भी अजगर किस्म की है, मगर नौकरी कर ली। इसमें कोई ताज्जुब नहीं होना चाहिए, क्योंकि प्रवृत्ति का अंकन परिवार के स्तर पर यदि देखें, तो आपको मालूम होगा कि हमारे तीन भाइयों ने नौकरी के ऑफर को यूँ कहकर बीसवीं सदी के अंतिम दशक में ठुकरा दिया कि उनसे ये (यानी नौकरी) निभेगी नहीं। क्यों नहीं निभेगी, इसी अजगरी प्रवृत्ति के कारण। तो पूरे परिवार के स्तर पर परिणाम ये हुआ कि यदि चार भाइयों की एक इकाई मान लें, तो हम एक चौथाई हिरन तीन चौथाई अजगर हुए। ताज्जुब तो यह कि अजगर हिरन के घर नौकरी कर ले। यही हुआ और हमने काफी दौड़ धूप वाले माल महकमे में अपनी आमद करा दी। इस नौकरी में रहकर लेखन तो और भी मुश्किल हुआ न। तब हम मलूकदास की भाँति इस परिस्थिति पर एक दोहे का आधा भाग रख देते हैं :

नीम चढ़ा करेला, अदरख के संग खाय।

मेरा आपसे अनुरोध है कि आप इस दोहे को पाजिटिव सेंस में पूरा कर भेजिए, मैं आपको अपना उस्ताद मान लूँगा। समस्या पूर्ति हिन्दी में वैसे भी काफी पुरानी विधा है। हम आज से इसको पुनर्जीवित कर रहे हैं।

आप सोच रहे होंगे कि अच्छा मजाक हैं। किताब का नाम रख दिया "लाल फीता" मगर अब तक लाल फीता ही नहीं दिखा। वस्तुतः सरकारी नौकरियों में सब कुछ धीरे-धीरे, मगर ठसक के साथ, होता आया है। इसीलिए नौकरशाह की प्रवृत्ति को कुछ लोग लाल फीताशाही या रेड टेपिज्म के नाम से पुकारते हैं। नौकरशाही का प्रतीक है 'फाइल' या 'मिसिल' (हिन्दी में पंजिका या पत्रावली) जिसे सुरक्षित रखने के लिए उसके ऊपर एक लाल फीता बाँध देते थे। यद्यपि अब फाइलों पर सफेद फीता बंधने लगा है मगर "लाल फीता" शब्द नौकरशाही के साथ चिपक गया। इन फाइलों पर पहले जो कार्यवाही होती थी वह गंभीर सोच-विचार, इत्मीनान तथा राजसी मर्यादा के साथ होती थी। आज युग बदला है, प्रजातन्त्र ने कुछ नये मूल्य व मान्यताओं की अपेक्षा की है। नौकरशाहों के समक्ष एक द्वन्द्व है। न तो वे अपना पुराना चरित्र एकदम से छोड़ सके और न ही नये मूल्य पूर्णरूपेण स्वीकार कर सके। इसीलिए व्यंग्य के रूप में इस किताब में कहीं-कहीं सरकारी नौकरी की तुलना ईस्ट इण्डिया कम्पनी के साथ की गई है।

अपने राजकीय दायित्वों की पूर्ति में हम बहुत सारे लिखित एवं परम्परागत कार्य करते हैं। हर कार्य की अलग-अलग नवैय्यत होती है तथा जो होने के बाद हमें हल्की या गहरी टीस दे जाती है। ये टीसें जैसे किसी एक पन्ने पर दर्ज होती जाती हैं। धीरे-धीरे इन्हीं पन्नों की एक फाइल बन जाती है। जो संवेदनशील प्रेक्षक होता है वह इस फाइल को झाड़-पोछ देता है तथा उसे सुन्दर से फाइल कवर में रखकर लाल धागे से बाँधकर गाँठ लगा देता है। टीसें सभी प्रेक्षकों को मिलती हैं, फाइल तैयार करने की कला संवेदनशील प्रेक्षक जानता है। यह किताब एक ऐसी ही फाइल है जो राजकीय कर्तव्यों के निर्वहन के दौरान अपने आप तैयार हुई है। हमने तो महज इसे तरतीब देकर लाल धागे से बाँधकर एक गाँठ लगा दी थी। आज उसी को खोलकर फाइल आपके समक्ष प्रस्तुत कर रहा हूँ।

एक दूसरी दृष्टि से देखें तो ऐसा लगता है कि इस दुनिया में जो कुछ हैं, एक तरह की फाइल ही है। हर कागज, दरख्वास्त, एप्लीकेशन जो आपके समक्ष होती है, वह किसी न किसी फाइल का पार्ट है और हर फाइल के पीछे एक अदद पेट छुपा रहता है। न्यायालय में चल रहा कोई मुकदमा, काश्तकार की खतौनी, सरकारी नौकर की सेवा पंजिका—ये सब फाइलें ही तो हैं। हम सब स्वयं प्रभु की विराटकाय फाइल के एक उप-

अध्याय की पाद-टिप्पणियाँ भर हैं। इसी भाव से प्रेरित होकर हमने इस किताब में एक लेख 'पंजिका' शीर्षक से दिया है। मानव-हृदय के सबसे बड़े रहस्य ज्ञाता शेक्सपियर ने दुनिया को एक स्टेज और मानव को उसका एक अभिनेता माना, जो अपनी भूमिका का निर्वाह कर यथासमय विदा हो जाता है। यह बात मुनासिब है, मगर हमें तो दुनिया एक विशालकाय पंजिका (फाइल) लगती है और मानव उस फाइल के पन्नों पर अपने महत्त्व को रेखांकित कर देता है। पन्ना पलटता जाता है, मानव विदा होता जाता है। अब यह मुकद्दर की बात है कि कोई इस फाइल में शीर्षक होता है, कुछ पंक्तियों के मध्य होते हैं, कुछ फुटनोट के रूप में लिखे जाते हैं। कुछ मानव इस किताब के अध्याय हैं, जिनका उल्लेख पुस्तक के आरम्भ में अनुक्रम में भी मिलता है तथा पुस्तक के बीच में भी। कुछ ऐसे भी लोग हैं जो Index तथा Bibliography या Further Reading के रूप में इस फाइल में दर्ज हैं। इस तरह दुनिया की विशाल फाइल में हर मानव की एक छोटी फाइल दर्ज होती जाती है।

जब नगर निगम, वर्ष 2000 में के चुनाव की घोषणा हुई, तब मेरे दिमाग में एक व्यंग्य संग्रह लिखने की प्रक्रिया चल रही थी। चुनाव की घोषणा के बाद मैंने सोचा कि अब तो चुनाव कराना है, लिखने की फुर्सत नहीं मिलेगी। मगर मुझे क्या मालूम कि प्रभु ने इस विषय में कुछ और सोच रखा है। बीस पच्चीस दिन, जब तक चुनाव की अधिसूचना जारी रहती है, प्रशासनिक अमला चुनाव के अतिरिक्त कुछ नहीं कर पाता। मगर प्रभु की कृपा से मुझे निर्वाचन अधिकारी के रूप में दो ऐसे सहायक निर्वाचन अधिकारी मिले, जिन्होंने न केवल अपनी बुद्धि-विवेक से मेरे दिल को जीत लिया बल्कि अपनी मेहनत एवं कर्मठता द्वारा मुझे अभिभूत कर दिया। ये हैं, यू. पी. एग्रो के सहायक अभियंता श्री ए. के. सिंह तथा सहायक निदेशक, संस्थागत वित्त के श्री रामकृष्ण। रामकृष्ण हम दोनों से आयु में छोटे हैं और हम उन्हें 'आर. के.' कहते थे।

दोनों सहायक निर्वाचन अधिकारियों विशेषकर 'आर. के.' ने मुझसे कहा कि मैं अपने लेखन का काम बदस्तूर करता रहूँ। चुनाव का सब कार्य वे लोग स्वयं निपटा लेंगे। चुनांचे उनके आग्रह को देखकर हमने ऐसा ही किया। ऐसे अकृत्रिम निष्कपट प्रेरणा को हम अगर सलाम न करें तो यह आदमी की तौहीन ही होगी।

चुनाव के माहौल में चुनाव पर कुछ न लिखना आपको आश्चर्य में डाल देगा। मूल संग्रह में चुनाव पर कोई लेख नहीं था। एक-दो लेख बाद में लिखकर इसमें शामिल कर दिये गये हैं। भारत में चुनाव एक अजीब किस्म के तनाव, आपाधापी, अव्यवस्था, अमानवीय परिस्थितियों के बीच होते हैं। संसद एवं विधान मंडलों के चुनाव भारत निर्वाचन आयोग नई दिल्ली करवाता है। इन चुनावों में तनाव अपेक्षाकृत कम होता है, क्योंकि इन चुनावों में प्रत्याशियों की संख्या कम होती है तथा इसके अधिकांश नियम कानून परिपक्व एवं समय की कसौटी पर कसे हुए होते हैं। राज्य निर्वाचन आयोग के चुनाव में स्थानीय प्रत्याशियों की भारी भीड़ की निकट सहभागिता के कारण न केवल इन चुनावों में तनाव अत्यधिक होता है वरन् आपाधापी, अव्यवस्था भी अधिक होती है। इन चुनावों से निपटना वैसा ही है, जैसे कुतुबमीनार से नीचे कूदकर सुरक्षित पृथ्वी पर पहुँचना तथा वहाँ से टहलते हुए अपने निवास स्थान को प्रस्थान कर जाना। यह करिश्मा आम आदमी या साधारण सरकारी सेवक नहीं कर सकता। हम प्रशासन के लोग चूँकि उल्लू जैसी किसी प्रजाति के होते हैं, अतः हम प्रायः ऐसे करिश्में कर लेते हैं एवं करने को प्रस्तुत रहते हैं।

आप सचमुच हैरान हो रहे होंगे कि अजीब आदमी है। एक बार अजगर जैसी प्रवृत्ति का कहा और अब अपने को उल्लू प्रजाति का बता रहा है। नाराज न होइए बन्दानवाज, आपकी तीक्ष्ण बुद्धि का हम लोहा मान गये हैं कि आपने बहुत महीन बात पकड़ी है। वस्तुतः मूल रूप से हम अजगरी प्रवृत्ति के ही हैं, लेकिन हिरन के घर नौकरी कर ली है, तिस पर लेखन कार्य भी करते हैं इस प्रकार अजगरी प्रवृत्ति के बावजूद हमारा मामला थोड़ा जटिल हो गया। जहाँ तक उल्लू की बात है, हमने अर्ज किया कि हम उल्लू जैसी किसी प्रजाति के हैं। हमने यह नहीं कहा कि हम उल्लू हैं। आखिर उल्लू होने और उल्लू जैसी प्रजाति के होने में कुछ तो फर्क है। उल्लू और हमारे दरम्यान जो मुख्य फर्क है, वह यह कि उल्लू रात में जागता है, दिन में तो सोता है; मगर हम दिन-रात जागते ही हैं। इसीलिए जब बिस्तर पर मौका लग जाता है, तो मूल अजगरी प्रवृत्ति कुछ तीव्रता से उभर आती है।

अरस्तु ने कहा कि आदमी एक सामाजिक जानवर है। हमें नहीं मालूम कि यह बात उन्होंने हर आदमी के लिए कही या सिर्फ प्रशासन और पुलिस अधिकारियों के लिए कही। पुलिस और प्रशासन के हर संजीदा

अधिकारी के पास एक बोलता डिब्बा होता है जिसे घिसने से कभी चिराग की मानिन्द जिन्न निकलता होगा। इसे वायरलेस सेट कहते हैं तथा इस पर जिन प्रतीकों में हमें पुकारा जाता है, उनमें से अधिकांश जानवरों के नाम हैं। मुलाहिजा फर्माएँ—ईगल, जेब्रा, टाइगर, पैंथर, लैपर्ड, लीमा, सेयरा, पापा, अब आप ही बताएँ। यदि हम अजगर जैसे नहीं हैं उल्लू जैसे नहीं हैं फिर भी जिसके भी जैसे हैं, उसकी शक्ल किसी न किसी भले जानवर से मिलती जुलती है। जानवरों से अपने इतने निकट सम्पर्क के कारण हमने इस किताब में एक लेख 'धनुआ सांड' शीर्षक से शामिल किया है।

आज जब यह भूमिका लिख रहा था, डी. डी. मेट्रो पर एक धारावाहिक आ रहा था, मेरी मिसेज चंचला जिसमें एक बोनसाई पौधे को 'अल्पतरू' कहा गया था। मैं धारावाहिक देखकर सोचने लगा कि दुनिया कितनी छोटी है और विचार कैसे एक दूसरे के विचारों से मिलते हैं। बोनसाई उर्फ अल्पतरू नाम से एक लेख इस संग्रह में सम्मिलित है, जो आज से दस बारह दिन पहले लिखा गया था। कल्पतरू के पैरेलेल बोनसाई का नाम अल्पतरू रखा गया है। फर्क सिर्फ इतना है कि कल्पतरू बड़ी-बड़ी इच्छाएँ पूर्ण करता था, अल्पतरू छोटी। इस जटिल युग में जबकि मानव का व्यक्तित्व खंडित होता जा रहा है, क्या आपको नहीं लगता कि अब समाज लगातार लघु से लघुतर मानव को जन्म देता आ रहा है। बढ़ती इन्टालरेंस, घटती क्षमताएँ, तनावग्रस्त जीवन एवं उसकी समस्याएँ व्यक्तित्व के बौनेपन को इंगित नहीं करती तो फिर क्या करती हैं। लगता है कि बड़ा व्यक्तित्व निर्मित करने की युग की क्षमता, अब समाप्त हो गयी है। जिधर देखिए, दबाव तले बौनेपन का प्रदर्शन एक आम घटना है। जब जन की पहचान ही खो गयी, तब बौनेपन का बड़प्पन स्वतः अर्थहीन हो जाता है।

संग्रह में हमने अपने पैतृक गांव रौशनाबाद का उल्लेख कई मर्तबे किया है। भारतीय गांवों की आत्मा में झांकना है, तो आज भी हम प्रेमचन्द के आगे बहुत कम बढ़ पाये हैं। आज गांव को नये सिरे से देखने की जरूरत है, क्योंकि गाँव प्रेमचन्द की कलम से कुछ आगे निकल गया है। इस व्यंग्य संग्रह में गाँव के सम्बन्ध में बहुत कम चर्चा हो पायी है। वस्तुतः समाज के जिस दोहरेपन की चर्चा गाहे-बगाहे हमारे साहित्य में होती है, गांव आज उसी दोहरेपन का प्रतीक रूप धारण कर चुका है। प्रेमचन्द साहित्य में गाँव का ध्यान खण्डित जरूर हुआ था, मगर गाँव टूटा

नहीं था। अब गांव टूट चुका है, मगर अखण्डित होने की वैसी ही कसमें खा रहा है, जैसी हम देश की एकता और अखण्डता के लिए रोज खाते हैं और अगले ही पल देश को मुर्गी की तरह चबाने को तैयार रहते हैं। एक आत्मनिर्भर, स्वायत्त इकाई के रूप में गाँव प्रेमचन्द के युग में जो चटका था, आज खील-खील होकर बिखर गया है। किसानों द्वारा आत्महत्याओं की घटनाएँ क्या किसी अन्य तथ्य का संकेत है? आज गांव में कई अच्छी चीजें पहुंच गयी हैं, जैसे टेलीफोन, टी.वी., शिक्षा, स्वास्थ्य, अधिकारों के प्रति जागरुकता, जवाहर रोजगार योजना का धन, ग्राम समाज की जमीनों से व्यक्तिगत लाभ प्राप्त करने की गुंजाइश, तीव्र वाहन, सड़कें। मगर गाँव अतृप्त आकांक्षाओं और रोजगार के बीच जो रास्ता सुझाता है, वह कीचड़, मेहनत, सादगी से होकर जाता है, जिसकी किसी को दरकार नहीं। गाँव शहर नहीं हो सका, मगर गाँव भी तो नहीं रहा।

संग्रह में हमने दो मित्रों का उल्लेख किया है। मियाँ मिर्जा अफजल बेग और पंडित मुंशीराम शर्मा "शास्त्री"। इनके बिना भी संग्रह का काम चल जाता, मगर कई लेखों में हमने ऐसे पात्रों के सहयोग से तीखे व्यंग्य की सृष्टि देखी है। मिर्जा बेग तरक्की पसन्द आदमी हैं, दुबले-पतले, हिन्दी अधिक उर्दू कम पढ़े, पान खाते, चश्में से झांकती इन्टेलिजेन्ट आँखों के मालिक हैं, जबकि पंडित मुंशीराम शर्मा "शास्त्री" भारी विद्वान ज्योतिषाचार्य, आयुर्वेदाचार्य, भिषगाचार्य, धर्मभीरू किन्तु संतुलित व्यक्तित्व के स्वामी हैं। दोनों की नोंकझोंक हमें किसी मामले को सेट कर लेने में सहायता करती है, इसलिए हमने इन्हें आदाब और नमस्कार बजाते हुए अपने ग्रुप में शामिल कर लिया।

अनुक्रम में आपने देखा होगा कि लाल फीते के खुलते ही जो फाइल आपके सामने आयी, उसके कागजों पर क्या-क्या लिखा था। कैसे कैसे किस्से हैं, कौन कौन से शीर्षक हैं। अपनी सारी क्षमता के बावजूद मैं अपनी योजना के बहुत से उनवानों पर नहीं लिख सका। आज लेखक के पास यह संकट नहीं कि लिखने के लिए उसके पास विषय नहीं, बल्कि कथानकों की बहुलता आज लेखक के लिए एक समस्या है। इस छोटे से संग्रह में जो लेख सम्मिलित किये गये हैं, उनमें भी हमने समस्या का पूरा विवेचन न करके समस्याओं की केवल सतह को छुआ है तथा यह कहकर आगे बढ़ गये हैं कि पूरे विवेचन हेतु बाद में कभी लिखा जायेगा।

यह किताब दो पुस्तकों 'लाल फीते की गांठ' तथा 'टेन जीरो फाइव' को मिलाकर प्रस्तुत की गई है तथा इसका नया नाम उपमा द्विवेदी ने 'लाल फीता' सुझाया, जो मुझे भी जँचा। यह न केवल छोटा है, वरन् आकर्षक भी है। दो किताबों को एक में लेने से ही वर्तमान संग्रह अपना आकार ग्रहण कर सका है।

कुछ विद्वानों का मत है कि व्यंग्य सच होता है और सच के अतिरिक्त कुछ नहीं होता। मुनासिब बात है मगर फिर शैली के तीन भेद अभिधा, लक्षणा व्यंजना क्यों किये गये हैं। यूं तो साहित्य का अर्थ ही सच होता है, और सच के अतिरिक्त कुछ नहीं होता। इस तरह देखें तो व्यंग्य सच तो होता ही है, मगर व्यंग्य के सच का प्रस्तुतीकरण ऐसा होता है कि उसकी मार्मिकता, उसकी धार, उसका तेज कुछ अधिक तीखा, चुटीला, कुछ ज्यादा सम्प्रेषणीय हो जाता है। जैसे पेप्सी के विज्ञापनों में कहा जाता है, ये 'दिल मांगे मोर' वैसे ही व्यंग्य के सच को कहना चाहिए "ये दिल मांगे मोर। व्यंग्य की मार्मिकता की गहराई उसके स्तर को निर्धारित करती है। जितना स्तरीय लेखन है, व्यंग्य उतनी ही गहरी मार्मिकता से पाठक को "पेनीट्रेट करता है।

तीखी बात कहने में सबसे मशहूर कबीर है। ऐसा सधा हुआ, संतुलित, सहज, राग-द्वेष के परे, शुद्ध सात्विक वार करते हैं कबीर कि सामने बाला खीसें निपोड़ने और धूल झाड़ने के अलावा कुछ नहीं कर पाता, न कह पाता। श्रद्धेय आचार्य हजारीप्रसाद द्विवेदी कहते हैं कि प्रभु के प्रेम-रससिक्त भक्ति ही कबीर की वह ज्वाला थी, जिसने साहित्य समाज, राजनीति, धर्म और न जाने कितने क्षेत्रों को उद्भाषित किया होगा। इसके साथ ही कबीर की कथनी और करनी की एकरूपता भी देखिये। जो विराट सत्य अपने नंगे एवं संतुलित रूप में कबीर वाणी में उद्भाषित हुआ है, वह श्लाघ्य, प्रेरणादायी और मोचक है। सत्य को ऐसी सहजता से, प्रखरता से, निसंकोच, इत्मीनान से कहने वाले साधक पर शोध करके आचार्य द्विवेदी हमारे श्रद्धेय हो गये। कबीर व्यंग्य लेखकों के पारस-मणि हैं, जो निकट गया, सोना हो गया।

व्यंग्य लेखन का हमें बिल्कुल तजुर्बा नहीं है। लेकिन हमारे मित्र कहते हैं कि तुम्हारा साधारण प्रस्तुतीकरण भी व्यंग्य जैसा लगता है, तब तुम व्यंग्य क्यों नहीं लिखते! हम इधर अपने दो-तीन बहुत महत्त्वाकांक्षी ग्रन्थों

को 'फिनिशिंग टच'' दे रहे थे इस कारण भी समय का भी बहुत अभाव था। मगर नगर निकाय के चुनावों के कारण मुझे गंभीर लेखन से विरत होना पड़ा। साथी अधिकारियों ने भी आश्वस्त किया कि कुछ लिख डालें। अब हम क्या लिखते। एक दो औपन्यासिक कथानकों पर गत वर्ष कार्य करता रहा था, उन्हें उठाया, मगर उनमें दिल नहीं लगा। नया कोई कथानक विकसित करने का समय नहीं था। बिना व्यक्तिगत भिज्ञता और प्रामाणिकता के लिखना मुझे मंजूर नहीं। एकाएक जेहन में कौंधा, अपने रोजमर्रा के जीवन की घटनाओं को क्या व्यंग्य का रूप नहीं दिया जा सकता। एक-दो दिन के अंतर्मंथन के बाद एक लेख लिखा ''शुद्ध हिन्दी''। पढ़कर लगा कि हाँ, एक राजकीय सेवक के जीवन में भी ऐसा कुछ हो सकता है जो स्पर्श योग्य हो, कथनीय हो, प्रेषणीय हो।

बस फिर क्या था, पूरी गंभीरता से लाल फीते के भीतर कागज समाने लगा। यह ठीक है कि हम इस वक्त किसी गंभीर साहित्यिक कार्य को नहीं कर सकते थे, मगर लाल फीते को हमने पूरी तल्लीनता एवं गंभीरता से वैसे ही लिखा, जैसे कि कविता, कहानी या उपन्यास लिखते हैं। हम यह भी कहेंगे कि इसमें जो कुछ लिखा गया है, उसमें मेरी व्यक्तिगत भिज्ञता रही है। संग्रह में कहीं कहीं कतिपय छोटी-छोटी कहानियां विकसित हो गयी। वस्तुतः यह मेरे भावी साहित्य की दिशा का संकेत मात्र है। इस समय इस विषय पर कुछ अधिक कहना मुनासिब नहीं।

एक वैधानिक निवेदन भी करना होगा। इस व्यंग्य संग्रह में जो नाम, व्यक्तियों या स्थलों के आये हैं, वे काल्पनिक है। जहाँ पर वे नाम वास्तविक से प्रतीत होते हैं, वहाँ पर उनका ऐसा प्रयोग महज कथ्य को वास्तविक दर्शाने के लिए किया गया है। उनका वास्तविकता से कोई सम्बन्ध नहीं है। एक और वैधानिक निवेदन करना अभी शेष है कि व्यंग्य संग्रह ''लाल फीता'' में सरकारी नीतियों नियमों, कार्यक्रमों के सम्बन्ध में प्रत्यक्षतः कोई अभिव्यक्ति नहीं की गयी है एवं उक्त कृति की रचना नितांत साहित्यिक दृष्टिकोण से की गयी है।

साथियों, अब समय है आभार प्रदर्शन का। आभार अपने साथी निर्वाचन अधिकारियों श्री ए. के. सिंह एवं आर. के. का जिन्होंने लगातार लिखते रहने के लिए मुझ पर दबाव बनाए रखा। आभार साथी अधिकारियों श्री आर. के. पाण्डे, डॉ. अनिल पाठक, श्री राकेश कुमार,

श्री डी. पी. सिंह का जिन्होंने न केवल नये कथानक लेखन हेतु मेरे समक्ष प्रस्तुत किये वरन् पुराने कथानकों को सामूहिक रूप से 'डिसकस' कर उसे मांजा, चमकाया और शब्दों में बांधने हेतु उपहार के रूप में मेरे समक्ष रख दिया। वरिष्ठ मित्र अधिकारी श्री सत्येन्द्र सिंह का भी आभार, जो न केवल इसके रचनाकाल के दौरान मुझे प्रेरणा देते रहे बल्कि इस संग्रह की प्रगति की बाबत पूछताछ भी करते रहे। अपनी धर्मपत्नी उपमा एवं बेटी पूर्वा, बेटे अर्पित का आभार कैसे प्रकट करूँ जिनका समय हमेशा ही साहित्य के लिए बलिदान होता रहा, मगर जिन्होंने फिर भी यही कहा कि जो भी लिखा जा रहा है, वह उत्कृष्ट है, हमारा है, सबका है।

फाइल से बंधे लाल फीते को अब मैं खोलता हूँ। आपके एवं पुस्तक के बीच से विदा लेता हूँ। पुस्तक में जो कमियाँ हैं मेरी है, जो अच्छाइयाँ है, आपके उत्कृष्ट साहित्यिक बोध की परिचायक है। पुस्तक से यदि किसी का तनिक सा भी मनोरंजन हो सका, किसी एक उदास मुख पर यदि मुस्कान आ गयी तो मैं अपनी मेहनत को सफल समझूंगा। आपकी कैसी भी प्रतिक्रिया मुझे उत्तेजित करती रहेगी।

27, नवम्बर 2009 —हेमन्त द्विवेदी

पूर्वार्ध

दारूल हुकूमत

शहर लखनऊ, रामानुज लक्ष्मण, लाखन पासी या बिजली पासी में से किसी एक ने बसाया होगा। भाई योगेश प्रवीन ही इस सम्बन्ध में गारण्टी के साथ कुछ कह सकते हैं कि शहर लखनऊ किसने बसाया।

बसाया जिसने भी हो, यह शहर एक खास किस्म का शहर है। यह नवाबों का शहर है, तहजीबों तमद्दुन का शहर है, बागों का शहर है, मशहूर आलसियों और ऐय्याशों का शहर है; आत्मघातियों, अपराधियों का शहर है। यहाँ आते ही आप एक बाग में नहीं चारबाग में कदम रखते हैं।

स्टेशन चारबाग पर उतरकर दो लाइनें लगा लें। एक एक झंडी लाइन के पहले व्यक्ति को पकड़ा दे और लेफ्ट-राइट की शक्ल में नारा लगाते हुए रेलवे के एक्जिट दरवाजे को बिना टिकट पार कर लें। बाहर आकर पार्किंग के पास फुटपाथ पर बैठे लोगों से एक नीम की दातून खरीदकर चबाइये और ठीक सामने शर्मा होटल का विभिन्न भाषाओं में मुलाहिजा फरमाइये। ऐसे वातावरण में ह्रस्व, मध्यम, दीर्घशंकाओं से निपटने का सर्वोत्तम स्थल आपकी ट्रेन ही होती है। दातून चबाकर रेवड़ी खाइए या दही-जलेबी, यह आपकी पाकेट पर मुनहसर है, फिर लाइन बनाकर विधानसभा मार्ग पर आ जाइये।

जी हाँ, यहां पर स्थित दारूलशफा (विधायक निवास), इलाहाबाद उच्च न्यायालय की लखनऊ खण्डपीठ, विधानसभा भवन एवं सचिवालय, क्लेक्ट्रेट/ एस.एस.पी. आफिस, ये सब वे स्थान हैं, जहाँ का तापमान शेष लखनऊ से दो डिग्री अधिक होता है। दारूलशफा को लीजिए। यह एक संसार है जिसके कमरों में रात्रि में तख्ता-पलट की योजनाएं बनती हैं। सुबह सड़क के किनारे वे योजनाएं टाइप होती है—फोटोकापी होती है। दोपहर के पहले लाइनों से लगी कुर्ते-पैजामे की दुकान से खरीदकर एक कुर्ता/पैजामा या धोती पहनी जाती है। दोपहर होते ही गेट नं. 3

विधानसभा के सामने सड़क के दूसरी ओर स्थित 'कोपभवन' में एक तख्त डालकर भाषण शुरू हो जाता है। बीच-बीच में जनता लैया-चना खाकर पानी पी लेती है और फिर भाषण प्रारम्भ। शाम चार बीस पर ज्ञापन की शक्ल में तख्ता पलट की योजना सरकार के नुमाइंदे ए. सी. एम.-वन (एडीशनल सिटी मजिस्ट्रेट-फर्स्ट) को दे दी जाती है। दिन ढलने के पहले जनपथ में लखनऊ के मादक, उदात्त सौन्दर्य पर एक विहंगम दृष्टि डालकर रात्रि में न्यू जनप्रिय भोजनालय में बढ़िया दाल, चावल, सब्जी का डिनर। रात्रि में चेले फिल्म दिखायेंगे ही। उसके बाद दारूलशफा में नेताजी के ड्राइंगरूम के फर्श पर सामूहिक शयन या फिर गोरखनाथ एक्सप्रेस से घर वापसी—जो भी उपयुक्त हो।

आइये, आपको लखनऊ के दिल-यानी हजरतगंज ले चलते हैं। यहाँ की 'गंजिंग' बड़ी मशहूर है लेकिन पैसे वाले के लिए। यदि जेब में दाम नहीं, तो अंग्रेजी की 'गंजिंग' हिन्दी की 'गंजिंग' हो जायेगी और आप खाली जेब अपने टकले पर हाथ फिराकर वापस लौट आयेंगे। लौटकर देखिये लक्ष्मण पार्क, बाबू स्टेडियम, पेंटागन पार्क, सुभाष पार्क, हजरत महल पार्क, ग्लोब पार्क। जरा गौर से देखिए, नेताजी सुभाष की मूर्ति के ऊपर एक कव्वा बैठ गया है। कोई बात नहीं, कव्वा ही बैठा है, कबूतर नहीं। कबूतर भटकती अशांत आत्माओं का कायांतरण है, वह किसी के ऊपर बैठ जाये, तो खुदा ही मालिक है। हाँ, कव्वे के साथ ऐसी दिक्कत नहीं, बशर्ते वह जितनी देर वहाँ बैठे, बीट न करे। सुभाष पार्क लाल, पीली, हरी, नीली प्लास्टिक की झंडियों से घिरा है। प्लास्टिक को 'बैन' कर दिया गया है, लेकिन कोई प्रतिबन्ध राजनीतिक पार्टियों पर लागू नहीं होता।

बेंगम हजरत महल पार्क का बिन्दादीन मंच देखिये, जहाँ लखनऊ महोत्सव की शामें गुलजार होती हैं। क्या यहीं पर शामें अवध की पराकाष्ठा तो नही हुई। बिन्दादीन जरूर संगीत के महारथी होंगे और एक मैं हूँ कि संगीत के बारे में जरा सा भी शऊर नहीं। जब कोई गायक "आ-आ" करके स्वर लम्बा खींचता हुआ हाथ आगे फैलाकर विश्व को रससिक्त करने की प्रतिज्ञा करता है, यकीन जानिये मुझे अपने अस्तित्व पर ही शर्म आने लगती है। वह जीवन भी कोई जीवन है, जिसे संगीत की समझ न हो।

ज्योतिषियों का कहना है कि यू.पी. की दारूल हुकूमत (राजधानी) शहर लखनऊ, जिसे मेरे गाँव के लोग नखलऊ कहते हैं, मंगली शहर है। इसका अर्थ यह है कि यहाँ अशांति और हंगामा जारी रहेगा। प्रदेश भर की प्रेतात्माएँ यहाँ वास करती है। कुछ लोगों को विधान भवन में बैठने का मौका लग गया, हजारों लोग इसे हसरत से देख भर लेते हैं। मरने के बाद उनकी प्रेतात्मा कबूतर बन जाती है और विधानसभा के ऊपर ठाठ से बिराजती है। ये मृत-आत्माएँ ही विधानभवन का तापमान बाहर से दो डिग्री बढ़ा देती है।

जब सामूहिक रूप से धरना प्रदर्शन करना होता है तो लोग जी.पी.ओ. पर करते है और जब प्रदेश स्तर पर कोई आन्दोलन या शक्ति प्रदर्शन की बात होती हैं तो बी.एच.एम. पार्क को या कलेक्ट्रेट को चुनते हैं। इतने सारे नाराज लोग लखनऊ आते हैं, तब भी यदि उसका तापमान न बढ़े तो आश्चर्य होना चाहिए। ये दर-दर भटकती आत्माएँ गौर से यह देखकर विस्मित होती है कि यह शहर गरम गोश्त पर जिंदा है। लायलिटी इसके रक्त में नहीं। आखिरी नवाब को फिरंगियों ने मटियाबुर्ज भेज दिया, कोई कुछ नहीं बोला। कानपुर-बरेली के बहादुर यदि हजरत महल की मदद न करते, तो बेगम की बहादुरी आज इतिहास के पन्नों पर दर्ज न होती।

यहाँ जितने बाग हैं, उनसे कहीं ज्यादा पंडे-पुरोहितों के प्रकार हैं। प्रदेश का समस्त गोपनीय काम यहाँ खुले आम होता है। धरना करना हो, मीटिंग करना हो, मकान बनाना हो, ट्रांसफर कराना हो, पार्टी बनाना हो- लखनऊ आयें। यहाँ जितने भी कबूतर देखें, समझ लें कि ये सब आपके भूतपूर्व साथी हैं, जो आपसे पहले यहाँ पधारे और पंडे-पुरोहित, यमदूत सभाइयों ने इनके हाथ में अर्जी पकड़ाकर इनका जीवन जी.पी.ओ. से सचिवालय तक भ्रमणशील कर दिया और अब वे अपना जीवन देकर प्रेतात्मा के रूप में भ्रमण कर रहे हैं। उनके सपनों के महल चूंकि यहीं चकनाचूर हुए, अतः मौत के बाद भी वे यह शहर छोड़कर कहीं और नहीं जा सकते। सुनते हैं कि यह बात मृतात्माओं के परम्परागत नियमों के अंतर्गत है।

के.पी. सक्सेना साहब कहते हैं कि लखनऊ का कल्चर सारी दुनिया में मशहूर था। पनवाड़ी की बोली सुनकर ऐसा लगता था कि मानों कोई शायर शाइस्तिगी से अपना शेर अर्ज कर रहा हो। कभी एक कत्ल हो गया

था तो हफ्तों शाम के वक्त शहर में इसलिए सन्नाटा रहता था कि खुदा जाने आगे क्या होने वाला है। अनुशासन ऐसा कि तांगे वाले तक कतार से ही पक्का पुल पार करते थे। अब तो जिसे देखो, घोड़े पर सवार हवा से बातें करता, पैजामें से बाहर आने को बेताब है। कत्ल तो यहाँ ऐसे होता है, मानों शहर कत्लगाह बन गया है। आपके घर का बरसों पुराना नौकर, दूधिया, माफिया, इश्क मिजाज, रंगबाज कोई भी आपको किसी भी वजह से कत्ल कर सकता है।

मेहरबानी करके आप घबराइये नहीं। लखनऊ भारत का दिल है। बागों की बहार है, जुल्मों-सितम के खिलाफ इन्सानी चीख सबसे तेज यहाँ सुनाई देती है। केवल यही नहीं, गालिबान सभी बड़े शहर धीरे-धीरे अभिशापित होते जा रहे हैं। यहाँ की भटकती आत्माओं और कबूतरों पर तेज नजर रखने की जरूरत है। यहाँ की तहजीब, अब पुरानी बात हो गयी है, मगर जहाँ सभी परिभाषाएँ बदल गयी हो, वहाँ लखनऊ में फिर भी काफी कम परिवर्तन आये हैं। कुनवा जब बड़ा होगा तो बंटवारा तो होगा ही और जहाँ बाहर से कुछ कुनवे भी आ मिले हों, वहाँ कुछ न कुछ हंगामा होना तो लाजिम है। इसलिए मुस्कराइये कि आप लखनऊ में हैं।

●

शतरंज के खिलाड़ी

आपने शतरंज (चेस) का खेल तो देखा ही होगा। इसमें 64 खाने होते हैं तथा इसकी बिसात पर दोनों खिलाड़ी 16-16 मोहरें बिछाते हैं। जिनमें पुरानी परम्परा के अनुसार एक राजा, एक वजीर, दो हाथी, दो घोड़े, दो ऊंट, आठ प्यादे एक-एक खिलाड़ी को मिलते हैं। कहते हैं कि शतरंज बुद्धिमानों का खेल है। शतरंज में रूस सबसे आगे है। पिछले सौ वर्ष में विश्व शतरंज में रूसी खिलाड़ी ही छाये रहे हैं। वहाँ चेस इतना लोकप्रिय है कि होटेल के बैरे तक आपको फंसी बाजी के संबंध में हिंट दे सकते हैं। कहते हैं कि शतरंज का आविष्कार भारत में हुआ था। इधर भारत में कई खिलाड़ियों ने चेस में काफी नाम कमाया है। उत्तर भारत की सामाजिक व्यवस्था में एक अलग तरह का शतरंज खेला जाने लगा है— इसे आप मुर्दे की शतरंज कह सकते हैं, जिसकी बिसात पर आपको बादशाह, वजीर, हाथी, घोड़े प्यादें के स्थान पर मुर्दे बिछे मिलेंगे।

मुर्दे के स्तर से ही आपको अनुमान लगाना होगा कि इस बिसात पर बिछा मोहरा बादशाह है, वजीर है या प्यादा। हम-लोग एक औसत दर्जे के, दोयम किस्म की नागरिकता वाले भारतीय नागरिक हैं, इसलिए बादशाह और वजीर वाले मुर्दे के विषय में कुछ नहीं कहना ही मुनासिब होगा। इस लेख में हम-लोग ऐसे मुर्दों के शतरंज के खेल की चर्चा करेंगे, जो आमतौर पर अपने जीवन में प्यादे किस्म के हैं या बहुत हद घोड़े, ऊँट या हाथी किस्म के हैं। हाथी से ज्यादे बड़े मुर्दो के खेल बहुत जटिल, बहुत अजीब टाइप के होते हैं।

शतरंज के इस मुर्दा खेल को खेलने के पहले तीन तकनीकी शब्दों को समझ लेना उचित होगा। पहला शब्द है जनसंख्या, दूसरा सड़क और तीसरा शब्द है मीडिया या प्रेस। अब जनसंख्या को लें। सन् 1920 में

भारत की जनसंख्या 20 करोड़ थी, सन 2000 में यह पाँच गुनी होकर 100 करोड़ हो गयी है। जब जनता पाँच गुनी हो गयी हो तो अशिक्षा, बेरोजगारी, व्यभिचार, जाहिलपन, अपराध, दुर्घटनाएँ भी तो बढ़ेंगी। रेल आरक्षण का काउण्टर हो, या विश्वविद्यालय फीस जमा करनी हो, नामांकन करना हो या पेशाब करनी हो—हर जगह आपको भीड़ और लंबी-लंबी लाइनें मिलेंगी। इसी भीड़ के कारण लोगों में विशेषीकृत वर्ग के होने की प्रवृत्ति बढ़ी है। ऐसा लगता है कि हम लोग आज एक वृहदकाय भीड़ के हिस्से हो गये हैं, जहाँ क्वालिटी का कोई अर्थ नहीं, केवल क्वांटिटी है। भीड़ में एक ही काम किया जा सकता है, वह भी मुश्किल से और वह है गणना। राजनेता इस काम में माहिर होते हैं, इसलिए उन्हें भीड़ इतना अधिक पसंद है।

अब आते हैं सड़क पर। पुराणकथाओं से सुना है कि रावण स्वर्ग तक एक सीढ़ी बनवा रहा था, किंतु इस बीच राम से उसका संघर्ष हो गया। यदि राम से उसका बीच में ही झगड़ा न हो गया होता, तो वह स्वर्ग को जनसाधारण के लिए इस सीढ़ी के जरिये सुलभ करा देता। यह काम रावण तो नहीं कर सका, किंतु हमारी भयानक जनसंख्या के दबाव ने पी. डब्ल्यू. डी. की कृपा से रावण की अधूरी सीढ़ी को पूरा करके धरती पर बिछा दिया और उसका नाम रख दिया है, सड़क। सड़क जनसाधारण को स्वर्ग तक पहुँचाने का इस युग में एकमात्र सर्वसुलभ साधन है। आत्महत्या तो नदी में कूदकर, जहर खाकर, गोली मारकर की जा सकती है मगर जो व्यक्ति आत्महत्या किये बगैर स्वर्ग जाना चाहता है, उसके लिए यह सड़क ही एकमात्र जरिया है।

मीडिया या प्रेस हमारे देश में अब काफी विकसित हो गया है। इसकी मौलिक जिम्मेदारी है कि यह व्यवस्था की कमियों को उजागर करे, ताकि व्यवस्था और बेहतर बन सके। चूंकि प्रजातांत्रिक व्यवस्था में सत्ताधारी कभी-कभी अजीबोगरीब दावे कर देते हैं, तब मीडिया को व्यवस्था के दावों की असलियत की धज्जियां उड़ाने का और अधिक मौका मिल जाता है। एक किस्सा सुनाऊँ। एक गरीब लावारिस भिखारी जनवरी के महीने में एक पेड़ के नीचे मुर्दा पाया गया। मीडिया का कहना था कि यह व्यक्ति ठंड से मरा। नेताओं ने पहले से ही दावा कर रखा था कि ठंड से कोई नहीं मरा। दोनों अपने-अपने दावों पर अडिग थे, मगर किसलिए? क्या विवाद की कोई सार्थक परिणति है। मृतक चाहे जितना बड़ा जालसाज, गुण्डा या

हरामखोर हो, कोई मुजायका नहीं। आखिर जिस आदमी ने अपने जीवन की सार्थकता हेतु सारा जीवन कुछ नहीं किया, उसके प्रति राष्ट्र की जिम्मेदारी को कितना एक्सटेंड किया जा सकता है, यह एक विचारणीय बिन्दु है।

मीडिया विशेषकर इलेक्ट्रानिक मीडिया के संबंध में एक बात और कहना चाहता हूँ। चीजों को वास्तविकता से अधिक सम्वेदनशील दिखाने से समाज में एक मुर्दनी या संवेदनहीनता की उत्पत्ति होती है, इसलिए मीडिया को अपना दृष्टिकोण यथार्थपरक और संतुलित रखना चाहिए। कंधार हवाई अड्डे पर खड़े अपहृत भारतीय विमान के यात्रियों के जीवन का प्रश्न राष्ट्र के अति संवेदनशील बिन्दुओं से सीधे जुड़ा था और सरकार हर संभव प्रयास कर रही थी कि इस समस्या का निदान हो जाये। फिर भी कुछ लोगों ने यात्रियों के रिश्तेदारों से प्रधानमंत्री निवास पर विरोध-प्रदर्शन करा दिया। मीडिया ने कदाचित इस प्रकरण को हाइपर-सेंसिटिव कर दिया, जो मुनासिब नहीं था। इस तूफान की हवा तब निकल गयी, जब अगले दिन कारगिल शहीदों के परिवारों ने सरकार के समर्थन में प्रधानमंत्री निवास पर प्रदर्शन किया।

आइये, अब शतरंज की बिसात पर एक निगाह डाले, जहाँ लाशें ही लाशें आपकी प्रतीक्षा कर रही है। सड़क पर रोडवेज की बस ने एक साईकिल सवार को टक्कर मार दी। तत्काल वहाँ भीड़ एकत्र हो गयी। साईकिल सवार पास के मोहल्ले का एक 14 वर्षीय नौंवी में पढ़ने वाला छात्र था। उसके माँ-बाप को खबर दी गयी थी। इकलौता बेटा था। माँ को देखकर ऐसा लगता था कि मानों किसी हरे-भरे जंगल को पेट्रोल छिड़ककर राख कर दिया गया हो। माँ समझ ही नहीं पा रही थी कि यह उसके लाडले पुत्र की लाश है, जो सड़क पर ढाई मीटर लम्बाई में बिखरी पड़ी है। वह विलाप भी करें तो कहां क्योंकि बेटे का शरीर एक जगह पर नहीं था। मोटर का पहिया पेट के ऊपर से निकल गया था तथा लाश सौ मीटर से अधिक दूरी तक मोटर के साथ घिसटती चली गयी थी।

पुलिस को इत्तिला दी गयी। वायरलेस खड़का और अगले थाने पर बस और ड्राइवर को हिरासत में लिया जा चुका था। मौके पर पुलिस ने मृतक छात्र के शरीर को किसी तरह एकत्र कर पंचनामें की कार्यवाही आरम्भ कर दी। एक सफेद कपड़े में लाश को सील मुहर कर के एक

गाड़ी पर रखा दिया गया। इसके पहले कि गाड़ी पोस्टमार्टम घर के लिए स्टार्ट होती, एक नेताजी ने सड़क पर भीड़ लगी देखी। लपककर भीड़ में घुस गये और दरोगा को हड़काने लगे, "लाश इस तरह पोस्टमार्टम के लिए नहीं जायेगी। मौके पर मुख्यमंत्री को बुलाओ, जो मृतक के परिवार को दस लाख रुपये का चेक यही प्रदान करें।" नेताजी की कथनी और करनी में वस्तुतः कोई फर्क नहीं था। उनकी लहीम-सहीम काया ने झपटकर गाड़ी का दरवाजा खोलकर बच्चे की लाश निकालकर सड़क पर रख दी। गनीमत थी कि नेताजी ने प्रधानमंत्री को बुलाने की मांग नहीं की।

कुछ देर में स्थिति बदल गयी। सड़क पर लाश रखी होने के कारण दोनों तरफ नेशनल हाइवे पर दस दस-दस किलोमीटर का जाम लग गया। आंदोलनकारी सरकार बदलने का नारा लगा रहे थे। मीडिया के प्रतिनिधि सैकड़ों एंगिल से लाश और भीड़ का फोटो लेकर थक चुके थे। अब वे ऊबे हुए थे, और थके से लाउडस्पीकर पर आंदोलनकारियों का भाषण सुन रहे थे। भीड़ को मीड़िया छोड़ नहीं सकता। क्योंकि इस संवेदनहीन युग में भीड़ ही कुछ सनसनी पैदा कर सकती है। मृतक की माँ लाश के पास विलाप करते हुए सोच रही थी कि ये क्या हो रहा है। भीड़ के कारण उसके आंसू भी ठीक से नहीं निकल पा रहे थे। आखिरकार घरेलू महिलाओं को भीड़ में स्वाभाविक व्यवहार करने का प्रशिक्षण भी तो नहीं दिया जाता है।

पुलिस अधिकारी, जो पंचायतनामा भरे थे, के वायरलेस सेट की मैसेज का कुछ परिणाम तो आना ही था। अकस्मात् भीड़ में कुछ हलचल हुई और एक अदद मजिस्ट्रेटनुमा व्यक्ति पुलिस उच्चाधिकारी के साथ भीड़ से रास्ता बनाते हुए प्रकट हुए। पुलिस अधिकारी तो अपनी वर्दी के कारण मालूम हुआ कि क्षेत्रीय सर्किल अधिकारी है किन्तु मजिस्ट्रेट किसी भी कोण से मजिस्ट्रेट नहीं मालूम देते थे। सांवला रंग, छोटे-छोटे बाल, अनाकर्षक शक्ल, नाटा कद, चाल में फुदकन, अभिव्यक्ति में वाचाल। किसी ऑफिस के दफ्तरी से मिलते जुलते मजिस्ट्रेट साहब किसी तरह कांख कूंखकर लाश के पास पहुँचे। नेताजी का स्तर अब मुख्यमंत्री से गिरकर डी.एम. तक पहुँच गया था। अनुपात में मृतक के परिजनों को मुआवजे की रकम दस लाख से घटकर दो लाख पर पहुंच गयी थी।

जाम लगे दो घंटे हो चुके थे। अब दिन ढलने लगा था। मृत बच्चे की माँ रो-पीटकर शतरंज का खेल ध्यानपूर्वक देख रही थी। मजिस्ट्रेट साहब पचासवीं बार यह समझाने का प्रयास कर रहे थे कि मामला 'हिट एण्ड रन' में नहीं आता है क्योंकि दुर्घटनाग्रस्त बस एवं चालक गिरफ्तार हो चुका है। इसमें दो लाख तो क्या कानी कौड़ी भी मौके पर नहीं दी जा सकती है। हाँ, प्रधानमंत्री राष्ट्रीय योजना का फार्म भरा जा सकता है, जिसमें नाबालिग को 5 हजार रुपये देने का प्राविधान है। वह धन भी तब मिलेगा, जब फार्म भरकर दिया जायेगा तथा डी.एम. की स्वीकृति हो जायेगी।

मृत बच्चे का बाप अपने गम को बर्दाश्त कर लगभग सामान्य हो चुका था। उसने नेताजी से अनुरोध किया कि ठीक है, फार्म भर दिया जायेगा, लाश पोस्टमार्टम के लिए जाने दीजिये—गोया मृत बच्चे के पिता नेताजी है। डी. एम. साहब की मेहरबानी हो कि इस लाश के पोस्टमार्टम की व्यवस्था करा दी जाए, नियमतः सूर्यास्त के पश्चात् पोस्टमार्टम नहीं होता है। नेताजी ने फिर डी.एम. साहब को बुलाने की मांग की ताकि पोस्टमार्टम की व्यवस्था आज ही करा दी जाये। दफ्तरी टाइप के मजिस्ट्रेट फुदकन गुरु किसी पी.सी.ओ. से डी.एम. से बात करके आये कि डेडबॉडी मेडिकल कॉलेज मर्चरी भेज दी जाये। वहाँ पर अभी पोस्टमार्टम की व्यवस्था करायी जा रही है।

दुर्घटना के बाद चार घंटे तक हाइवे जाम रहा। इस जाम में दो एम्बुलेंस भी फंस गयी थीं। जिनमें हृदयरोग के दो रोगी थे। एक एम्बुलेंस वाला किसी तरह देहाती सड़कों से एम्बुलेंस को घुमाकर मेडिकल कॉलेज पहुँच गया, किन्तु दूसरा मरीज मर चुका था। जब बच्चे की डेडबॉडी मर्चरी पहुंची तो अपनी पूरी कोशिश के बावजूद सी.एम.ओ. साहब पोस्टमार्टम करने वाले डाक्टर का बंदोबस्त नहीं कर पाये और अगले दिन पोस्टमार्टम के बाद मृत बालक का शव माता-पिता को सौंपा गया। तब तक गर्मी के महीने में डेडबॉडी से हल्की सी दुर्गन्ध आने लगी थी। बच्चे की डेडबॉडी उसके माँ बाप ने रिसीव की। उस समय नेताजी वहाँ नहीं थे।

इस तरह होता है बेरोजगार देश की बिसात पर लाशों से खेला गया शतरंज। इसमें कोई नहीं हारा, कोई नहीं जीता, मामला ड्रा हो गया। किन्तु गैरी कास्परोव अपना ताज बचाने में सफल हो गया। एक माँ-बाप को

अपने बच्चे की सड़ती हुई लाश मिली। नेताजी ने एक जुझारू नेता की इमेज हासिल कर ली। मीडिया को रोती, बिलखती, अधनंगी सी दिखती दहाड़ती माँ, गुमसुम बाप और हिंसा पर उतारू प्रिय भीड़ के शानदार फोटो मिले। फिर भी मीडिया के लोग कुछ निराश दिखे। अगर हिंसा पर उतारू भीड़ हिंसा न करें, पथराव न करें, एक भी पुलिस वाला या भटकती प्रेतात्मा जैसा मजिस्ट्रेट घायल न हो, पुलिस लाठी न फटकारे, मृत व्यक्ति के माँ-बाप के सिर न फूटे, तब तक मामले में संवेदनशीलता एवं सनसनी कम रहती है। जहाँ सनसनी न हो, भला वहाँ मीडिया कैसे खुश रह सकता है। मजिस्ट्रेट साहब को सी.आर.पी.सी. के ही प्राविधानों में कदाचित इस समस्या का निदान मिल गया कि ठंडे दिमाग से कुछ न करना नब्बे फीसदी समस्याओं को हल कर देता है। पुलिस का समय बेकार जाया हुआ। उतनी देर में वे कितने मामले पटा सकते थे।

एक और लाश की कहानी सुनाता हूँ, जिसको शतरंज की बिसात पर इतना घूमना पड़ा कि अपने लाश होने पर उसे शर्मिन्दगी हुई होगी। हुआ यूं कि हाथरस जिले के एक गाँव में तीन दलितों की सम्भवतः आपराधिक तत्त्वों ने हत्या कर दी। दलित के प्रति अन्याय को लेकर देश में उसके विरूद्ध हमेशा प्रतिक्रिया होती है, जो एक अच्छी बात है। मगर दलित के प्रति अन्याय मीडिया को एक अजीब प्रोफेशनल सुख देता है। मीडिया इस संबंध में अल्ट्रा सेंसिटिव है। जहाँ कत्ल हुए थे, वहाँ डी.एम./एस.पी./ मीडिया मौके के निरीक्षण के लिए पहुंचे। परिवार को सांत्वना दी। तुरन्त एफ. आई. आर. दर्ज हो गयी। लाशों का पंचायतनामा करवाया गया तथा इसके पहले कि लाशें गाँव से जिला अस्पताल पोस्ट मार्टेम हेतु गाड़ी पर रखी जाती, एक नेताजी मंच पर प्रकट हुए और उन्होंने बताया कि साहब से लखनऊ फोन से बात हो चुकी है। मृतक के परिजनों को 10-10 लाख रुपये मुआवजा मिलेगा। मुआवजे के पूर्व लाशें गाँव से पोस्टमार्टम हेतु जिला अस्पताल नहीं जायेगी।

डी.एम./एस.पी. ने समझाया कि लाशों का पोस्टमार्टेम होने दीजिये, मुआवजा भी मिल जायेगा, मगर नेताजी चूँकि शतरंज की बिसात पर बैठे थे, उन्होंने एक न सुनी, उल्टे डी.एम./एस.पी. पर स्थानीय भीड़ द्वारा भारी पथराव करवा दिया। कई पुलिस वाले घायल हुए। अन्ततः पुलिस को फायरिंग करनी पड़ी, जिसमें एक और व्यक्ति की मृत्यु हो गयी। यह तो वहीं हुआ, जैसे किसी देश में भूकम्प से मरने वालों के लिए दवा,

कपड़े और जरूरी चीजें ले जाने वाला दूसरे देश का विमान भूकम्प वाले देश पहुंचकर उसकी हवाई पट्टी पर दुर्घटनाग्रस्त हो जाये और उसमें बैठे सभी अधिकारियों/ कर्मचारियों की मृत्यु हो जाये।

बहरहाल स्थिति बहुत ही बिगड़ गयी। कमिशनर/डी.आई.जी. ने गाँव में कैम्प किया। लाशें उठाकर जिला अस्पताल लायी गयी। जहाँ पोस्टमार्टम कराकर जिला मुख्यालय पर ही परिवार की अनुपस्थिति में अंतिम संस्कार करवा दिया गया। प्रदेश के कैबिनेट मंत्री ने गाँव का भ्रमण किया। स्थिति बिगाड़ने वाले नेताजी ने भी गाँव का दौरा किया। सारी गतिविधियाँ मीडिया बड़े खुशनुमा वातावरण में अपने कागजों और कैमरे की आँख से दर्ज कर रहा था। पूरे एपीसोड से किसी को क्या मिला। दलित का सिर पथराव में फट गया और इंसान से इंसान के खूनी रिश्ते में थोड़ा पानी और मिला दिया गया।

मैं पहले भी कह चुका हूँ कि ओवर सेंसिटिविटी सेंसिटिवलेसनेस को जन्म देती है। अतिसंवेदनशीलता संवेदनहीनता की माँ है। दो दिन के लिए चाय के प्याले में तूफान उठ खड़ा हुआ। दो दिन बाद सब कुछ भूल भाल गये। प्रजातन्त्र के आधार स्तम्भ हमारे नेताजी ने यदि मौके पर अफरातफरी न फैलायी होती, तो भी वही कुछ होता, जो बाद में हुआ। नेताजी के प्रधानमंत्री बनने के सपने ने मृतक के परिजनों को, मृतक का अंतिम संस्कार करने से अवश्य वंचित कर दिया। दो चार पुलिस दरोगा सस्पेंड करा दिये, डी.एम./एस.पी. का तबादला करा दिया। मीडिया को चार-छह दिन खबरों की जरा भी कमी नहीं होने दी। मुनासिब यह होता कि इत्मीनान से अपराधियों को पकड़कर मुकदमा चलता तथा यह संदेश लोगों में जाता कि भारत में कानून के हाथ कितने भी बड़े व्यक्ति से बहुत बड़े हैं।

मुझे आशा है कि लाशों के इस शतरंज की अब आप एक और लाश बिल्कुल नहीं देखना चाहेंगे। मैं तो ऐसी कितनी ही स्थितियों में पड़ा हूँ, जब बलात्कृत मृत युवती का शरीर नेशनल हाइवे पर रखकर जाम लगाया गया होता है। तब मेरी केवल यही इच्छा होती है कि जो औरत अपने जीवन में सम्मान नहीं पा सकी, कम से कम मृत्यु के बाद सम्मान से अंतिम संस्कार तो उसे मिल जाये।

कहीं कुछ गलत हुआ है, उसका वाजिब विरोध होना ही चाहिए, उसमें उचित कार्यवाही होनी ही चाहिए। किन्तु मामले में अफरातफरी फैला

देने से बात बिगड़ जाती है। कई मामलों में ऐसी अफरातफरी प्रायः उन्हीं लोगों द्वारा फैलाने के प्रयास हुए हैं, जो स्वयं उस अपराध से संलिप्त रहे हैं। आप प्रजातंत्र को मजबूत करना चाहते हैं तो छुद्र स्वार्थों को छोड़कर मौके पर पहुँचे अधिकारियों से वाजिब काम कराइये, उनके काम का निरीक्षण करिये। सही काम न करने की दशा में विरोध प्रदर्शन भी करिये तथा उच्च अधिकारियों के संज्ञान में लाइये, लेकिन मेहरबानी करके लाश से शतरंज न खेलिए। अन्यथा आपका पूरा देश किसी दिन बड़ी सी बिसात बन जायेगा और हो सकता है कि उस बड़ी शतरंज में आप भी एक मोहरे के रूप में बिछे हों।

●

धनुआ सांड

यह लखनऊ जिले की मोहनलालगंज तहसील में एक गाँव है। कहते हैं कि आजादी के वक्त सिसेंडी इस्टेट का गाँव था। मैंने बहुत सोचा कि इस गांव का नाम धनुआ सांड कैसे पड़ा होगा, लेकिन मेरी कम्बख्त अक्ल को क्या हो गया है कि समझ में नहीं आता। एक बात तो दावे से कही जा सकती है कि इस गांव का एक या एक से अधिक सांडों से किसी न किसी तरह का कोई सम्बन्ध जरूर रहा होगा, मगर यह 'धनुआ' शब्द सब गड़बड़ कर देता है। वैसे तो कुछ और भी गाँवों के नाम विचित्र हैं जैसे मुस्करा, घुसकर, मिस्कौट, भैंसिया, भैसटा, अचानकपुर, मतलबपुर, कुड़ा, वगैरह वगैरह। इन्हें गौर से पढ़ें तो पायेंगे कि इनका भी कुछ न कुछ मतलब है। जैसे घुसकर पहुँचने में आपको पहले गोमती में घुसना पड़ेगा। कभी कुड़ा में आग लग गयी तो सुनने वाले ने खड़ी बोली में कहा कि अच्छा हुआ, कूड़े में आग लग गयी, सफाई हो जायेगी।

पुराने जमाने में जो बछड़े मजबूत और उठाऊ होते थे तथा जो राजा यां जमींदार की सम्पत्ति होते थे, उन्हें प्रायः बड़े होने पर आवारा छोड़ दिया जाता था। यह काम कोई गरीब आदमी, मजदूर या किसान नहीं कर सकता था। वह तो अपने बछड़े को बधिया कर उसे अच्छा बैल बनाकर हल में जोतने का काम करेगा। सांड को तैयार कर छुट्टा छोड़ना एक पुण्य कार्य समझा जाता था और पुण्य कर्मों पर उस समय राजा या जमींदारों का एकाधिकार समझा जाता था। आजकल पुण्य कार्य पर सरकार का एकाधिकार हो गया है। सरकार की ओर से गायों के कृत्रिम गर्भाधान हेतु बैफ (Baif) केन्द्रों की स्थापना भी की गयी है।

मेरे एक दार्शनिक किस्म के राजस्व अधिकारी मित्र धनुआ सांड की व्युत्पत्ति बड़े जोरदार तरीके से करते हैं। वे कहते हैं कि सांडों की पांच किस्में होती हैं : स्पेनिश सांड, मुर्रा सांड, देसी सांड, बधिया सांड, धनुआ सांड। जब उनसे कहा गया कि इनमें धनुआ सांड तो आड मैन आउट है क्योंकि यह एक गांव का नाम है, तो उन्होंने कहा कि इस गांव के सांड विशिष्ट हैं, इन्हें पहले धनुआ सांड कहा जाता था, इसी कारण गांव का नाम धनुआ सांड ही रख दिया गया होगा। इस तर्क में कुछ दम तो था मगर हमने कहीं भी सांड की इस किस्म का नाम नहीं सुना था, सो हम मुतमइन नहीं हो सके। तंग आकर हमने अपने मित्र मिर्जा अफजल बेग से पूछा कि भाई, ये धनुआ सांड किस नस्ल का सांड है, कहाँ पाया जाता है? यदि आपको मालूम हो तो कृपया हमारे ज्ञान में बढ़ोत्तरी कर दें।

मिर्जा को हम लोग चलता-फिरता विश्वकोश समझते हैं। हम समझते हैं कि मिर्जा हमारे हर साहित्यिक मर्ज की दवा है। हमने बड़ी आशा से यह सवाल मिर्जा से पूछा था। मगर हमारी उम्मीद के खिलाफ मिर्जा ने बुरा-सा मुंह बनाया, एक गिलौरी मुंह में ठूंस कर बोले, "अमां मियां, तुम तो अच्छे किस्म के लेखक हो। यह क्या कूड़ा कचरा छानने लगे। एक सांड के बारे में सवाल करके मूड ही खराब कर दिया। अगर हम धनुआ सांड के बारे में बता दें, तो तुम फिर उसकी चाल-ढाल, उसकी फूड हैबिट्स, उसके चाल-चलन, उसके गोबर के बारे में सवाल करोगे। लाहौल बिला कूबत। नये-नये लेखक क्या बेकार की बातें सोचने लगे हैं। हमने कहा कि मिर्जा जी जहाँ सांड होगा, वहाँ गोबर भी होगा। सांड प्रायः नहाते धोते नहीं हैं, इसलिए बदबू करते हैं। इस कारण आप जैसे उत्कृष्ट सौन्दर्य अभिरुचि के लोगों की सांड के प्रति विरक्ति वाजिब है। किन्तु पालतू गायों को तो किसान नहलाते धुलाते हैं, सेवा करते हैं, इनसे आपको अरुचि नहीं होनी चाहिए। यदि आप वास्तव में 'धनुआ' प्रजाति के बारे में कुछ जानते हैं, तो कृपया 'धनुआ गाय' के बारे में ही कुछ बता दें, ताकि हम अपने पाठकों से इस सम्बन्ध में कुछ गपशप कर सकें।

हमने मिर्जा की दुखती रंग पर हाथ रखा था। अबकी बार मिर्जा कुछ विचलित हुआ। गाय हम लोगों के समाज में श्रद्धा की वस्तु समझी जाती है। गाय के बारे में मिर्जा ऐसा वैसा कुछ बोल ही नहीं सकता था। क्योंकि वह जानता था कि गाय तो गाय, हम लोग गाय के गोबर तथा मूत्र का भी बीमारियों में इस्तेमाल करते है, गाय के दूध, घी को देव दुर्लभ पदार्थ

मानकर ग्रहण करते हैं। मृत्यु के समय परम्परा के अनुसार गाय की पूंछ पकड़कर हजारों रुपयों का दान करते हैं। जीवनकाल में गाय के सींगों को सोने तथा खुरों को चांदी से मड़वाकर दान करते हैं। प्रतिदिन गाय का गोबर गृहस्थ हो या राजा, अपने हाथों से हटाना पुण्य कार्य समझता है। प्रातः गाय का दर्शन और उसका चरण स्पर्श हमारी आदतों में शुमार हो गया है। यह बात अलग है और इसे अपवाद मान सकते हैं कि अनुपयोगी गायों को हम छुट्टा छोड़ देते हैं, ताकि कोई कसाई अंधेरे उजेले उसका निस्तारण कर दें। मगर गाय तो गाय, हम सांड या बैल के चमड़े का जूता भी पहनना पसंद नहीं करते। मिर्जा परम्परा के इस क्रम को बखूबी जानता था, सो वह विचलित होकर अपनी टोपी उतारकर चांद खुजलाता हुआ कुछ सोचने लगा।

अपने विचारों में मिर्जा इतना घुल मिल गया कि हमें वह एक साधु जैसा स्थितिप्रज्ञ और निर्ग्रन्थ सा लगने लगा। जब भी कभी उसकी ऐसी मुद्रा हो जाती है, हम आशा करते हैं कि जरूर वह हमें ज्ञान के मोती से नवाजेगा। हम उसकी ओर बड़ी श्रद्धा से यूँ निहार रहे थे, जैसे चकोर चांद को देखता है। लेकिन मिर्जा अपनी सोच में ही डूबा रहा। जब काफी देर हो गयी तो हमने-टोका, 'मियाँ मिर्जा', छोड़ो इसे। मुझे मालूम है कि तुम इस सवाल का जवाब नहीं दे सकते। क्योंकि जैसे ही तुम्हारा दिमाग इस सवाल में घुमड़ता है, तुम्हें सांड की शानदार बदबूदार आकृति और गोबर की दुर्गन्ध की अनुभूति होती होगी जिस कारण तुम्हारी बुद्धि ठीक से काम नहीं कर पा रही है।

आखिर मिर्जा की खामोशी हमारे पीकदान पर टूटी। पान का एक जोड़ा उसने फिर अपनी दाढ़ों के बीच दबाया और गला साफ कर बोला, 'अमा मियाँ', तुमने भी यह सवाल कहाँ से खोज निकाला है। वाकई बुद्धि दगा दे गयी। ऐसा लगता है कि पहले इस गांव का नाम कुछ और रहा होगा। गांव में छुट्टा सांड छोड़ने की पुरानी परम्परा है। कोई सांड चरते हुए कहीं भी चला जाये, सभी जानते थे कि यह फलां गांव का सांड है। इस गांव में भी कई सांड होंगे। वैसे तो सांड जमींदार आदि ही छुड़वाते थे, मगर पुण्यकार्य मानकर कभी-कभी जियाले काश्तकार भी अपना बछड़ा खिला पिलाकर तैयार कर छुट्टा छोड़ देते थे। धनुआ नाम तो किसी आदमी का ही लगता है। धनुआं, धन्नू, धरनीधर ऐसे नाम गांव में बहुत होते हैं। ऐसा लगता है कि इस गांव में कभी धनुआ नाम के किसी आदमी ने कोई

सांड छोड़ा होगा, जो अन्य छुट्टा साड़ों की तुलना में सबसे ताकतवर, सबसे फुर्तीला, सबसे शानदार, उठाऊ और सुन्दर रहा होगा।

अब जब भी वह सांड किसी अन्य गांव में जाता होगा, उसे सब धनुआं का सांड या धनुआ सांड कहते होंगे। ऐसे जियाले और लम्बे चौड़े ताकतवर सांड़ों पर सबकी नजर रहती है। काश्तकार अपनी गाय की भावी नस्ल सुधारने के लिए उसकी प्रतीक्षा करते हैं या उसका पता कर उसके पास जाते हैं। धीरे-धीरे वह सांड़ धनुआं सांड के नाम से सारे इलाके में मशहूर हो गया होगा। उसी के साथ जाने अनजाने धनुआं के गांव का नाम भी धनुआं सांड पड़ गया होगा। एक बार जो शब्द लोगों की जुबान पर चढ़ जाता है, वह अमर हो जाता है। अब 'धनुआ सांड' लोगों की जुबान पर चढ़ ही तो गया। कोई-कोई शब्द बहुत भाग्यवान होता है। 'धनुआ सांड' ऐसा ही भाग्यवान शब्द लगता है। जहाँ तक ग्राम धनुआ सांड के बारे में मेरी जानकारी है, कृषि एवं पशुपालन आज भी वहाँ का मुख्य पेशा है। ऐसे में सौ-दो साल पहले कभी धनुआं सांड अस्तित्व में आया होगा और अपने स्वामी के साथ अपना नाम भी दूरस्थ ग्रामीण क्षेत्र में छोड़ गया। मिर्जा जी की व्याख्या सुनकर हमने अपना सिर ठोंक लिया। इतनी साधारण बात हमारी अक्ल में क्यों नहीं आई। जैसे किसी अति भाग्यवान को कहावत में किस्मत का सांड कहा जाता है, वैसे ही हम तो मिर्जा को ज्ञान का सांड कहेंगे। कित्नी भी जटिल बात हो, मिर्जा कभी हार नहीं मानता।

अन्ततः हमने सोचा कि लगे हाथ धनुआ सांड के किसी विद्वान निवासी से इसके बारे में दरियाफ्त कर लिया जाये। वहाँ के एक निवासी एक दिन हमारे दफ्तर आये, तो हमने उनसे इस सम्बन्ध में अर्ज किया। उन्होंने बताया कि साहब सुनते हैं कि किसी जमाने में हमारे गाँव में एक बहुत उठाऊ, सुंदर सांड था, जो किसी अन्य फसल को नहीं चरता था, केवल धान के खेत में ही भोजन-भजन करता था। धान के खेत में चरने के कारण उसका नाम धनुआ सांड पड़ गया और इसी नाम से धीरे-धीरे हमारे गांव का नाम भी धनुआं सांड पड़ गया। हमने तो साहब यही सुना है, जो बुजुर्ग बताते हैं। मुमकिन है कि गाँव का नाम किसी अन्य वजह से धनुआं सांड पड़ा हो। कुछ लोगों ने यह भी कहा कि उसकी पीठ पर धनुष जैसा चिन्ह बना था, जिस कारण उसका नाम धनुआ सांड पड़ गया। बाद में उसके गांव को ही धनुआ सांड कहने लगे।

बहरहाल, कारण कुछ भी हो, धनुआ सांड गांव लखनऊ के नक्शे में नम्बरी राजस्व ग्राम के रूप में अंकित है। सड़क से आने जाने का साधन है। जैसा कि सभी विद्वान भारत को कृषि प्रधान एवं ग्राम प्रधान देश कहते हैं, हम भी उन्हीं की तर्ज पर कह सकते हैं कि धनुआं सांड एक ग्राम है, जहाँ कृषि होती है तथा हर पांच वर्ष पर एक प्रधान चुना जाता है। कुछ नाम ऐसे जरूर होते हैं जिनकी व्युत्पत्ति कर पाना असंभव नहीं तो कठिन अवश्य है। ऐसे ही एक गाँव का नाम है, पिपरसंड। हमें उम्मीद है कि मिर्जा जी की ज्ञान-धारा के समानांतर हम अपने मस्तिष्क की गंगा को बहाकर किसी न किसी दिन इस गांव के नाम का अर्थ, उसकी व्युत्पत्ति को जरूर मालूम कर लेंगे। यदि आपको 'पिपरसंड' का लॉजिकल मतलब मालूम हो जाये तो कृपया हमें भी अवगत करा दें, ताकि हम अपने आदरणीय पाठकों तक उसे पहुंचा सकें।

आर.डी. एक्स. यानी महानतम

आप जानते है कि आर.डी. एक्स. क्या है? मेरा विचार है कि जरूर जानते होंगे। दुनिया में जब से अंतर्राष्ट्रीय आतंकवाद का बोलबाला हुआ है, तब नागरिक आर.डी.एक्स. को क्यों नहीं जानेंगे। फिर भी एक बार मैं बता दूँ। दुनिया के क्रांतिकारियों में जो स्थान वी.आई. लेनिन का है, पाप गायकों में जो स्थान माइकल जैक्सन का है, देशभक्तों में जो स्थान जापानी और जर्मन देशभक्तों का है, फिल्मी हीरोइनों में जो स्थान उर्मिला मातोंडकर का है, राइफलों में जो महत्त्व ए.के.-56 का है, कमजोर मेदे वाले लोगों के लिए जो महत्त्व समोसे के भीतर भरे मसाले का है, वही महत्त्व बारूदों में आर.डी.एक्स. का है। आर.डी.एक्स. महज बारूद नहीं, जेट युग की एक कम्प्यूटर क्रांति है, जो विस्फोट के बाद सब कुछ बदल देने का आश्वासन देती है और विस्फोट के बाद वस्तुतः सब कुछ बदल देती है।

हम सब जानते है और यहाँ तक कि गीता में भी लिखा बताया जाता है कि नवीन की सृष्टि पुरातन के खण्डहरों पर ही होती है। यानी विध्वंस के बिना निर्माण की कल्पना नहीं की जा सकती। इस विध्वंस के लिए गीता-युग में महापुरुषों को बहुत मशक्कत करनी पड़ती होगी। यदि उनके युग में आर.डी.एक्स होता तो ध्वंसीकरण का यह काम मिनटों में हो जाता, मगर आर.डी.एक्स का आविष्कार तो तब हुआ नहीं था। नतीजा यह कि अर्जुन 18 दिन तक महाभारत लड़ते रहे और जीतने के बाद वर्षों तक पुरातन को विध्वंस कर नूतन का निर्माण करते रहे। काश! महाभारत युग में आर.डी.एक्स होता, तो अर्जुन को ख्वामख्वाह इतनी मेहनत नहीं करनी पड़ती।

आर.डी.एक्स का सीधा मतलब है—ग्रेटेस्ट यानी महानतम। शिखर के उच्चतम बिन्दु पर जो है, वह आर.डी.एक्स. है। हमारे जेहन में, जिस्म में आर.डी.एक्स. ऐसा घुल मिल गया है कि धीरे-धीरे यह एक विस्फोटक तत्त्व से व्यापक होकर, फैलकर एक भावना, एक एहसास, एक प्रवृत्ति में बदलता जा रहा है। किसी तेज तर्रार महिला महिला को देखकर लोग बरबस कह उठते हैं कि यार ये औरत है या आर.डी.एक्स.। आर.डी. एक्स. एक भयंकरतम विस्फोटक के अलावा हमारी परम्परा का एक मुहावरा बन गया है। देखा आपने कमाल कि हमारी परम्परा में विदेशी खिड़कियाँ हमेशा खुली रहती हैं और हमने कितने खास ढंग से एक विदेशी विस्फोटक को अपनी परम्परा के मुहावरे में ढाल दिया। जैसे "कौन बनेगा करोड़पति" कार्यक्रम के संचालक 'बिग-बी' के विशिष्ट शब्दों 'कान्फिडेन्ट' "लाक करें" हमारी परम्परा के मुहावरे बन गये हैं, वैसे ही आर.डी.एक्स. एक मुहावरा बन चुका है।

आप जानते ही होंगे कि स्व. इन्दिरा जी को उनके बचपन में शान्ति निकेतन में आचार्य हजारी प्रसाद द्विवेदी ने शिक्षा दी। इन्दिरा जी अपने आचार्य को आजन्म बहुत मानती रहीं। आचार्य हजारी प्रसाद द्विवेदी भारतवर्ष की ऋषि परम्परा के वाहक गुरुदेव रवीन्द्र नाथ टैगोर के शांति निकेतन में गुरु रहे। आचार्य ने अपनी एक पुस्तक में महानता की परिभाषा इस प्रकार दी कि वह व्यक्ति महान होता है, जिसके संसर्ग में आकर किसी साधारण व्यक्ति को अपने भीतर की समस्त संभावनाओं का पता लग जाये और वह उनके विकास करने का आत्मविश्वास अर्जित कर ले। इसके अतिरिक्त वह व्यक्ति महानता का घिनौना पाखण्ड है, जिसके सानिध्य में किसी साधारण व्यक्ति को अपनी कमजोरियों, अपनी हीनताओं का एहसास होने लगे। आचार्य द्विवेदी महान व्यक्तियों को इसी कसौटी पर कसते थे। परमपूज्य द्विवेदी जी के युग में आर.डी.एक्स का आविष्कार नहीं हुआ था। यदि उस समय आर.डी.एक्स का आविष्कार हो गया होता, तब कदाचित आचार्य द्विवेदी को अपनी महानता विषयक दृष्टि बदलनी पड़ती। तब शायद वे यही कहते कि महान व्यक्ति आर.डी.एक्स की भाँति सरल क्रांतिदर्शी व्यक्ति होता है, जिसके सानिध्य में आने पर साधारण व्यक्ति भी अपने भीतर लपलपाती क्रांति की

ज्वालाएँ महसूस करता है तथा जिन्हें तत्काल पलीता लगाने को वह आतुर हो उठता है। इसके अतिरिक्त वह व्यक्ति महानता का घिनौना पाखण्ड है, जिसके सानिध्य में आने पर किसी साधारण जन को अपने भीतर साधारण बारूद की बदबू एवं सीलन सुघाई देने लगे। आचार्य जी की परिभाषाओं को वर्तमान माहौल में संशोधित करने की धृष्टता की एवज में मैं आचार्य से साष्टांग क्षमा प्रार्थी हूँ, मगर क्या करूँ, यह आर.डी.एक्स. है ही ऐसी वस्तु, जिस पर कुछ कहना, लिखना या बोलना भारी खतरे की बात है।

जैसा कि मुक्तिबोध ने अपनी एक कविता 'अंधेरे में' में लिखा कि—

अब अभिव्यक्ति के सारे खतरे

उठाने ही होंगे

तोड़ने ही होंगे गढ़ और मठ सब

पहुंचना होगा दुर्गम पठारों के उस पार

ठीक वैसा ही अभिव्यक्ति का खतरा मैं आर.डी.एक्स पर लिखकर उठा रहा हूँ। अब मैंने भी तय कर लिया है कि पुरातन का ध्वंस यदि करना है, नये के निर्माण में नींव का पत्थर लगाना है, तो अभिव्यक्ति के सारे खतरे उठायेंगे, आर.डी.एक्स की विध्वंसक क्षमता से प्रेरणा लेंगे। अपने हृदयों में स्थित सुसुप्त शोलों को हवा देकर उनमें आर.डी. एक्स. की क्रांतिदर्शी चिंगारी लगानी होगी, तभी हम मरकर भी अमर हो सकेंगे और महानतम लोगों की कोटि में हमारी आमद होगी।

हम शहीदों के परिवार से नहीं हैं। बुजुर्गों ने आजादी की जंग में कोई काम नहीं किया। आज वे रोते हैं कि अगर 1947 के पहले दो बेंत भी खा लेते तो, आज गुलगुला खा रहे होते, सभा सम्मेलनों के मुख्य अतिथि होते, ट्रेनों में आटोमेटिक रिजर्व होते और भारत भ्रमण कर रहे होते। मगर अब पछताने से क्या मतलब निकलता है, जब चिड़िया दाना चुग गयी। हम अपने बुजुर्गों जैसे मूर्ख नहीं हैं। हमारी भावी क्रांति की ज्वाला जिस माचिस की तीली से निकलती है, उस आर.डी.एक्स. को हमने अपने हृदयों में संजों लिया है। जब जरूरत होगी, हम भारत में आग

लगा देंगे। एक एक असहाय वृद्ध, औरत, जवान, बच्चे की ट्रेन को एक ही धमाके में उड़ा देंगे। हम आर.डी.एक्स. बेचकर मादक द्रव्य खरीद लेंगे या मादक द्रव्य बेचकर आर.डी.एक्स. ले लेंगे या दोनों बेचकर ए.के.-56 लेंगे और तब देखेंगे कि कौन हमसे कह सकेगा कि हमारे पुरखों ने आजादी की जंग में कोई काम नहीं किया। हम पब्लिक मनी के ट्रस्टी नहीं, आर.डी.एक्स. के ट्रस्टी हैं। हम महानतम् हैं क्योंकि हमारे संसर्ग में आते ही आम आदमी एक विराटकाय विध्वंसक टैंक बन जाता है। हमें अब कुछ मिट्टी नहीं, सारा हिन्दुस्तान चाहिए। हम भारत के शरीर से आत्मा निकालकर उसमें आर.डी.एक्स. भर देंगे ताकि हर भारतीय सुरक्षित, धनवान, विध्वंसक, अनपढ़ बन जाये। तालीम की हमें सिर्फ इतनी जरूरत है कि वह हमारी नवीनतम् डिवाइसें आपरेट कर सकें। आज औपचारिक प्रारम्भिक शिक्षा नहीं अनौपचारिक उत्कृष्ट कम्प्यूटर शिक्षा के बटनों को समझने की जरूरत है ज़ो स्विच व बोर्ड पर अपना काम कर सकें। हम लोगों को रोटी नहीं आर.डी.एक्स. की महानता खाने को देंगे। पहनने के लिए साधारण कपड़े नहीं आर.डी.एक्स. की जैकेट वाली शर्ट देंगे। शारीरिक सम्पर्कों के लिए कोई भी आर.डी. एक्स. किस्म की महिला और बतौर मूल्य आर.डी.एक्स. की महानता वितरित करेंगे। कोई भी गरीब नहीं रहेगा।

पढ़ा आपने। उपरोक्त कथन आत्महत्या कर चुके एक भूतपूर्व क्रांतिकारी के भूत का कथन है। जो भूत है, जो नष्ट हो चुका है, जो न कुछ है, आर.डी.एक्स. के ससंर्ग में आते ही कैसी जोरदार तकरीरें करने लगता है। विकसित देशों का प्रायः हर नागरिक आर.डी.एक्स है। भारत में भी अब नागरिक धीरे-धीरे आर.डी.एक्स बनता जा रहा है। पहले चरण में अनुशासनहीनता समा रही है, अगले चरण में आर.डी.एक्स. का पान कर लेगा। छात्रों के झुंड तो सीधे आर.डी.एक्स. की ज्वाला हैं। वे किसी की गाड़ी फूंक सकते हैं, किसी राजनेता पर पथराव कर सकते हैं, किसी आदमी की हुजूम में हत्या कर सकते हैं। वे खुद अपने कानून हैं। आकाक्षाएँ अब इतनी सघन, जटिल और विराट हैं कि उनकी परितृप्ति अब साधारण विस्फोटों से संभव नहीं, केवल आर.डी.एक्स. ही इसका एकमात्र हल है। जनाकांक्षाओं को किसने आर.डी.एक्स. में बदल दिया,

यह एक विचारणीय बिन्दु है। अब तो आप सहमत ही होंगे कि इस दुनियां में जो भी सर्वश्रेष्ठ है, जो महान मुक्तिदाता है, जो समस्त असंगत पुरातन का विध्वंसक तथा समस्त सुन्दर संगत नूतन निर्माण का समर्थक तथा महानतम् है, वह आर.डी.एक्स. है। यदि आर.डी.एक्स न होता तो आज यह विश्व ही न होता। आर.डी.एक्स. ने अपनी स्थापना के लिए एक दशक तक प्रतीक्षा की, अपना कौशल दिखाया, मेहनत की, तब आज वह शिखर पर है। शिखर पर पहुंचना हमेशा ही बहुत मुश्किल होता है।

जहरीली शराब

04-05-1998

सेवरही, तहसील-तमकुहीराज, जिला कुशीनगर। 29अप्रैल की रात बिहार से एक बारात सेवरही आयी थी, जिसमें बराती और घराती दोनों पक्षों के लोगों ने शराब पी, जो कि जहरीली बतायी जाती है। शराब पीने के बाद 30 व्यक्तियों की सेवरही में अभी तक मौत हो चुकी है। 40 व्यक्ति अस्पताल में जीवन मृत्यु से जूझ रहे हैं। अपुष्ट सूत्रों के मुताबिक मरने वालों की संख्या सौ से ऊपर बतायी जा रही है। डी.एम., सी.एम.ओ. एस.पी. सेवरही में कैम्प करके राहत एवं बचाव कार्य की देखभाल कर रहे हैं। स्थिति तनावपूर्ण किन्तु नियंन्त्रण में है।

अखबारों की कुछ ऐसी ही सुर्खियाँ थीं 4 मई, 98 को। डी. एम. ने मुझे बुलाकर कहा कि तुम्हें मालूम ही है कि एक बड़ी दुर्घटना सेवरही में हो गयी है। मैं सेवरही जा रहा हूँ। कैम्प आफिस को कंट्रोलरूम बनाकर तुम्हें इंचार्ज नियुक्त किया जाता है। शासन, कमिश्नर, प्रेस-मीडिया के जो फोन आयें, उन्हें उपलब्ध समाचारों से अवगत कराते रहना। राहत और पुनर्वास के लिए जो जरूरत होगी, मैं वायरलेस के जरिये तुमसे सम्पर्क कर लूंगा, तुम लोकली टाई अप करके व्यवस्था कर देना।

बहरहाल डी.एम. तो सेवरही चले गये, मुझे ऐसी मुश्किल कर दी कि मेरा मास्टर माइंड भी जैसे कहीं तेल लेने चला गया। फोन पर कहा जाता था कि सुना है कि सेवरही में 500 मर गये हैं या सुना है कि सेवरही में 2000 मर गये हैं, जबकि आप 20 बता रहे हैं। सुना है कि सेवरही में कर्फ्यू लगा दिया गया है। सुना है कि मरने वालों में कुछ महिलाएँ और कुछ बच्चे भी हैं। सुना है कि डी.एम. और एस.पी. सस्पेंड हो गये हैं।

सुना है कि बिहार से घायलों को देखने लालू प्रसाद जी आ रहे हैं। सुना है कि लखनऊ के राष्ट्रीय सहारा ने मृतक 120 लोगों की सूची भी प्रकाशित कर दी है। सुना है कि विधानसभा में बहुत हंगामा हुआ। सुना है कि ये, सुना है कि वो।

तब तक मरने वालों की संख्या बढ़कर 33 हो गयी थी तथा इनके परिवारों को शासन की ओर से वांछित सहायता दिये जाने का काम शुरु हो चुका था। 4 बजे कैम्प आफिस का वायरलेस फिर खड़का कि तुम सेवरही थाने पहुंचो। सेवरही थाने पर हुई बैठक में बताया गया कि शासन से बार-बार कहा जा रहा है कि मरने वालों की संख्या 100 के ऊपर है, प्रशासन केवल 33 बता रहा है। 29 अप्रैल, 98 को बिहार से तीन बारातें सेवरही आयी थीं। तुम बिहार जाकर उन जगहों पर मृतकों की तस्दीक कर लो, जहाँ से ये बारातें चली थी।

चुनांचे पुलिस के एक अधिकारी, जो मूल रूप से बिहार के हाजीपुर जिले के हैं, के साथ उन बारातों की सूची तैयार की, जो बिहार से 29 अप्रैल को सेवरही आयीं थीं।

1. ग्राम मल्लाही टोला, थाना ठकरहा, बगहा जिला पश्चिमी चंपारण।

2. ग्राम रौनहा बडक बड़का, थाना धनहां, जिला पश्चिमी चंपारण, रामसूरत बिंद के लड़के की बारात।

3. कस्बा बरौली, थाना बरौली, जिला गोपाल गंज, दशरथ सोनार के लड़के की बारात।

4. नयागांव, थाना नयागांव, सारण, छपरा, महेश शाह की लड़की का तिलक।

इन स्थानों में सबसे पास ग्राम मल्लाही टोला है, जो सेवरही से 4-5 किलोमीटर दूर है। 6 बजे सायं हम राजकीय वाहनों से सेवरही से चल पड़े। हमें साथ में 58 नामों की संभावित मृतकों की सूची भी दे दी गयी थी, जो मीडिया के मुताबिक मृतक थे, किन्तु जिला प्रशासन ने अमृत छिड़ककर उन्हें जिंदा करने की ठान ली थी।

हम थाना ठकरहां पहुंचे तो वहां हमारा स्वागत जिला भोजपुर बिहार के रहने वाले दरोगा श्री सुखारी राय ने किया। मुझे प्रभु से शिकायत है कि ठकरहां जैसे पिछड़े, उजाड़, बयावां में प्रतिरात्रि पूर्णमासी क्यों नहीं होती।

हमें मेज कुर्सी के साथ एक ढिबरी पेश की गयी। हमारे साथी पुलिस अधिकारी कुर्सी टूट जाने के कारण गिरने से बाल बाल बचे। उस थाने पर प्रायः लोग चारपाइयों पर ही बैठते हैं। थाना काफी पुराना है, किन्तु अभी तक थाने का भवन नहीं बना है। थाने के समस्त भवनों पर छप्पर पड़े हैं, जो बरसात में चूते हैं। थाना पुलिस मुख्यालय बगहाँ से 100 किमी. दूर है। थाने पर कोई वाहन नहीं है तथा 40 गाँव थाने के अंतर्गत हैं, जिनमें सबसे दूरस्थ गांव 50 किमी दूर है।

श्री सुखारी राय ने बताया कि इस थाने पर कुल तीन सिपाही हैं, जिनमें से एक छुट्टी पर रहता है, एक पैरोकार के रूप में प्रतिदिन पुलिस मुख्यालय आता जाता है तथा एक ड्यूटी पर रहता है। उसकी ड्यूटी है कि हर दो घंटे पर वायरलेस सेट खोलकर पुलिस मुख्यालय के महत्त्वपूर्ण निर्देश नोट कर ले तथा अपने थाने की महत्त्वपूर्ण सूचना मुख्यालय को नोट करा दे। वे इतने मूर्ख नहीं हैं कि उ.प्र. पुलिस की भाँति हर वक्त अपना वायरलेस खोलकर उसकी बैटरी डिस्चार्ज करते रहें। उनके दरोगा के पास हैण्डसेट भी नहीं है। दरोगा दो प्रकार के हैं, जूनियर एस.आई और एस.आई.। आपराधिक मामलों की विवेचना बिहार पुलिस द्वारा बहुत गहराई से की जाती है।

साल भर के भीतर रिटायर होने वाले नायब दरोगा श्री सुखारी राय ने हमें चाय पिलाई। वे तहमद और गंजी पहने हमारे पास ही चारपायी पर बैठे थे और थाने का विवरण किंचित आक्रोशित होकर दे रहे थे। अपने मोटे पेट पर वे कसकर तहमद लपेटे थे। अभी-अभी भोजन किये थे इसलिए कुछ असुविधा महसूस कर रहे थे। उनके आक्रोश की वजह यह असुविधा भी हो सकती है कि खाने के बाद टहलते हुए हवा पास करने की सुखद अनुभूति से वंचित हैं। दूसरे राज्य के दो नौजवान गेजेटिड अधिकारियों के सामने खाने के बाद खाट पर बैठे-बैठे हवा पास करना कितना चिरकुटई का काम लगेगा—यह भी उनकी असुविधा का कारण हो सकता है।

श्री सुखारी राय अपनी चारपायी पर एक बार फिर तिरछे हुए। हम समझ गये कि प्रतिदिन भोजन के बाद टहलने वाले व्यक्ति को एक जगह पर बैठा देना उसके साथ अन्याय करना है। श्री राय हवा पास करने के बाद रिलैक्स होने के बजाय उत्तेजित होकर बोले, सर, एक जमाना था कि

पुलिस के नाम पर चोर-डकैत की फट जाती थी, पुलिस सबका भतार[1] था और आज, आज पुलिस है मउगा[2]। पता नहीं श्री राय कब की बात कर रहे थे। आज के चोर-डकैतों के बारे में उनकी स्वीकारोक्ति थी—हम डकैत से नहीं लगते[3], डकैत हमसे नहीं लगते। शांतिपूर्ण सहअस्तित्व का ऐसा नमूना कहां मिलेगा।

ऐसा लगता है कि बिहार पुलिस की स्थापना का उद्देश्य आपराधिक मामलों की सख्ती से विवेचना कर आपराधियों को सजा दिलाना अधिक रहा होगा, बजाय अपराधियों के विरुद्ध प्रीवेन्टिव कार्यवाही करने के या कानून व्यवस्था को मेंटेन करने के। क्योंकि आजादी के बाद लगभक एक दशक तक प्रीवेन्टिव और कानून व्यवस्था की दृष्टि से पुलिस का महत्त्व ही नहीं रहा होगा, इस दृष्टि से कदाचित अब कार्यवाही किये जाने की जरूरत है, अन्यथा रोज-ब-रोज होते नरसंहारों का सिलसिला कैसे थमेगा।

बहरहाल, श्री सुखारी राय ने हमें मल्लाही टोला के घायल व मृतकों की जो सूचना दी, वह पहले से ही हमारे पास थी। मृत्यु की कोई अतिरिक्त सूचना वे नहीं दे सके। हम रात दस बजे पडरौना लौट आये। अगले दिन तड़के पश्चिमी चम्पारन के रौनहां बड़का गाँव का भ्रमण किया। वहाँ से बरौली, नया गाँव देखते हुए रात्रि विश्राम हाजीपुर में किया। दूसरे दिन लौट आये।

58 संभावित मृतक व्यक्तियों की सूची हमें दी गयी थी। हमने सभी को अमृत पिलाकर जीवित कर दिया। विधानसभा में सरकार ने कहा कि यदि मृतक 33 व्यक्ति से अधिक हैं, तो उनका नाम बताया जाये। वस्तुतः मृत शरीर हमारे समाज में आकर्षक हो गया है। यदि मरने वाले समूह में मरे तो वह मृत शरीरों का समूह नहीं, किसी सुपर हिट फिल्म का प्रीमियर शो साबित होगा। वह माधुरी या रितिक के डांस से कम नहीं है। यह विरोधाभास है, जिसने उस विरोधाभास को जन्म दिया है कि अतिसंवेदनशीलता संवेदनहीनता की माँ है।

●

---

1. पति/स्वामी।
2. जनखा।
3. मुठभेड़ करते।

कुँए में भाँग

मेरे मित्र एक पुराने जमाने की कहानी सुनाते हैं। किस्सा यूं है कि एक बहुत छोटा सा राज्य था। अब राज्य है तो वहाँ कुछ चीजें जरूर होंगी। राजा, रानी, वजीर, प्रजा और राज्य की भूमि। राज्य छोटा था, इस कारण राज्य में पीने के पानी के लिए दो ही कुंए बने थे। एक कुंआ राजमहल में था, जिससे राजपरिवार तथा राजसेवक पानी पीते थे तथा दूसरा कुंआ राजमहल के बाहर बस्ती में था, जहाँ से सारे गाँव वाले तथा प्रजा पानी पीती थी।

राजा और प्रजा में बड़ा स्नेह था। राजा खुद अपने छोटे से राज्य में घूम-घूमकर प्रजा की तकलीफें दूर करता था। उसके वजीर, अमीर-उमरे, नुमाइन्दे, कारिन्दे हर वक्त प्रजा का खास ख्याल रखते थे। प्रजा को तकलीफ पहुँचाने वाले राजसेवक को राजा कठोर दंड देता था। इस कारण प्रजा संतुष्ट थी। प्रजा के लोग यूं भी सीधे-साधे सन्तोषी प्रवृत्ति के थे, उन्हें केवल अपने मतलब से ही मतलब था। सारी दुनियां की चिंता अपने सिर के ऊपर उठाए वे नहीं घूमते थे।

एक बार का वाक़िया है। पड़ोसी राज्य का एक किसान भांग की खेती करता था। उसके खेतों और घर के बीच का रास्ता इस छोटे से राज्य से होकर गुजरता था। पड़ोसी राज्य की प्रजा में भांग, दारु का खूब प्रचलन था। भांग-दारू की दुकानें कस्बे के आमोद-गृहों में थीं। जो शौकीन इच्छुक नागरिक कस्बे तक जा सकते थे, वे इन दिव्य वस्तुओं तथा सोमरस का पान कुछ धन देकर कर सकते थे। इन्हीं शौकीनों के लिए भांग उपलब्ध कराने के कारण पड़ोसी राज्य के कुछ किसान भांग की खेती करते थे।

एक दिन इसी किसान ने अपने मजदूरों को आदेश दिया कि भांग की कटाई कर दो। भांग कटने लगी और उसका बोझ बना-बनाकर मजदूरों ने

खेत में रख दिये। फिर उन बोझों की ढुलाई की गयी। खेतों से उसके घर का रास्ता इस छोटे से राज्य से गुजरता था। एक बूढ़ा मजदूर भांग का गट्ठर बांधे इसी राज्य से गुजर रहा था। वह काफी थक गया था तथा उसे बेतरह प्यास लग रही थी। थकान से परेशान बूढ़े मजदूर ने इधर-उधर विश्राम करने के लिए किसी स्थल का निरीक्षण किया। थोड़ी दूर पर उसे पब्लिक वाला कुंआ दिखाई दिया। वह उधर ही बढ़ चला। उसने सोचा कि उस कुँए के पास थोड़ी देर रूककर विश्राम कर लेंगे तथा पानी भी पी लेंगे।

कुंए के पास पहुंचकर बूढे ने भांग का बोझ कुंए की जगत पर पटक दिया और खुद नीचे हांफते हुए अपनी अस्तव्यस्त सांसें नियंत्रित करने लगा। जब बूढे ने दम ले लिया, तो प्यास बूझाने के लिए कुँए की ओर देखा। एक नौजवान कुँए से पानी भर रहा था। बूढ़े ने उससे प्रार्थना की कि उसे थोड़ा पानी पिला दिया जाय। नौजवान राजी हो गया। नौजवान पानी पिला ही रहा था कि एक और आदमी पानी भरने आया। यह आदमी नशे का विरोधी था। आते ही बोला कि यह क्या भांग का बोझ कुँए पर रख दिया है, हटाओ इसे।

वह आदमी भांग के गट्ठर को हटाने लगा और बूढ़ा मजदूर पानी पीते-पीते एक हाथ से उसे ऐसा करने से रोकने लगा। इसी झंझट में भांग का वह गट्ठर कुँए में जा पड़ा। बूढ़ा मजदूर जो अब अपनी प्यास बुझा चुका था, यह देखकर रोने लगा कि अब वह मालिक को घर जाकर क्या जवाब देगा। वह नौजवान, जिसने उसे पानी पिलाया था, उसे ढ़ाढ़स बंधाने लगा और कहा कि घर जाने के स्थान पर फिर खेतों में चले जाओ। मालिक यही समझेगा कि तुम यह बोझा घर तक छोड़ आये हो। सजा के भय से बूढे मजदूर को यह बात तुरन्त समझ में आ गयी और वह उल्टे पाँव भांग के खेतों की ओर लौट गया।

थोड़ी देर में शाम होने लगी। प्रजा के घरों के चूल्हे चढ़ने लगे। पानी की जरूरत हुई, तो लोग पात्र लेकर कुंए की ओर चल दिये। भांग पानी में घुल चुकी थी और वही पानी लोग अपने घर ले आये। खाने-पीने के बाद जब प्रजा सोने लगी तो भांग के पानी ने अपना असर दिखाना शुरू कर दिया। प्रजा का माथा घूमने लगा, तो सब अपने-अपने घर छोड़कर सामूहिक खलिहान की भूमि पर नाचने गाने लगे। नाच गाने से जब प्रजा थक गई, तो यह तय किया कि राजमहल की ओर चला जाये

तथा इस मौके पर नाच गाने में अपने राजा एवं वजीर को सम्मिलित किया जाये।

चुनांचे सारी प्रजा एकत्र होकर राजमहल पहुँची तथा वजीर से प्रार्थना करने के बजाय उसे चिल्लाकर निर्देश दिया कि राजा को उनके सामने पेश किया जाये। वजीर इनके रंग-ढंग को देखकर हैरान रह गया। इतने सीधे-साधे लोग एकदम से कैसे उद्दंड हो गये। वजीर चूंकि राजमहल के कुँए से पानी पीता था, सो उसका दिमाग नहीं घूमा था। वजीर ने तुरन्त दो जासूसों को बस्ती भेजा कि फौरन पता लगाओ, प्रजा के व्यवहार में इतना बड़ा परिवर्तन कैसे आ गया। इस बीच उसने प्रजाजनों से प्रार्थना की कि आप लोग अपना अपना आसन ग्रहण कर लें, राजा को बुलाने के लिए दो लोगों को भेजा जा चुका है।

लेकिन प्रजाजन बैठने को तैयार नहीं हुए। राजमहल के ड्राइंगरूम में वे नाचते गाते रहे, चिल्लाते रहे, हंगामा काटते रहे, उत्तेजित होते रहे। दोनों जासूस कुछ देर में वापस लौटे तो वजीर को यह मालूम हुआ कि बस्ती के कुँए के पानी में भाँग मिल जाने के कारण प्रजाजन नशे में हैं, जबकि राजा नशे में नहीं है। अतः राजा को भी प्रजा के सामने नशे में ही आना चाहिए, नहीं तो अनर्थ हो जायेगा।

दोनों जासूसों को वापस आया देखकर प्रजा फिर से चिल्लाने लगी कि यही दोनों लोग राजा को बुलाने गये थे, किन्तु खाली हाथ आये। हमारे राजा को हमारे सामने पेश किया जाये। वजीर ने ऊँचे किन्तु विनम्र स्वर में घोषणा की कि राजा तैयार हो रहे हैं और मैं उन्हें लेकर अभी आता हूँ। वजीर अन्तःपुर में घुस गया और महाराजा साहब को रंगमहल से उठाकर एक अलग कोने में ले गया। वहाँ उसने सारी बात उनके कान में फुसफुसा दी। वजीर ने कहा कि आप तुरन्त मेरे साथ चलिए, सारा इन्तजाम हो गया है।

राजा पिछवाड़े के दरवाजे से निकलकर बस्ती की ओर चल दिये। जासूस, जो प्रजाजनों की फब्तियां सुन रहे थे, ने घोषणा की कि महाराजा भाग गये हैं और-अभी अभी बस्ती की ओर गये हैं। प्रजा तत्काल बस्ती की ओर भागी। उधर राजा ओर वजीर उसी कुँए के पास पहुँच गये थे, जहाँ वजीर का एक प्यादा कुँए से एक बाल्टी पानी निकालकर इन लोगों को पिलाने के लिए तैयार खड़ा था। दोनों ने दो-दो चुल्लू पानी पिया।

भांग का असर इतना गहरा था कि अगले ही पल दोनों को नशा हो गया और वजीर और राजा दोनों आनंद से नाचने लगे।

प्रजाजन भागकर जब बस्ती की ओर आये, तो देखते क्या हैं कि महाराजा अपने वजीर के साथ नाच रहे हैं, गा रहे हैं और प्रसन्नता में चीख रहे हैं, चिल्ला रहे हैं। प्रजाजन यह देखकर खुश हो गये और अपने राजा के साथ वे भी ताली पीटते, किलकारी भरते नाचने लगे।

कहते हैं कि समझदार को इशारा काफी। आप जरूर समझ गये होंगे कि इस कथा का क्या संदेश है। मुझे लगता है कि उत्तर भारत की वाटर सप्लाई में जरूर किसी ने भांग मिला दी है, इसलिए युवा प्रजाजन नाचते, गाते, आक्रोशित अपने राजा को ढूंढ रहे हैं। उन पर किसी का कोई नियंत्रण नहीं है। वे जो चाहेंगे, करेंगे। वे निरपराध आईसक्रीम विक्रेता को बारात में गोलियों से भून देंगे। वे क्लाक्र्स, ताज, शिवगढ़ रिर्साटस में रेन डान्स कर लेंगे। वे बिना किसी परिणाम की चिन्ता के निर्ग्रन्थ होकर अपनी क्लासमेट के साथ किसी होटल में हम-बिस्तर हो लेंगे। वे पैसे की कमी के कारण निस्संकोच ज्वैलर को शूट कर देंगे, भले ही उनकी उम्र बीस से कम हो।

मुझे इन्ज्वाय करते, नाचते-गाते युवा भारत से कोई ईर्ष्या नहीं। मुझे युवावस्था से एक गहरा लगाव है। युवा ही गंभीर संकट में अपनी अस्मिता, कर्मठता, ईमानदारी कायम रख सकता है। लेकिन मूल्यहीन इन्ज्वॉयमेंट, अर्थ पिपासा, राष्ट्र के लिए किये जाने वाले गंभीर कार्य से अरूचि, देश के मौलिक अधिकारों की उपेक्षा आदि कहीं महाराजा को भांग पीने की अपेक्षा तो नहीं कर रहा है।

●

पीक आवर्स (खबतुल हवास)

अंग्रेजी में एक शब्द है, पीक आवर्स या पीक टाइम, उर्दू में एक शब्द है खबतुल हवास। क्या इन दोनों शब्दों में आपको कोई दोस्ताना तअल्लुक लगता है। आप कहेंगे कि यह कैसा बेहूदा सवाल है। पीक आवर्स उस वक्त को कहते है, जब किसी कार्य को करने का मुख्य समय होता है और बहुत सारे लोग सामूहिक रूप से उस कार्य को करते हैं। खबतुल हवास उस शख्स को कहते हैं, जो कार्य की अधिकता के कारण कुछ अस्तव्यस्त हो रहा हो। यह शब्द बेहोश और बदहवास के बीच का शब्द है। जाहिर है कि पीक आवर्स और खबतुलहवास का कोई सीधा सम्बन्ध नहीं लगता।

लेकिन आप गौर से देखें तो पायेंगे कि पीक आवर्स और खबतुलहवासी का सम्बन्ध चोली-दामन जैसा है। यह दोनों शब्द एक दूसरे के पूरक हैं। यदि आप पीक आवर्स में हैं, तो जरूर खबतुल हबास होंगे और अगर खबतुलहवास हैं, तो जरूर कहीं न कहीं पीक आवर्स में चल रहे हैं। सांस्कृतिक दृष्टि से देखें। भारत में बहुत से पर्व ऐसे हैं, जिनमें नदी स्नान किया जाता है। यह स्नान भी एक खास मुहूर्त में होता है। कहा जाता है कि इस मुहूर्त में स्नान करने से ही मोक्ष मिलेगा। अब उस मुहूर्त पर आप गंगा, यमुना, गोमती पर जाकर देखिए, घाट पर तिल धरने को जगह नहीं मिलेगी। आप सोचेंगे कि इस भीड़ में कपड़े उतारकर कहां रखूं ताकि स्नान के बाद कपड़े वापस मिल जाये। ऐसा न हो कि आपके कपड़े कोई अन्य उठा ले जाये और आपको इस कहावत का अर्थ खोजना पड़े कि नंगा नहायेगा, निचोड़ेगा क्या। कपड़े खो जाने की आशंका, घाट से पानी में दिख रहे अधनंगे महिला-पुरुष, उगता हुआ सूर्य, ठंडी हवाएं, नहाने के बाद घर जाने की चिंता, यह सब कुल मिलाकर आदमी की

शक्ल खबतुल हवास कर देती है।

मंदिरों को लीजिये। त्योहार के दिनों में या पर्व पर कैसी विकट भीड़ होती है। कंधे से कंधा रगड़ रहा है मगर कोई परवाह नहीं। प्योर शक्कर की बर्फी खरीदकर लग गये लाइन में। जूते पंडाजी के तख्त पर उतार दिये, इसलिए जूतों की चिंता नहीं करनी है। धक्कामुक्की में बर्फी का एक टुकड़ा मंदिर के दालान में गिर पड़ा, मगर पर्वाह नहीं। कहावत है कि मंदिर के पास, भगवान से दूर। जैसे ही आप गर्भगृह में मूर्ति के पास पहुंचे, आपकी दृष्टि मूर्ति पर न पड़कर तत्काल, वहाँ तैनात पुलिस के महिला एवं पुरुष सिपाही के जोड़े पर पड़ेगी, जो अपनी लम्बी लाठी से इस रेले को जल्दी दर्शन करके आगे बढ़ने को प्रेरित करते हैं। मगर आप भी कोई साधारण भक्त तो हैं नहीं। बिना पुजारी से नारियल फुड़वाए निकासी की ओर बढ़ेंगे नहीं। भीड़ का एक झोंका आया और एक सुहागन का हाथ के सोने का कंगन आपकी पीठ में गढ़ गया। अब देव-दर्शन के वक्त मुंह से आह निकल जाये, तो पुण्य क्षय हो जायेगा। दांतों से सिसकारी रोककर आपने पुजारी जी से नारियल तुड़वाया और आनन-फानन अपने हाथ में पकड़े कपूर को दियासलाई दिखाई। बड़ी मुश्किल से एक दृष्टि विग्रह पर डाली और हाथ जोड़कर नमन किया। बाहर आकर पाया कि आपके पैर बुरी तरह द्रव शक्कर से चिपचिपा रहे हैं।

कर्मचारियों को लें। हर विभाग का अपना 'पीक आवर' होता है, 'पीक टाइम' होता है। पी.डब्लू.डी. में बजट आवंटन के बाद काम शुरू होता है। फिर पेमेण्ट के वक्त 'पीक आवर' होता है। नेशनल हाइवे पर पुलिस के पीक आवर्स रात्रि में होते हैं और सामान्य रूप से क्राइम के बाद पीक आवर्स होते हैं। सिंचाई विभाग में "पीक टाइम" बंधे के कट जाने के बाद होता है। पीक आवर से ही सरकारी विभाग के महत्त्व की पहचान होती है। जहाँ जितना ज्यादा पीक टाइम होता है, उस विभाग का उतना ही महत्त्व होता है। पीक टाइम की लम्बाई की तुलना बंदर की पूंछ से की जा सकती है। वह बंदर ही क्या, जिसके पूंछ न हो। जिसके जितनी बड़ी पूंछ होती है, उतना ही वह शक्तिशाली बंदर होता है।

देश के कर्णधारों को देखिए कि इनका पीक टाइम चुनाव के समय होता है। पांच वर्ष वे कैसे भी आचरण करें, किन्तु चुनाव के समय कैसे ध्यानी बगुले की तरह पेश आते हैं। गले में गुलाब की माला, माथे पर

टीका, हाथ प्रणाम की मुद्रा में, मुंह के एक साइड में जर्दे का पान, दूसरी साइड में मुस्कान, बदन पर लकदक कुर्त्ता पैजामा, पाँव में गांधी चप्पल, दिमाग में जोड़-तोड़, नसों में बहती मानवीय गरिमा। यह देवत्व नहीं तो क्या है? चुनाव संचालन कैसे होगा? नेताजी के मंच पर कितनी कुर्सी होंगी। माइक पर प्रस्तुतीकरण कैसा हो। कितने वादे किये जायें कि सच और झूठ में संतुलन बना रहे। अगर पश्चिमी उ.प्र. क्षेत्र में भाषण देना है, तो चौधरी चरण सिंह का पुण्य स्मरण करना मुनासिब होगा। गुजरात में गांधी जी, तमिलनाडु में अन्नादुरै का स्मरण लाभकारी हो सकता है। नये गठबंधन, नये वादे, नये सपने, नये नारे, यह सब कुछ चुनाव के समय ही होता है। चुनाव के समय खड़े रहने का रेट कुछ और होता है, बैठ जाने का कुछ और। खड़े और बैठने के बीच की स्थिति यानी उचके रहने की दर दूसरी तरह निकाली जाती है। चुनाव में चंदे का कोई हिसाब नहीं, गाड़ी, डीजल, पोस्टर का हिसाब नहीं, जो चाहे करो। जो सामने दिखाई दे-चाहे हाथ जोड़ लो, चाहे व्ही (V) का सिग्नल हाथों से दे दो या दाहिने हाथ के अंगूठे से अपने ठोसपन का प्रमाण सामने रख दो, चाहे एक हाथ हिलाकर टा-टा कर लो या दोनों हाथ से, मगर चेहरे पर एक अदद मुस्कान बनी रहे। साफ जाहिर है कि चेहरे की भूमिका चुनाव में सीमित है, जबकि हाथों का किरदार बहुत ज्यादे है। कुछ लोग गंभीर चेहरे पर हल्की दाढ़ी के साथ सतर्क भाषण देते हैं। कुछ ऐतिहासिक तथ्यों से प्रारंभ कर समसामयिक वक्तृता पर उतर आते है, तो कुछ अपने विरोधी पर धोबीघाट मारते हैं। मकसद सबका एक है। यह चुनाव ही है जो अगले पांच साल तक सड़क पर टहलने की ऊर्जा देता है। चुनाव बैतरणी है, तो मोक्ष के सपने देखने का अवसर सुलभ कराता है। इसमें एक अदद गाय की प्रमुख भूमिका है, जिसकी पूछ पकड़कर यह नदी पार करने की कोशिश जारी है।

आइए चोरों और डकैतों के क्रियाकलापों का अध्ययन करके इनके पीक आवर्स का पता लगाते हैं। चोर रात में एक से ढाई बजे के बीच ही अपना कार्य करते होंगे। जैसे-जैसे जनसंख्या बढ़ती जा रही है, बेरोजगारी भी बढ़ रही है। नाइट शिफ्ट की नौकरियों की संख्या बढ़ती जा रही है। इस कारण चोरों के पीक आवर्स में कमी हो रही है। वह दिन दूर नहीं, जब इस भयानक जनसंख्या के कारण चोरों के पीक आवर्स एकदम समाप्त हो जायेंगे तथा चोरी समाप्त हो जायेगी। आप कहेंगे कि बढ़ती जनसंख्या

का यह एक लाभ तो है। ठहरिये श्रीमान, यह बढ़ती जनसंख्या का लाभ नहीं, हानि है। चोरी मानवीय प्रवृत्ति है, इसका कम हो जाना मुनासिब हो सकता है, समाप्त हो जाना खतरनाक है। यदि ये परिस्थितियों के कारण समाप्त हो गयी, तो भी यह प्रवृत्ति समाप्त नहीं होगी तथा उसका प्रतिफलन और अधिक लूट, बलात्कार, डकैतियों में होगा। क्योंकि चोर मनुष्य को बनाते समय प्रभु उसके मष्तिष्क में कुछ न करके हराम का भोजन करने के कीटाणु भी डालता है। यदि उसने चोरी छोड़ दी, तो राहजनी करेगा, डकैती करेगा। दूसरे यदि चोरी खत्म हो गयी, तो जिसके हजार रुपये चुर गये, वह नागरिक पुलिस में एक लाख रुपये के चोरी की रिपोर्ट कैसे लिखवा पायेगा। इसलिए जब तक समाज कायम है, चोरी होती रहनी चाहिए, नहीं तो प्राचीन इतिहास और संस्कृति के विद्वान, यदि चोर नष्ट हो गये तो, 'बांध बचाओ' की तर्ज पर 'चोर बचाओ' अभियान शुरू करवा देंगे। लोग अपने घरो के ताले खोलकर सोया करेंगे, ताकि चोर चोरी हेतु प्रोत्साहित हों। चोरों के कारण ही लोग हल्की नींद सोते हैं, जिससे सेहत ठीक रहती है, यदि चोर समाप्त हो गये, तो दिन भर आलस करते रहेंगे। वस्तुतः चोर नागरिक के उत्साह का स्तर ऊंचा उठाने में बड़े सहायक होते हैं। मेरा दृढ़ मत है कि प्राचीन इतिहास के जानकार प्राचीन भारत में चोरी की सांस्कृतिक परम्परा को अब तक जरूर खोज निकाले होंगे।

आंदोलनकारियों को देखिये। लखनऊ में विधानसभा गेट नं.-3 के सामने सड़क के दूसरी ओर एक सरकारी कोपभवन है जिसमें अपने पड़ोसी या सरकार से असंतुष्ट सैकड़ों लोग बारहमास धरना देते हैं, मगर वह धरना उनके पीक आवर्स में नहीं होता। कोपभवन के आंदोलनों का पीक-टाइम तब होता है, जब विधानसभा का सत्र चलता है। भांति-भांति के असंतुष्ट सारे प्रदेश से आकर कोपभवन में जमा होते हैं। कोपभवन एक खौलते समुद्र, दहाड़ता शेर, लावा फेंकता ज्वालामुखी बन जाता है। लगता है कि कोपभवन एक विशालकाय तोप का गोला है, जो अभी छूटेगा और आपके शैतान पड़ोसी या सरकार के जिस्म (जिससे आप असंतुष्ट हैं) में घुस जायेगा। यदि ये गोला आज न चला तो फिर कभी नहीं चलेगा। जो कुछ हो सके, आज ही कर लो, कल किसने देखा है। कोपभवन की यह संगठित असंतुष्ट भीड़ एक विशालकाय व्यक्ति में बदल जाती है, जो क्रोध करती है, चिल्लाती है, दहाड़ती है और समुद्र के फेने जैसी शांत हो जाती है। यह मानवीय गरिमा का बहुत बड़ा नुकसान है, जो नागरिक में

प्राकृतिक सात्विक घृणा को जन्म लेने के पूर्व ही नष्ट कर देती है। जो आंदोलन या संगठन इस घृणा को संचित कर लेता है, वह अपने उद्देश्य में सफल होता है, जो इस घृणा को नष्ट करके विधानसभा में जबरन घुस जानें का प्रयास करता है, उसके फोटो भले ही अखबारों में आ जायें, उसका मौलिक उद्देश्य विफल हो जाता है, नष्ट हो जाता है। तब लाठियों से पिटते उन आंदोलनकारियों के खबतुल हवास चेहरे देखकर बताइये कि पीक आवर्स और 'खबतुल हवास' में कोई रिलेशन है या नहीं।

●

सण्डे पर हमला

बाइबिल में लिखा है कि परमात्मा ने छह दिन सृष्टि की रचना की और सातवें रोज इतवार को विश्राम किया। तब से इतवार, रविवार या संडे विश्राम का दिन हो गया। आज भी संडे ईसाइयों की छुट्टी का दिन है। मजहबी दृष्टि से देखा जाये तो मुस्लिम भाई जुमे (शुक्रवार) को अपनी छुट्टी रखना चाहेंगे। हिन्दू भाई प्रतिदिन छुट्टी रखना चाहेंगे, किन्तु ऐसा न हो सका, तो उन्होंने संडे को ही अपनी छुट्टी रख लीं।

बहरहाल, इस महाद्वीप में अंग्रेजों का साम्राज्य दो तीन शताब्दी तक रहा, इस कारण संडे यहाँ की आदतों में बतौर छुट्टी शुमार हो गया। बढ़ती भौतिकता, यान्त्रीकरण, मंहगाई, बेरोजगारी के कारण जनजीवन पर जितना दबाव बढ़ रहा है, उसी अनुपात में इस बेचारे संडे पर हमला होने लगा है। संडे अब बेचारा हो गया है। अब संडे खुश होने के बजाय गमी में बदलता जा रहा है। आइये संडे की दुर्दशा पर एक विहंगम दृष्टि डाल ही ली जाये।

पहले शहर के सभी बाजार संडे को बंद रहते थे। इस कारण रविवार को शहर में सन्नाटा रहता था। अब व्यापार मंडलों ने ऐसी व्यवस्था कर दी है कि कोई बाजार संडे को बंद रहता है, तो कोई मंगल को, कोई वृहस्पति को ताकि शहर के कारोबार पर कोई खास असर न पड़े। नतीजा क्या हुआ। कोई नागरिक यदि संडे का बहाना बनाकर घर पर पड़ा रहना चाहता है तो उसकी पत्नी घर पर नहीं रहने देगी। वह कहेगी कि आज संडे है, तो क्या हुआ, जाओ अमीनाबाद चले जाओ, अमीनाबाद में बृहस्पति को बंदी रहती है—चार पांच सीलिंग फैन आज ही खरीद लो। संडे के अलावा तुम्हें किसी और दिन फुर्सत ही कहाँ मिलती है। अब यदि किसी राजसेवक की पत्नी कोई निर्देश दे और वह पालन न करे, यह कैसे

संभव है। पत्नी का उपदेश तो परमब्रह्म तक मानते हैं। इस प्रकार एक भला आदमी, जो छः दिन की मेहनत के बाद एक दिन संडे को आराम करना चाहता था, उसका आराम हराम हो गया।

पुलिस महकमें में तो यूं भी संडे का कोई महत्त्व नहीं था। उनका कार्यालय संडे को पहले भी खुलता था। इसके एवज में भला हो सरकार का कि एक महीने का अतिरिक्त वेतन पुलिस के एन.जी.ओ. (नान गजेटिड आफीसर्स) पा जाते हैं। अब भला कोई कत्ल, बलात्कार, डकैती, मोटर की लूट, छेड़छाड़, संड़े, मंडे का इन्तजार करता है। किसी कातिल की निगाह में संडे कत्ल के लिए सबसे उपयुक्त दिन हो सकता है, जब कत्ल होने वाला घर पर ही उपलब्ध है। किसी कामुक को संडे, मंडे से नहीं, सुन्दरी के हजार वाट के दमकते यौवन से अधिक सरोकार होता है या फिर अपनी कामेच्छा के प्रज्वलन की तीव्रता को दबाने की उसकी क्षमता के प्रयास से उसका सरोकार होता है। डकैत का सरोकार उसके इनफार्मर द्वारा दिये गये सुराग से होता है। किस्म कोताह, यदि अपराध का संडे से तअल्लुक नहीं, तो पुलिस का संडे में आराम करने का कोई मतलब नहीं।

अब मैजिस्ट्रेसी को लीजिये। कोई रिमाण्ड मजिस्ट्रेट है, तो संडे में गिरफ्तार किये गये लोगों का रिमाण्ड सुनता है। कोई डाइंग डिक्लेरेशन लेने संडे को के.जी.एम.सी. (मेडिकल कालेज) भागा जा रहा है। कोई किसी मृत महिला या मृत बंदी का पंचायतनामा लेने संडे में भाग रहा है।

यदि ये भी नहीं, तो कदाचित संडे में आपके क्षेत्रान्तर्गत कोई आगजनी, धरना प्रदर्शन, पथराव, जाम लग जाये। हो सकता है, किसी एक दिन बैंक, आई.ए.एस./पी.सी.एस. की प्रिलिमनरी परीक्षा कराने आपको संडे में घर से निकलना पड़े। अवध सम्मान हेतु पधारे अमिताभ बच्चन, प्रियंका चोपड़ा का तो संडे में उनके आगमन पर आपको सम्मान करना ही पड़ेगा।

काश्तकार को देखिये। फसल में पानी लगाने के लिए भागा जा रहा है। विद्यार्थी को देखिये। ट्यूशन का पाठ ठीक से याद करने का उपयुक्त दिवस संडे ही है। जो डॉक्टर सरकारी नौकरी करते हैं, वे भी संडे में प्राइवेट प्रैक्टिस करते हैं। अब तो कुछ प्राइवेट डाक्टर सैटरडे 'ऑफ' करके संडे में बैठने लगे हैं।

कहने का मतलब यह है कि आपके संडे पर हर व्यक्ति की निगाहें गिद्ध की भाँति लगी है, जो चाहती है कि कैसे कोई मौका लगे कि इसके संडे को हजम कर लिया जाये। मैं तो आपके संडे की तुलना पौराणिक काल की किसी नवयौवना की रूपराशि से करना चाहूंगा। पौराणिक काल में देखिये। कोई घड़े से पैदा हो रहा है, तो कोई गोबर के कंडे से। जहाँ रूपसी किसी देव-दानव, दैत्य, किन्नर, गन्धर्व को एकांत में दिखी कि उसने किसी न किसी ब्याज से उसे गर्भवती बनाने का कार्य प्रारम्भ कर दिया। ठीक वैसे ही, जहाँ किसी को भारतीय नागरिक का संडे दिखा, उसे निगल लेने को आतुर सैकड़ो लोग तैयार बैठे है।

इसलिए मेरी आपसे गुजारिश है कि मेहरबानी करके अपने संडे को सुरक्षित रखिये। ये गरीब की जोरू और गाँव भर की भौजाई है। जिसका दाँव चल गया, वह भौजाई से तत्काल शारीरिक सम्बन्ध स्थापित कर लेगा, आप हाथ मलते रह जाइयेगा। आप शाम को थके हुए, हारे जुआरी की भाँति अपने अस्तव्यस्त कपड़े झाड़ते ही नजर आयेंगे।

मुस्कुराहट की बात यह है कि अब आम तौर पर लोग धीरे-धीरे साप्ताहिक छुट्टी का महत्त्व समझने लगे हैं। लखनऊ शहर के सभी पार्क, कुकरैल पिकनिक स्पाट, विभिन्न रिसार्टस, सर्कस सभी जगह संडे में भीड़ का सैलाब दिखायी देता है। मेरा मानना है कि पूर्व घोषणा करके अच्छा पंडाल, माइक, लाइट लगाकर लखनऊ में आप केवल डुगडुगी बजा दें, दस रुपये की टिकट लेकर डुगडुगी का संगीत सुनने को दस हजार की भीड़ संडे में गोमती तट पर एकत्र हो जायेगी। आइये हम भी दस रुपये का टिकट खरीद लें।

●

पहचान

जबसे गांधीजी का प्रभाव भारतीय परिदृश्य से विदा हुआ, तब से लोकप्रियता हासिल करने के लिए नये-नये तरीकों का प्रयोग शुरू किया गया। जब मूलधन शून्य हो तो ब्याज कैसे बढ़े। जब नींव ही पुख्ता नहीं, तब इमारत बुलन्द कैसे बने। मगर कोई भी आदमी अपने को यहाँ गांधी जी से छोटा मानने को तैयार नहीं। सबकी इमारतें 2 अक्टूबर की तामीर सें ज्यादा ऊँची और शानदार है। सबसे बड़ी बात हैं कि व्यक्ति को शानदार लोकप्रियता चाहिए, जबकि उसकी पहचान के लाले पड़े हैं। पहचान के लिए भी वह सचेष्ट है और उसके लिए कई टोटके इस्तेमाल करता है।

अभी नगर निकाय के चुनावों के कई प्रत्याशियों ने अपनी पहचान जताने के लिए कई नये प्रयोग किये। श्रीमती अमुक ने दर्शाया कि वे पुत्री व पत्नी किसी की भी हो सकती हैं, परन्तु नगर निर्वाचन में वे श्री 'क' की बहन है, जो जनता के करीब एक जाना पहचाना नाम है। यह प्रयोग परिवारवाद के कुछ करीब लगता है। एक अन्य प्रत्याशी श्री 'क' ने एक स्टीकर छपवाया जिसमें दर्शित था कि वे श्री 'ख' के साले हैं, जिन्हें आपके शहर के लोग विकास-पुरुष के नाम से जानते हैं। अब जबकि श्री 'क' विकास परिवार के हैं, भला निर्वाचित होने पर वे विकास कैसे नहीं करेंगे। वे तो विकास की परम्परा के ही वाहक हैं।

जैसे नानाजी की भुजिया मशहूर है, भापेजी का ढावा हाइवे का फैशन है, चाचा-चौधरी कामिक्स की दुनिया के बादशाह हैं, उसी तरह मामा जी, पापाजी, ताऊ जी, काके या काकू भी बुलन्दियों की ओर बढ़ रहे हैं। एक प्रत्याशी ने अपने नाम के उर्फ लिखकर 'पापाजी' लिखवाया। उसका प्रचार करने वाले लड़के विश्वविद्यालय छात्रसंघ की तर्ज पर नारा लगा रहे थे-

पापा का टैम्पों हाई है, पापा हमारा भाई है। बहुत खूब, उपभोक्ता वस्तुओं की पहले से ही बहुत लंबी फेहरिस्त में एक नाम और बढ़ गया-पहचाना। आप कृपया हमें पहचाने। भले ही पापा, चाचा, काका, ताऊ, मामा के नाम से। पहचान न हुई, पर्चून की दुकान हो गयी। आइये श्रीमान, हम पुराने दुकानदार हैं। हमारे साथ जनसेवा की पिछले तीन चुनावों की परम्परा है। आपने पुराने दुकानदार को पहचाना नहीं। अरे हम तो आपके 'पापाजी' हैं। अरे वही 'पापा' जिनके नाम का टैम्पों तुम तब हाई करते थे, जब बच्चे थे। हम तीन चुनाव लड़े और हारे। इसलिए जनसेवा का हमारे पास पुख्ता सर्टिफिकेट है। हम गारण्टी देते हैं कि हम आपके काम के लिए जबरदस्त जोड़ तोड़ करेंगे। सारी सीमाएं लांघ जायेंगे। देश की ईंट से ईंट बजा देंगे, दंगा करा देंगे। प्रशासनिक अमले के दांत तोड़ देंगे। तुम्हें नकल कराकर आई.ए.एस. बनवा देंगे। यदि आई.ए.एस. न भी बनवा सके, तो कहीं चपरासी या माली का काम जरूर दिलवा देंगे। मगर वह कल का लौंडा, जिसके पीछे तुम घूम रहे हो, उसके पास न तो जनसेवा का अनुभव है, न ही कोई परम्परा। वह तो बस मारकुटाई जानता है। गुण्डा है गुण्डा, वह भी ऐसा जो पुलिस को आते देखकर भागने के बजाय और तनकर खड़ा हो जाता है। भला इतना अक्खड़ आदमी क्या राजनीति करेगा। राजनीति तो वह है, जो मौके के मुताबिक हो। मौका पड़े तो दब जाओ और दांव लगे तो शेर की मानिन्द दहाड़ो।

बहुत लोगों को अपनी लोकप्रियता के बारे में पता नहीं रहता। वे बेखबर होते हैं कि वे कितने लोकप्रिय हैं। ऐसे लोगों को उनकी लोकप्रियता का ध्यान दिलाने के लिए किसी पड़ौसी जामुवन्त की जरूरत होती है। एक भली महिला, जो अपने अच्छे व्यवहार के कारण काफी लोकप्रिय हैं, उन्हें लोग आम तौर पर "गुप्ताइन" कहते हैं, शांतभाव से अपनी घर गृहस्थी का काम कर रही थीं कि उनके सिर पर एक पहाड़ जैसा बोझ आ गिरा। हुआ यूं कि उनका वार्ड महिला आरक्षित घोषित हो गया। महिला आरक्षित घोषित होते ही एक पड़ौसी जामुवन्त ने उन्हें समझाया कि इतनी लोकप्रिय गुप्ताइन की प्रतिभा के प्रदर्शन का यही सही समय है। उठो और गांधीजी की कतार में शामिल हो जाओ। बेचारी भली महिला ने पहले तो नानुकर की, मगर वह जामुवन्त ही क्या जो हनुमानजी को सागर संतरण के लिए राजी न कर सके। चटपट नामांकन कराया गया, झटपट बैनर बनवाये गये और नटखट लड़के गुप्ताइन का टेम्पो हाई

करने निकल पड़े। हमने तो जब बैनर पर लिखा देखा श्रीमती अमुक "गुप्ताइन" भी एक उम्मीदवार हैं तो सोचा कि भली महिला की दुर्गति हो गयी। तीन हफ्ते इसके बच्चे फांका करेंगे। इसके घर का पूरा सिस्टम चौपट हो जायेगा और बाद में नतीजे के तौर पर इन्हें जनसेवा के अनुभव का एक अलिखित प्रमाण-पत्र हासिल होगा। बहरहाल अभी तो गुप्ताइन पूरे जोश में हैं। उनकी पूंछ यानी कि पहचान "गुप्ताइन" उनके साथ है। भला पूंछ के रहते हनुमान जी सागर संतरण में सफल कैसे नहीं होंगे।

एक श्रीमान "क" अपने सर्किल में "भतीजे" के नाम से जाने जाते हैं। चाचा-भतीजा, मामू-भांजे की दोस्ती और बलिदान की हमारी परम्परा में बहुत मिसालें हैं। चुनाव आते ही श्रीमान् "क" को मौका मिल गया। चाचा ने एक रोज फटकारा, क्या रोज मेरे सर पर चाय-पानी करते हो। देखते नहीं हो कि चुनाव आ गया है, किसी मोटे आसामी पर रद्दा कसकर उसका पर्चा भरवा दो। चुनाव प्रचार अपने जिम्मे ले लो। एक महीने तक आराम से चाय पानी की जुगाड़ हो जायेगी। मौका मिल जाये तो चंदे वगैरह के पैसे में से भी कुछ दबा लो। हजारों की भभ्भड़ में कौन पूछता है। भतीजा समझ गया कि कमाई का मौसम आ गया। लगा कचहरी के चक्कर लगाने। एक चेला फांस लिया। उसका पर्चा दाखिल करवाया और हो गया उसकी बीबी चौधराइन का टेम्पो हाई। मैंने सोचा कि चलो देवी चौधराइन के बाद सुनीता चौधराइन भी क्रांतिकारियों की जमात में शामिल हो गयी। हमारे "भतीजे" ने जमकर चुनाव प्रचार किया, छककर बंद मक्खन उड़ाए, समझकर चंदे का हिसाब रखा, मगर चौधराइन हार गयीं तो क्या हुआ। जनसेवा में तो यह सब चलता ही रहता है। "भतीजे" ने तो "रिकाउन्टिंग" की दरखास्त भी आर.ओ. की नाक में धांस दी, मगर भला हो चौधराइन का। बोलीं, छोड़ो भतीजे। जीतना होता तो पहले ही राउण्ड जीत गये होते। अब कोई फायदा नहीं।

इस चुनाव ने लोगों की बुद्धि में जबरदस्त क्रांति कर दी है। भगेलू राम ने सोचा कि मेरा नाम बैनर पर जंचेगा नहीं, तो उन्होंने बी.राम के नाम से पर्चा भरा, मगर चूंकि वे भगेलू राम के नाम से जनता में मशहूर थे, तो उन्होंने उर्फियत में "भगेलू राम" भी लिखवाया, ताकि मतदाता को मोहर लागते वक्त कोई भ्रम न रहे। चुनाव ने तोरी बाबू को टी.प्रसाद में बदल दिया। शफीकुर्र रहमान को एकाएक लगा कि वे सारे मुहल्ले के "चाचा" हो गये। कुछ लोग टी.के. हो गये, कुछ बी.के.। जिन टेलिफोन्स

में कभी डायल-टोन नहीं आता था, वे चुनाव के दिनों में चौबीस घंटे घनघनाने लगे। जो सारा जीवन एल बी डब्ल्यू होते रहे, वे आज धुआँधार बैटिंग कर रहे थे। आप कैसी भी गेंद फेंकें-इन स्विंगर, आउट स्विंगर, लेट कटर, गुगली, वे आपकी हर चाल समझते हैं और आपको माकूल जवाब देंगे।

काउन्टिंग हो गयी। कुछ लोग जीते, ज्यादातर हार गये। हारने वाले खुश थे कि जनसेवा का अवसर उन्हें भी हासिल हुआ, जीतने वाले और खुश हुए कि उन्हें जनसेवा का तमगा हासिल हुआ है। किसी के मुंह पर शिकवा शिकायत नहीं। ज्यादेतर ने अपने विरोधी को राइट-टाइम कर दिया है। कुछ ऐसा नहीं कर पाये हैं। वे सड़कों पर प्रशासन की घड़िया दुरुस्त कर रहे हैं। यह चुनाव पहचान की गंगा थी, जिसमें हमारे मन के सारे मैल बह गये। विरोधी को खूब गालियाँ दी और उसकी गालियाँ खायी। मगर फिर एक मेज पर बैठकर चाय पी ली। कुछ ने जनसेवा के कार्यक्रम को जेट की रफ्तार से दोड़ा दिया, वहां रिपोल हो गया। कहीं पत्थर भी चले तो मन को लगे, तन को नहीं। यही एक खराब बात हो गयी। पहले या तो पत्थर चलते ही नहीं थे और यदि चलते भी थे तो शरीर को लगते थे, मन को नहीं। मगर आज अधिक जनसंख्या होने के कारण शरीर दो कौड़ी भाव का नहीं रहा, आज शरीर नहीं अहंकार सर्वोपरि हो गया है, आदमी पर वी०आई०पी० गीरी हावी हो गयी है। आज पत्थर शरीर पर नहीं, दिल पर चोट करते हैं। जब दिल घायल है, तो उसकी दवा भी गली कूंचों में ही तो मिलेगी।

●

कारगिल की मूर्ति

गांव का एक किस्सा सुनाता हूँ। गाँव के लोग अपनी ह्रस्व एवं लघुशंकाओं का निवारण कोने-खदरे में कर लेते हैं मगर दीर्घ शंकाओं के निवारण हेतु उन्हें एक लोटे में पानी लेकर खेतों की ओर ही जाना होता हो ताकि हाजत रफा कर सकें। इस पूरी प्रक्रिया को दिशा-मैदान भी कहते हैं। प्रातः काल इस प्रक्रिया का नियत समय होता है, इसलिए कोई दिक्कत नहीं होती है। दिन में भी चूंकि काश्तकार खेतों में ही काम करते हैं, इसलिए मैदान में ही रहते हैं, दिशा ढूंढने में कोई दिक्कत नहीं होती। रात में जब दीर्घ शंकाओं के बादल घुमड़ते हैं, तब मैदान में दिशा खोजने में काफी दिक्कत होती है। बहरहाल किस्सा यूं है कि प्रातः काल एक किसान दिशा-मैदान को अपने खेतों की ओर निकला।

हाथ में पानी का लोटा लिए किसान अपने खेतों का घूम-फिरकर निरीक्षण कर रहा था कि उसे हाजत मालूम हुआ। चुनांचे उसने एक उपयुक्त जगह पर अपना लोटा जमाया और बकौल श्रीयुत श्रीलाल शुक्ल, तीतर लड़ाने की मुद्रा में बैठकर आवश्यक कार्यवाही करने लगा। बैठे-बैठे ही उसने निगाह दोड़ाई दौड़ाई तो देखा कि उससे चार-छह हाथ दूर एक कौआ मरा पड़ा था। वह हैरान रह गया। गाँव के लोग थोड़ा अंधविश्वासी होते हैं। सुबह सबेरे दक्षिण दिशा में मृत काकभुशुण्डि के दर्शन कहीं किसी अप्रिय भविष्यत् घटना का संकेत तो नहीं है, उसका दिमाग चकरा गया। यूं तो कई बार किसान फसलों को पक्षियों से बचाने के लिए एक कौआ मारकर बीचोबीच खेत पर बांस से लटका देते हैं, मगर उसने ऐसा सब नहीं किया था। फिर ये मृत कौआ कहां से आ गया। यह सवाल उसके दिमाग में घुमड़ता रहा और वह टहलता घूमता घर आ गया। घर आकर उन्होंने अपनी बीबी को कहा कि आज टट्टी करते समय उसने अपने दाहिनी ओर एक मरा कौआ देखा है। आज किसी ब्राह्मण को एक सीधा भिजवा देना और इस बाबत किसी से कुछ मत कहना। सीधा गाँव

की एक प्रथा होती है जिसमें एक पूरे भोजन का सामान जैसे आधा किलो आटा, दाल, आलू, नमक आदि एक थाली पर रखकर दान करा दिया जाता है। ऐसा दुष्ट ग्रहों की शांति के लिए किया जाता है।

उसकी स्त्री ने सीधा तो निकाल दिया, मगर दुष्ट ग्रहों की इतनी गंभीर कारगुजारी उससे हजम नहीं हुई। उसने किसी दूसरी औरत को यह घटना इस निर्देश के साथ दोहरा दी कि वह इसे किसी और से न कहे। दूसरी ने तीसरी, तीसरी ने चौथी औरत को इसी निर्देश के साथ यह घटना दोहरा दी। शाम तक सारे गाँव में यह बात हर एक को मालूम थी कि आज सवेरे फलाँ आदमी ने एक मरा कौआ हगा है। वह काश्तकार जब शाम को खेतों से लौटकर आया तो लोग उसे बड़े आश्चर्य से देख रहे थे। वह किसान भी नहीं समझ पा रहा था कि आखिर क्या बात है, जो लोग मुझे ऐसे घूर रहे हैं। आखिर एक बुजुर्ग ने उससे पूछा कि भैया, क्या शाम को तुमने कौआ खाया था, जो सबेरे तुमने कौआ हगा। हमारे गाँवों में आमतौर पर कौए के गोश्त को खाने की परम्परा नहीं है।

अंग्रेजी में इसे कहते हैं, कम्युनीकेशन गैप यानी संचार बाधा। प्रातः काल एक किसान ने हाजत रफा करते समय एक मरे कौए को देखा। यह बात एक से दूसरे, दूसरे से तीसरे, इस तरह सैकड़ों कानों तक गुपचुप गयी और आखिर के आदमी ने जब सुना, तो यह सुना कि प्रातः काल एक किसान ने हाजत रफा करते समय एक मरा कौआ हगा। यही बात प्रचारित हो गयी। यह बड़ा मनोरंजक खेल है। आप दस लोगों की एक लाइन बना लें और उन्हें यह निर्देश दें कि पहले वाले के कान में कुछ कहा जायेगा। पहले वाला व्यक्ति सुनकर अपने बगल वाले दूसरे व्यक्ति के कान में वही बात दोहरा देगा, जो उसने सुनी। इसी क्रम में लोग अपने से बगल वाले को दोहराते रहेंगे। दसवें व्यक्ति से आप सुनिये कि नवें ने उसके कान में क्या कहा। आपको यह जानकर हैरत होगी कि यदि एक लम्बा वाक्य आपने पहले के कान में कहा है तो दसवां व्यक्ति आपको कई वाक्य सुनायेगा तथा उसका मतलब भी वह नहीं होगा, जो आपने पहले आदमी के कान में कहा होगा।

यह कम्युनिकेशन गैप इतना मजेदार है कि 11 जून 1999 को भारत के प्रधानमंत्री को लखनऊ में महात्मा गाडगे की एक मूर्ति का अनावरण करना था। इस समय कदाचित कारगिल का युद्ध चल रहा था। पुलिस के सुरक्षा प्रबन्धों को अति विशिष्ट व्यक्ति के आगमन के समय एक गश्ती

आदेश के रूप में सम्बन्धित अधिकारियों को भिजवाया जाता है। इस आदेश में मुद्रण की गलती से 'गाडगे की मूर्ति का उद्घाटन' के स्थान पर 'गाडगिल की मूर्ति का उद्घाटन' छप गया। वायरलैस आपरेटर ने सैट पर जब गश्ती आदेश को पढ़ा, तो उसने गाडगिल शब्द को पढ़कर सोचा होगा कि ऐसे शब्द का तो कोई अर्थ ही प्रतीत नहीं होता, तो उसने गाडगिल को कार्डगिल कह दिया। उसे क्या मालूम कि कांग्रेस पार्टी के एक वरिष्ठ नेता श्री बिट्ठल नरहरि गाडगिल हैं, जो लोकसभा के स्पीकर भी रह चुके हैं। वायरलैस सेट पर सूचना रिसीव करने वाले पुलिस के अफसरों/कर्मचारियों ने मूर्ति का उद्घाटन संबंधी आदेश सुनकर सोचा होगा कि कार्डगिल शब्द तो उन्होंने कभी सुना ही नहीं है। हो न हो यह जरूर कारगिल की मूर्ति का उद्घाटन है। आपरेटर ने कारगिल को त्रुटिवश कार्डगिल बोल दिया है।

बहरहाल कारगिल की मूर्ति का उद्घाटन करने नियत समय पर भारत के प्रधानमंत्री पधारे। मूर्ति का अनावरण किया गया तो मूर्ति एक महात्मा की लगी। जरूर कारगिल पहाड़ियों पर तपस्या करने वाले योगी के प्रतीक स्वरूप किसी महात्मा का चित्र दिया गया है। पहाड़ों पर वैसे भी महात्मा, तपस्वी सिद्ध, लोग निवास करते हैं। जब मूर्ति के अनावरण के बाद वहाँ लगे पत्थर को अनावृत किया गया तो, उसमें बाकायदा महात्मा गाडगे की मूर्ति के उद्घाटन की बात लिखी थी। यह क्या हुआ। प्रधानमंत्री के हाथों का कमाल है या कुछ और कि पत्थर से पर्दा हटाते ही मूर्ति कारगिल के बजाय गाडगे की हो गयी। इसीलिए प्रशिक्षण संस्थानों से हमेशा कहा जाता है कि आप जिस व्यक्ति से सम्पर्क कर रहे हैं, उसकी क्षमता के अनुसार उसे सम्प्रेषित करें। उसे शब्द नहीं, अपने शब्दों के भाव सम्प्रेषित करें और वह भी उसके स्तर पर जाकर। जरा सोचिये कि अमेरिका, रूस, चीन, फ्रांस, इंग्लैण्ड, भारत, पाक सहित कितने ही देश ऐसे हैं जिनके पास परमाणु बटन मौजूद हैं। संचार की यदि जरा सी त्रुटि हो गयी तो परमाणु युद्ध हो सकता है। द्वितीय विश्व युद्ध के समय एक ऐसी ही घटना घटी थी, जिसमें एक जापानी कस्बे में जापानी फौज समर्पण कर रही थी, मगर संचार की त्रुटि से विरोधी सेनाएं उस पर इसलिए बमवर्षा कर रही थीं कि उसने समर्पण से इंकार किया है।

●

दरखास्त ट्रेन

जी हाँ, यह नाम हमने उस ट्रेन को दिया है, जो गोरखपुर से छपरा जाती है और सबेरे 10 बजे पडरौना रूकती है, इसी तरह तीन बजे शाम को छपरा से गोरखपुर जाते वक्त पडरौना रूकती है। इस ट्रेन में काफी यात्री बेटिकट चलते हैं। पूछने पर लोगों ने बताया कि क्षेत्र में इतनी गरीबी है कि लोगों के पास ठीक से खाने को तो है नहीं, टिकट क्या खरीदेंगे।

आप सोच रहे होंगे कि गोरखपुर-छपरा रेल मार्ग पर एक ही ट्रेन गुजरती है, इसलिए मैं एक ही ट्रेन का विवरण पेश कर रहा हूँ। जी नहीं, इस रूट पर कई ट्रेनें गुजरती हैं। इस ट्रेन की कथा आज इसलिए सुना रहा हूँ कि यह एक ट्रेन ही नहीं, उससे कुछ बढ़कर है।

पहली बात तो यह है कि हमने इसे दरखास्त ट्रेन का नाम दिया है। जिसका मतलब यह है कि सवेरे दस बजे पडरौना कचहरी करने वाले लोग, प्रशासनिक शिकायतें करने वाले लोग अपनी-अपनी दरखास्तें लेकर इसी ट्रेन से पडरौना उतरते हैं तथा कचहरी करने के बाद शाम तीन बजे इसी ट्रेन से वापस लौट जाते हैं। शाम को वापस जाते समय राष्ट्रीय एकता का आलम यह है कि ट्रेन खुलते समय भी यदि तीन-चार दरखास्ती ट्रेन की तरफ दौड़ते हुए पहले से सवार लोगों को दिख जायें तो वे हौज पाइप काटकर चलती गाड़ी को रोक देते हैं तथा दौड़ते हुए दरखास्तियों को भी बैठा लेते हैं।

आप कभी इस ट्रेन में बैठे हैं? यदि नहीं बैठे तो एक बार जरूर बैठिये। यूं भी मीटरगेज की सभी ट्रेनें धीरे-धीरे ब्रॉडगेज में परिवर्तित हो रही हैं। किसी दिन यह ट्रैक भी ब्रॉडगेज में बदल जायेगा तथा किसी बिन्दु पर भारतीय रेल के मेन ट्रैक में मिल जायेगा, तब भी इस ट्रेन पर क्षेत्रीय लोग बैठेंगे, अपनी दरखास्तें पडरौना तक लाएंगे, मगर तब तक इस ट्रेन

का क्षेत्रीय चरित्र नष्ट हो चुका होगा। इसलिए इसके पहले कि यह ट्रेन-ट्रेक ब्रॉडगेज में बदल जाये, आप इस पर चलने वाली ट्रेनों का मजा ले लें।

मैंने देखा है कि उत्तर प्रदेश के एक दूरस्थ सीमावर्ती रेलवे स्टेशन हनुमानगंज पर रात नौ बजे के करीब जाड़े के मौसम में एक ट्रेन खड़ी है। वह कार्तिक पूर्णिमा का दिन था। ठंड की हल्की सी खुनक हवा के साथ लग रही थी। वह इलाका एक विरल जंगल ही तो है, जहाँ दूरदराज तक पेड़ ही पेड़ दिखाई देते हैं। चारों ओर शांत, गुलाबी, ठंडा वातावरण। ऐसे में केवल ट्रेन से ही पूरे क्षेत्र के जीवन का संकेत मिलता है, मानों यह सम्पूर्ण क्षेत्र एक विशालकाय शरीर हो और ट्रेन उसका प्राण।

धीरे-धीरे ट्रेन ने स्टेशन पर अपना नियत समय पूरा कर लिया और एक लम्बी सीटी दी। स्टेशन पर एक हल्का अव्यक्त सा शोर मचा। ट्रेन ने दूसरी छोटी सीटी दी और चल पड़ी। दो मिनट में ट्रेन ने स्टेशन छोड़ दिया और शांत चांदनी रात में कुछ देर तक गार्ड के डिब्बे के पीछे काली सतह पर बना पीले क्रास (×) का निशान और ट्रेन के पहियों की हल्की खट-खट की ध्वनि सुनायी देती रही। पाँच मिनट में जैसे सम्पूर्ण क्षेत्र निष्प्राण हो गया हो।

पिछड़े, अशिक्षित और निर्धन क्षेत्र में ऐसी ट्रेन, ट्रेन नहीं क्रांतियां होती हैं। मैंने किसी दूसरे संदर्भ में ऐसी ही ट्रेनों के बारे में लिखा है।

वन-वन एट ट्रेन नहीं
पाँच मिनट की क्रांति है
जो आने के पहले सब कुछ
बदल देने का आश्वासन देती है जैसे

× × × ×

आपने इसे नहीं देखा
मैंने देखा
जब वन-वन एट के आने की घंटी
घंटी बजती है
कई जोड़ी आंखें, कान और हाथ

जाग जाते हैं
इक्के में जुते घोड़े
लगाम चबाने लगते हैं अनायास
पोस्ट रनर्स डाक के थैलों के लिए
ठीक करने लगते हैं
अपनी साइकिलों के कैरियर्स।

× × × ×

मेरी जिन्दगी पर हकीकतन
वन-वन-एट का जबरदस्त असर है
इसमें बैठकर ही प्लेटफार्म के
तीन भाषाओं के नाम पढ़कर
मैंने बिना मौलवी उर्दू सीखी
और कई बार इसमें बैठकर
कटे-फटे, सिमटे, झिझके हिन्दुस्तान की धरती
उसकी नहरें, तालाब, फसल, मकान
देखा किया

× × × ×

परन्तु एक अरसे से
इसमें बैठना छोड़ दिया मैंने
क्योंक एक बार
एक नौजवान ने छलांग लगाकर
इसके आगे आत्महत्या कर ली
आखिर जब सपने ही कुचलने हों
तो वन-वन-एट से क्यों कुचले जायें।

वस्तुतः यह दरखास्त ट्रेन क्षेत्रीय लोगों की 'अपनी' ट्रेन होती है। इसके साथ स्थानीय लोग अपने जैसा या घर जैसा ही व्यवहार करते हैं। जब स्थानीय लोग क्रुद्ध होते हैं, तो आन्दोलनों के दौरान इसे प्लेटफार्म पर

रोक लेते है। रुकने के बाद।इसमें बैठे यात्री भी निकलकर बाहर आ जाते हैं और आंदोलनरत किसानों के साथ नारा लगाने लगते हैं। तब ये ट्रेन सेवरही, दुदही, पडरौना, कप्तानगंज, हनुमानगंज, जो जहाँ पर है, वहीं रूकी रहती है। उस दिन पडरौना के सभी न्यायालयों में जी.डी. 'जनरल-डेट' हो जाती है। लोग दरखास्त ट्रेन पर बैठकर जब पडरौना आते हैं, उनकी दरखास्तों में क्या लिखा होता है, यह हम दूसरे लेख में बतायेंगे, इस समय हमारा केवल इतना ही अनुरोध है कि अगर आप अब तक इस ट्रेन में नहीं बैठे हैं तो एक बार अनुभव के लिए ही सही, गोरखपुर से टिकट कटाकर जरूर सवारी कर लें।

●

अप एण्ड डाउन

आप आटा पीसने वाली किसी चक्की के पास एक कुर्सी डालकर बैठ जायें और शांत होकर अपनी आंखें बंद कर लें। आप कुछ देर में चक्की के इंजन और आटे की मशीन की आवाजों से तारतम्य बिठा लेंगे। फिर आप कुछ भी रिदमिक भाव अपने मन में जैसे लेफ्ट-राइट, अप एण्ड डाउन, आर.डी.एक्स.' एम.एस.टी., आई.आई.टी., बोटम्स आप, आ जा प्यारे, जय श्री राम, हैमिल्टन, लार्ड बायरन, चल कलकत्ता या फिर कोई फिल्मी धुन, जो भी रिदमिक भाव आप मन में लायेंगे, वह आपको लगेगा कि इन मशीनों की आवाज से भी निकल रहा है। गोकि चक्की मशीन के पास इस एक्सपेरीमेन्ट के लिए बैठना काफी मुश्किल होगा क्योंकि उसके पास हमेशा आटे की धूल उड़ती रहती है, जिससे खांसी आनी शुरू हो जाती है। ठीक इसी तरह जैसे हमारे मन की ध्वनि मशीन से सुनाई देती है, वैसे ही मेरे मन के भाव मुझे सारे विश्व में दिखाई देते हैं।

अब देखिये ना, मेरे मन में आया, अप एण्ड डाउन। गौर से देखिये, सारी दुनिया आपको अप एण्ड डाउन दिखाई देगी। देखिये, प्रातः एक ग्रामीण कचहरी करने अपने जिले पर आता है, शाम होने पर घर लौट आता है। महानगरों से छोटे नगरों में हजारों आदमी काम करने जाता है, लौट आता है। मशीनों को देखिये, पेंडल उठाता है, फिर नीचे आ जाता है। स्विच आन करते हैं, फिर आफ कर देते हैं। जाड़ा गर्मी बरसात के बाद फिर जाड़ा, गर्मी बरसात। किसान फसल बोता है, फिर काट लेता है। बैंक में पैसा जमा करते हैं, जरूरत पड़ने पर निकाल लेते हैं। हर जगह अप एण्ड डाउन का ही खेल है। देश के स्तर पर देखें—

यूनाइटेड बी स्टैण्ड
डिवाइडेड की फाल

आइये आपको एक सामूहिक अप एण्ड डाउन का किस्सा सुनाते हैं। कानपुर-लखनऊ महानगरों के बीच सैकड़ों राजकीय सेवक प्रतिदिन अप-डाउन करते हैं। इमरजेन्सी में तो वह मोटरबस या टाटासूमो से भी सफर कर लेते हैं, मगर चूंकि सड़क का सफर मंहगा है तथा समय भी अधिक लेता है, अत; प्रायः ये सफर ट्रेन द्वारा किया जाता है। ट्रेन में रोज सफर करना है तो मंथली सीजन टिकट (एम.एस.टी.) ही उपयोगी होता है। सो सारे इम्पलाई एम.एस.टी. बनवा लेते हैं। आइये देखें कि ये एमएसटी धारक कैसे अपनी यात्रा करते हैं। दस बजे दफ्तर में पहुँचना है, तो साढ़े नौ बजे तक चारबाग पहुंचना लाजिम है। डेढ़ घण्टे का सफर है तो सवेरे 8 बजे कानपुर सेन्ट्रल प्लेटफार्म पर पहुँचना होता है। कानपुर सेन्ट्रल तक घर से मोटरसाइकिल से रोज छोटा भाई छोड़ता है, पैंतीस मिनट लगते हैं। इसका मतलब यह कि प्रातः सवा सात तक घर से निकलने के पहले दैनिक कृत्य, स्नान, पूजा, अखबार, सूक्ष्म भोजन तथा लंच-टिफिन लेना जरूरी है। इस तरह प्रातः पाँच बजे उठना होता है। प्रातः पाँच बजे उठकर रात्रि दस बजे घर पहुंचना। सत्रह घंटे की नौकरी में से दफ्तर में कुल सात घंटे और अप एण्ड डाउन में दस घंटे।

कुछ लोग तो इससे भी ज्यादा समय खर्च करते हैं। जब यही रूटीन वर्षों चलता रहता है, तब एम.एस.टी. वाले कई मामलों में भावनाहीन या उदासीन हो जाते हैं। ये ट्रेन में चूंकि प्रतिदिन तीन चार घंटे खर्च करते हैं मगर ट्रेन में बैठने के लिए आने जाने में 6-7 घंटे समय व्यय करते हैं, अतः ये ट्रेन में बैठते ही अपने-अपने ग्रुप बनाकर अपना पसंदीदा कार्य शुरू कर देते हैं। कुछ लोगों को हमने देखा है कि जब ट्रेन में बैठते हैं, प्रायः सो जाते हैं। इतना गंभीर ये नहीं सोते हैं कि आप इनके कंधे से लटका इनका लंच बाक्स साफ कर दें। इन्हें ट्रेन में प्रायः बैठने का स्थान मिल जाता है, क्योंकि दैनिक यात्री होने के कारण ये अमूमन वहीं खड़े होते हैं, जहाँ बैठने को जगह मिल जाये। जब ये सो रहे हों, आप इन्हें हिलाइये, डुलाइये, इनसे कुछ पूछिये, ये कोई प्रतिक्रिया व्यक्त नहीं करेंगे, मगर एक बार इनके कंधे पर पड़े बैग को खींचकर देखिये, ये तुरन्त जाग जायेंगे।

कुछ लोग दफ्तर जाते समय जब ट्रेन पर बैठते हैं तो स्टेशन पर से खरीदे गये सबसे सस्ते अखबार को आधे रास्ते तक पढ़ते हैं, फिर शेष आधे रास्ते इंडिया एंड एब्रोड पर चर्चा करते हैं। लौटते समय या तो समसामयिक चर्चा करते हैं या फिर दफ्तर में बॉस-कर्मचारी सम्बन्ध, पुरुष-महिला कर्मियों के रिश्ते, मुख्यालय के चटपटे सर्कुलर या सरकार की ताजा घोषणाओं पर मौसमी चर्चा करते हैं। इन्हें किसी अन्य पैसेन्जर से कोई मतलब नहीं, मगर ये सबसे अधिक संवेदनशील एम.एस.टी. पैसेन्जर होते हैं। ट्रेन के टी.टी. सभी एम.एस.टी. को पहचानता है, अतः ये सब ऐसी शान से ट्रेन में पैर फैलाकर आत्मविश्वास से बैठते हैं कि गोया ट्रेन एक मंदिर है और ये उस मंदिर के प्रभु।

कुछ लोग अपने बैग में लन्च बाक्स के साथ ताश के पत्तों की एक गड्डी जरूर रखते हैं और डिब्बे में घुसते ही 4-4 के ग्रुप में बैठ जाते हैं। जादू के जोर से इनके हैण्डबैग से एक तहमद या लुंगी प्रकट होती है, जो आठ घुटनों पर फैला ली जाती है। तहमद के फैलते ही 4 हिस्सों में ताश बांट दिये जाते हैं और ट्रेन का कदाचित सबसे लोकप्रिय खेल 'दहला-पकड़' शुरू हो जाता है। हमारा अनुभव भी यही है कि 'दहला-पकड़' बहुत सरल, बहुत आकर्षक, शीघ्र समाप्त होने वाला, बहुत जोरदार खेल है। यह खेल तब तक चलता है, जब तक गन्तव्य न आ जाये। बीच-बीच में एम.एस.टी वाहक अपनी ह्रस्व व लघुशंकाएँ दूर करते रहते हैं; सुर्ती, पान मसाला सिगरेट लेते रहते हैं। प्रायः पूरे समय ताश के अतिरिक्त एक शब्द भी किसी अन्य विषय पर नहीं कहते। ट्रेन क्रासिंग पर रूकी हो, सिगनल के अभाव में रूकी हो, डकैती पड़ जाने के कारण-राह में खड़ी हो, ये बदस्तूर दहला पकड़ते रहेंगे तथा मसाला थूकने को छोड़कर खिड़की की तरफ झाँककर भी नहीं देखेंगे। अपने गन्तव्य के आउटर सिग्नल को जाने कैसे ये बिना देखे समझ जाते हैं, वहाँ से गुजरते ही तहमद और ताश की गड्डी जैसे जादू के जोर से गायब हो जाता है तथा इन्हें देखकर ऐसा लगता है मानों ये अभी ट्रेन में चढ़े हों। देखा आपने इनका थकान उतारने का तरीका। थकान तब आती है, जब आपने कोई काम किया हो या आपको इस बात का एहसास हो कि आपने कोई काम किया है। ट्रेन में बैठे-बैठे भी थकान आती है। हाँ, ताश चूंकि मनोरंजन है, जिसमें थकान कम आती है। इसलिए यह खेल इन्हें तरोताजा बनाए रखता है।

कुछ एम.एस.टी. पैसेन्जर्स नयन सुख लेते हैं, मगर प्रायः अधिक लोग नैन सुख से जल्द ही थक जाते हैं और अपने अपने हित समूह बनाकर ट्रेन में अपना समय काटते हैं। मन बहलाव के लिए ये ट्रेन में कभी-कभी गंभीर किस्म की मारकुटाई, मुक्का चालन, धींगामुश्ती, नूराकुश्ती खेल लेते हैं। ये एक दूसरे का, विशेषकर अपने ग्रुप में बंदे का जबरदस्त ख्याल रखते हैं और ट्रेन में गांधी जी के इस वाक्य को अपना गंभीर आदर्श मानते हैं कि छोटे से अन्याय के खिलाफ झुकना ईश्वर के प्रति गंभीरतर अपराध है। एक बार कानपुर-इलाहाबाद मार्ग पर एक डिब्बे में, जिसमें दो दर्जन सैनिक भी थे, एम.एस.टी. वालों ने सैनिकों से जबरदस्त संघर्ष किया। हुआ यूं कि डिब्बे में असाधारण भीड़ थी। ट्वायलेट तक में लगेज रखा था तथा टायलेट में एम.एस.टी. बैठे थे कि एक सैनिक को लघुशंका लगी।

अब एम. एस.टी. पैसेन्जर्स तो अधिकतम दो सौ किलोमीटर तक चलते हैं, जबकि सैनिक पता नहीं कहां से आये थे तथा कहाँ जा रहे थे। ऐसे में प्राकृतिक दबावों को कब तक रोके रखें। जब सैनिक ट्वायलेट के भीतर पहुँचा, तो वहाँ आदमियों को अपने स्वागत में पाया। उसने रिक्वेस्ट की कि वे बाहर आ जायें, ताकि वह इत्मीनान से 'शू-शू' कर सके। कांखकूंखकर एम.एस.टी. पैसेन्जर्स बाहर तो आ गये मगर जब सैनिक पेशाब कर बाहर निकलना चाहता था, तब उसे निकलने में इन लोगों ने बाधा खड़ी की। इसी पर सैनिक बनाम एम.एस.टी. का मुकदमा डिब्बे में आधे घंटे तक चला जिसमें लात-घूंसे, चप्पल जूते, बेल्ट-बक्कल, थैले-झोले सब कुछ इस्तेमाल हुआ। मौका पाकर पेशाब कर फ्रेश हो चुके सैनिक ने भी बड़ी बहादुरी से इस मुकदमें में पैरवी की। एम.एस.टी. वालों का स्टेशन दस बीस किलोमीटर दूर रह गया था, इसी कारण तो उन्होंने लड़ाई की थी।

बहरहाल इस मुकदमें से एम.एस.टी. के नीरस जीवन में कुछ ऊर्जा, कुछ उत्साह वापस लौटा। सैनिकों ने भी डन्डा-परेड का थोड़ा अभ्यास कर लिया। पेशाब का अभ्यास तो वे पहले ही कर चुके थे। एम.एस.टी. अपने मकसद में कामयाब हुए कि यदि एक सैनिक ने ईजिली ट्वायलेट में मूत लिया तो उसकी देखादेखी अन्य सैनिकों को भी पेशाब लग सकता है। इस मुकदमें के कारण शेष किसी सैनिक को पेशाब नहीं आया। क्योंकि यदि मुकदमा न चलता तो जितने सैनिकों को पेशाब आता, उतनी बार

एम.एस.टी. को ट्वायलेट खाली करना पड़ता तथा पेशाब के बाद फिर उसी गंदे ट्वायलेट में जगह की कमी के कारण झख मारकर घुसना पड़ता। सैनिकों द्वारा भी इस मुकदमें की पैरवी करना जरूरी था क्योंकि यदि वे इसी तरह स्टेशन दर स्टेशन मार खाते रहे तो देश की रक्षा क्या करेंगे। स्टेशन आते ही युद्ध विराम हो गया और सारे एम.एस.टी. प्लेटफार्म के दूसरी ओर वाले निकास द्वार से निकल गये। जब जी.आर.पी. स्टेशन पर इत्तिला मिलने पर भीतर आयी, तो मुकदमा खारिज हो चुका था। शिकायतकर्ता मौजूद थे, विपक्षीगण नदारद। झख मारकर जी.आर.पी. बैरंग लौट गयी।

●

यूकेलिप्टस

चार्ल्स डार्विन ने कई सालों की खोज के बाद विकास के सिद्धान्त का यह कहकर प्रतिपादन किया कि जो प्राणी जगत में फिटेस्ट होता है, जिन्दा रहता है और जो मिसफिट होता है,एक्सटिंग्विश हो जाता है, समाप्त हो जाता है। डार्विन के सिद्धान्त का वनस्पति जगत में सबसे बढ़िया उदाहरण है यूकेलिप्टस।

यूकेलिप्टस की लम्बाई को देखकर ही ग्रेटनेस का बोध होता है। हम जानते ही हैं कि मानवों में आजकल औसत लम्बाई बढ़ रही है। यूकेलिप्टस पर अत्ते-पत्ते नहीं के बराबर होते हैं, यह भी अच्छी बात है क्योंकि फालतू चीजों की उपयोगिता दिनोंदिन घट रही है। हम जानते हैं कि भविष्य का मानव होमो फ्यूचरा-बालरहित यानी गंजा होने वाला है।

यूकेलिप्टस की जड़ें लम्बाई की तुलना में बहुत गहरी नहीं होती है। जहाँ से किसी आदमी को पर्याप्त सामग्री मिल जाये, उससे आगे की बात करना हिमाकत है। यूकेलिप्टस पर चिड़ियाँ बहुत कम बैठती हैं। इसके दो लाभ हैं। एक तो चिड़ियों के भार से वह परेशान नहीं होता। दूसरे चिड़ियों की बीट से वंचित रहता है जो किसी साफ सुथरे व्यक्ति की निशानी है।

जहाँ तक पर्यावरण की बात है, यूकेलिप्टस उसमें पीछे नहीं है। जल्दी ही उग जाता है, जानवरों द्वारा चर लिए जाने की संभावना कम होती है, बहुत जल्दी बड़ा हो जाता है। जब चाहे काट लो और जलौनी लकड़ी के लिए इस्तेमाल कर लो या मकान अथवा कोठा बना लो। यूकेलिप्टस के इन सभी खासियतों को हमारे कुछ साथियों ने भी समझ लिया है और उसकी कमियों को दूर कर वे खुद भी एक किस्म के यूकेलिप्टस बन गये हैं।

अपने राजनीतिक परिदृश्य को देखिये, कितने शानदार एवं संतुलित यूकेलिप्टस आपको मिलेंगे। ऐसे उदाहरण आपको हर वर्ग में मिलेंगे जो यूकेलिप्टस की तरह एक ही जगह पर खड़े होकर हिलते रहेंगे, ताकि उस पर चिड़िया बैठकर बीट न कर सकें। दूसरों को जमकर उपदेश करेंगे, मगर खुद न तो कहीं हिलकर देंगे, न ही किसी की सहायता करेंगे। इनका सबसे बड़ा हथियार जनता की भावनाओं को उत्तेजित करना है, फिर उसका दोहन करना है।

अगर गौतम बुद्ध अब तक इस संसार में न आये होते तो निश्चित रूप से उनकी माता ने उन्हें यूकेलिप्टस वृक्ष के नीचे जन्म दिया होता और यदि गौतम बुद्ध आज जीवित होते तो निश्चय ही महापरिनिर्वाण साल वृक्ष के नीचे नहीं यूकेलिप्टस के जुड़वा वृक्षों के नीचे हुआ होता। क्योंकि गौतम बुद्ध के मज्झिम निकाय (मध्यम मार्ग) का सर्वश्रेष्ठ अनुसरण करने वाला है अपना यूकेलिप्टस, तब निश्चय ही थेरगाथा वाले अपने किसी उदान में इसे पालीभाषा में लटपट्, लिटपिट्, क्लस्टर या लिप्टिस कहते जैसा कि गाँव के लोग इसे आज कहते हैं। मेरे बैंक के दिनों के एक सहकर्मी मित्र इतने संतुलित मध्यममार्गी हैं कि उनके डाटपेन की एक रिफल एक महीने चलती थी। उनके अक्षर इतने छोटे थे कि उनके द्वारा बनाये एकाउन्ट को चैक करने में मुझे एक दिक्कत इस कारण पेश आती थी कि मैं उनके एक (1) और नौ (9) में अक्सर फर्क नहीं कर पाता था। मोटर पकड़ने धीरे-धीरे बस अड्डे तक आते थे। तेज चलकर ऊर्जा अनावश्यक खर्च क्यों करें। एकबार मोटर बस अड्डे से स्टार्ट हो गयी तो वे दौड़कर बस पकड़ ही लिए। क्योंकि दूसरी बस का एक घंटे तक अनावश्यक इंतजार क्यों करें। खाते भी कम थे। नाम था तोताराम वर्मा, लिखते थे टी.आर. वर्मा। केवल तोता कहने पर नाराज होते थे किन्तु इतना नहीं कि झगड़ा कर लें या सम्बन्ध खराब कर लें।

कुछ साहित्यकार भी यूकेलिप्टस टाइप के होते हैं। राजस्व विभाग के मेरे एक साहित्यकार मित्र ऐसे ही हैं। देखिये उन्होंने कैसी जोरदार राजस्व की साहित्यिक परिभाषाएं निकाली हैं। कृषि भूमि की सबसे अच्छी श्रेणी होती है—संक्रमणीय अधिकारों वाली भूमि की। यह वह भूमि है जिसे बेचा जा सकता है दूसरी श्रेणी है असंक्रमणीय अधिकारों वाली भूमि की जिसे बेचा नहीं जा सकता, तीसरी श्रेणी है ग्राम समाज की भूमि जिस पर अवैध रूप से खेती की जा सकती है किन्तु पता चलने पर सक्षम व्यक्ति बेदखल

कर सकता है, चौथी श्रेणी है धारा 132 की भूमि जिस पर कभी संक्रमणीय या असंक्रमणीय भूमिधारी अधिकार उत्पन्न नहीं हो सकते। वे कहते हैं कि नगर वधू संक्रमणीय अधिकारों वाली भूमि जैसी, बीवी असंक्रमणीय अधिकारों वाली भूमि जैसी, प्रेमिका ग्राम समाज की भूमि जैसी और बंजारन धारा 132 की भूमि जैसी होती है।

मेरे पुलिस विभाग में एक यूकेलिप्टस टाइप के मित्र हैं, जो कहते हैं कि सरकारी मशीनरी में केवल तीन गीयर होते हैं—फर्स्ट गियर, न्यूट्रल गीयर और टॉप गीयर। सबसे बढ़िया न्यूट्रल गीयर या मज्झिम निकाय होता है। न गिरने का डर, न उठने की मेहनत। एक जैसे काम किये जाओ। फर्स्ट गीयर में काम करोगे जो ज्यादा डीजल लगेगा और इंजन गर्म हो जायेगा। टॉप गीयर में काम करोगे तो एक्सीडेंट कर बैठोगे।

हमारे परममित्र मिर्जा अफजल बेग ने यूकेलिप्टस का एक बहुत जोरदार उदाहरण दिया। मिर्जा जी ने बताया कि साँप दो तरह के होते हैं—एक पिटारे वाला, दूसरा बांबी वाला। पिटारे का ढक्कन खोल दो। वह सिर नहीं उठायेगा, बीन बजाते समय दो तीन बार हल्के से फन की पिटाई करिये। तब फुसकारेगा। बांबी वाले साँप को पिटारे में बंद कर दो। पिटारे का ढक्कन उठाओ, तुरन्त फुफकारता हुआ पिटारे से बाहर निकल आयेगा, भले ही इस तेजी के कारण लोग उसे पीट दें। अब आप ही बताइए ना, कौन साँप यूकेलिप्टस है। मेरे इसरार पर भी मिर्जा ने तो मुझे बताया नहीं।

रवि नाराज है

दो विपरीत ग्रह न सिर्फ मिल गये बल्कि घुट-घुटकर यूँ बातें कर रहे हैं गोया ये एक दूसरे के परम मित्र हैं और ये वर्षों से जेहनी तअल्लुक की बिना पर एक हुए हैं। जी हाँ, मिर्जा अफजल बेग और पंडित मुंशीराम शर्मा शास्त्री रवि की बैठक में मौजूद है, एक दूसरे के कान में मुंह सटाए बातें कर रहे हैं। कभी हीं हीं करते हैं कभी कहकहे उड़ाते हैं, कभी घुसुर पुसुर करते हैं और एक रवि है जो एक पृथक सोफे पर यूं बैठा मिर्जा व शास्त्री की ओर देख रहा है मानो किसी ने वहाँ बैठने की सजा दे दी हो या मानो सोफे पर अंगारे रखे हों या कि मिर्जा और शास्त्री के सींग निकल आये हों। मिर्जा और शास्त्री जी में जब काफी गुफ्तगूं हो चुकी तो मिर्जा की नजर रवि पर पड़ी। रवि का चेहरा देखकर मिर्जा को लगा कि रवि आज बहुत दुखी है, नाराज है, क्षुब्ध है। तब तक ड्राइंगरूम में चाय आ गयी।

अपना अपना प्याला लेकर मिर्जा और शास्त्री चाय पीने लगे। रवि के भारी मूड को देखकर मिर्जा ने बात बदली "अमां-मियां, तुम तो जानते हो कि मिर्जा रांड चाय नहीं पीता। कुछ बिस्किट, नमकीन भी तो मंगवाओ।" रवि ने आवाज लगाई। मिर्जा फिर बोला, "और यह मन बिगाड़े क्यों बैठे हो। जबान जहान आदमी हो, हिम्मत और उत्साह से रहा करो। क्या हुआ कि कहीं कोई बात ऊंच-नीच की हो गयी। यह तो दुनियां का दस्तूर है। गुस्सा लगे तो गाली दे लिया करो मगर यूं मुंह लटकाए बैठने से सुना है कि कई सीरियस मर्ज आदमी को पकड़ लेते हैं।" तब तक नौकर बिस्किट और नमकीन भी ले आया।

'अमां मिर्जा, किसी आदमी से नाराज नहीं हूँ, मैं तो सिस्टम से नाराज हूँ जो औसत भारतीय को लघु से लघुतम बनाता जा रहा है, उसे बौना

बनाता जा रहा है, उसकी टालरेंस छीनता जा रहा है, उसे ऐसी मनोवैज्ञानिक खाई में फेंक रहा है, जहाँ उसकी कोई सुरक्षा नहीं है। अब तुम्हीं बताओ तो सही कि तालीम के अभाव में मुल्क कितने बड़े दुष्चक्र में फंस गया है। तालीम न हो पाने से जाहिलपन बढ़ा। काहिलपन बढ़ा, जनसंख्या बढ़ी तो तालीम की मिकदार और कम हो गयी, जाहिल और बढ़ गये। तब पेट तो भरना ही है। आराम बढ़ गया। जिधर देखो मार काट, अवैध कब्जे, हिंसा का तांडव। तालीम के बगैर आदमी कैसे जान पाता कि गांधी जी ने, मौलाना आजाद ने, नेहरू जी ने हमें क्या बताया था। आदमी यह समझ ही नहीं सका कि जिस भारत में वह रहता है, उस भारत के मानी क्या हैं। आदमी को तो बस दो जून पेट भरने से मतलब रह गया, चाहे उसके लिए गोली चलानी पड़े, आर.डी.एक्स. विस्फोट करना पड़े, गला काटना पड़े, राहजनी करनी हो या सुनियोजित दंगा करना पड़े। मुनासिब तो यह होता कि आजादी के बाद समाज की तालीम ठीक से होती मगर यह नहीं हो सका। समाज में जो नेतृत्व विकसित हुआ, उसने भी इस समस्या का अंदाजा ठीक से नहीं लगाया।

हमारे तत्कालीन समाज में देखिए। हम अपने से उन्हीं बड़ों की इज्जत करते हैं, उन्हीं छोटों को सही राह पर लाना अपना फर्ज समझते हैं जिनसे हमें कुछ हासिल हो सके। पैसा अगर नहीं है तो हम अपने बुजुर्ग का अनादर करते हैं और अपने से छोटे का नाम अपने जीवन की डायरी से काट देते हैं। घटती तालीम, बढ़ती आबादी की वजह से रोजगार के मौके वैसे भी सिकुड़ गये हैं। नतीजतन जिस प्रभु से हमें पैसा मिल सकता है, उसके प्रति हमारा व्यवहार देखें कि कैसे हम उसके सामने अदब से दोहरे हो जाते हैं। यह दोहरापन जिस्मानी ही नहीं, जेहनी भी है। जेहनी तौर पर भी हम दोहरे हैं। अगर मौका लग जाये तो उस प्रभु की आंतें पेट से बाहर निकालने में भी हमें गुरेज नहीं होगा। शर्त केवल एक ही है, पैसा। उत्तर भारत की सत्यनिष्ठा इतनी कमजोर कभी नहीं हुई थी मिर्जा जी, जितनी आज है।''

मिर्जा कुछ कहता इसके पहले ही शास्त्री जी बोल पड़े, 'रवि ठाकुर तुमने तो बड़ी भयानक बात कही है। इस प्रगति से तो बेहतर होता कि आदमी अपने अपने धर्म का पाबंद होता। शिक्षा चाहे आधुनिक हो या धार्मिक, शिक्षा तो आदमी को ऊंचा ही उठाती है। खेद है कि हम न तो आधुनिक प्रगतिशील हो सके, न ही सच्चे धार्मिक। आदर का यह पाखंडी

एवं दोहरा स्वरूप मैंने भी देखा है। खुशामद का यह चरमरूप कि ऐसे विशिष्ट अभ्यागत को हम साष्टांग धरती पर लेटकर प्रमाण करें जिसमें हमें कुछ प्राप्त हो सका है, वस्तुतः शर्मनाक है। शिक्षा के अभाव में हमारे मष्तिष्क का विकास वास्तव में अवरुद्ध हुआ है। मैंने एक दिन एक जेबकतरे को कुछ लोगों द्वारा पकड़े देखा। एक भीड़ लगी थी और उसे ऐसे सींकनुमा लोग पीट रहे थे, जिन्हें कदाचित चींटे से भी भय लगता होगा। जिसने भी देखा, उसने अपना वह प्रतिशोध धो लिया, जो उसके मष्तिष्क में दूसरों की मार खा खाकर जम गया था। अपनी मानसिक उलझनों का सड़क पर निस्तारण करना न केवल अशिक्षित होने का प्रमाण है बल्कि असभ्य होने का तर्क भी है। आदमी को झरने जैसा होना चाहिए—स्वच्छ, पारदर्शी, तन-मन को प्रफुल्लित करने वाला। मेरे विचार से भारत का नाम ऐसे ही आदमी के नाम के प्रथमाक्षरों से बनता है। आज जितनी आधुनिक शिक्षा, कल कारखाने, कम्प्यूटर, प्रभुता समाज में घुसी है, उसने आदमी को हैण्डपम्प जैसा बना दिया है जो आम आदमी को पीने को पानी तो देता है मगर वह पानी किस किस स्रोत से, किन मशीनों से, किन प्रक्रियाओं से गुजर कर, कितनी गहराई से निकल कर आता है यह बात अशिक्षित भारतीय नहीं जानता। भारतीय परम्परा का नाम हैण्डपम्प नहीं, झरना है झरना रवि ठाकुर, झरना।''

मिर्जा ने आज नये सिरे से शास्त्री जी को यूं घूरा कि मानो उनके सिर पर सींग निकल आये हों। वैसे भी शास्त्री जी आदतन कम बोलने वाले आदमी हैं। इतना लम्बा भाषण तो उन्होंने शायद ही कभी दिया हो। पहली बार मिर्जा शास्त्री जी के शास्त्रीय ज्ञान से प्रभावित लगा। अपने स्टाइलिश तरीके से मिर्जा बोला, 'अमा पंडिज्जी, हम तो तुम्हे महज क्लब स्तर के गेंदबाज समझते थे मगर तुम तो फास्ट बोलर निकले और एक ही ओवर में तुमने मार्क वॉ, ब्रायन लारा, सुनील गावस्कर को बोल्ड कर दिया। क्या बात कह दी तुमने लाख रुपये की। रिश्तों में जो आज की भौतिक प्रवृत्ति घुस गयी है, उससे आदमी में एक दहशत, एक डर घर कर गया है कि अगर रुपये तुम्हारे पास नहीं है तो तुम पड़े-पड़े सड़ जाओगे, मर जाओगे, तुम्हें कोई नहीं पूछेगा, तुम्हारे जिस्म में कीड़े पड़ जायेंगे। पहले देखो, औसत उत्तर भारतीय सरकारी कर्ज लेने में कितना घबराता था। ना बाबा ना, सरकारी कर्ज नहीं लेंगे। अदा न कर सके तो बाल बच्चों से वसूली होंगी, तब वे बुजुर्गों को गालियां देंगे कि साले कर्जा उन्होंने खाया, जेल में

हम गये। मगर आज देखिये, हर अमीर, गरीब, मंझोला आदमी किसी भी शर्त पर, किसी भी दर पर कर्ज लेकर जीवन जीने को तैयार है क्योंकि उसे मालूम है कि कोई न कोई दयालु प्रभु कर्जा माफ कर देगा या फिर माफ न भी हुआ तो खेत-पात नीलाम होगा, तब तक हमारा जीवन तो कट ही जायेगा, औलाद अगर मेहनत करेगी तो खुद फिर से खेत-पात बना लेगी। वाकई शास्त्री जी तुम ठीक कहते हो, हिन्दुस्तानी हमेशा दूर की सोच वाला आदमी था, इतना नजदीकी तो इसमें कभी नहीं देखी, जितना आज देख रहा है।

पैसे की बाबत मुझे एक किस्सा किसी ने सुनाया था मगर मैंने उसे लन्तरानी समझकर एक क़ान से सुन दूसरे से निकाल दिया। लगता है कि वह किस्सा नहीं हकीकत बयान कर रहा था मेरा पड़ौसी दरोगा। हुआ यूं कि उत्तरांचल आंदोलन के दौरान-2 अक्टूबर 1995 के भोर में कुछ बसों से भरकर आंदोलनकारी रैली करने दिल्ली जा रहे थे कि पुलिस को सूचना मिली कि आंदोलनकारियों के पास अवैध असलहे हैं। मुजफ्फरनगर के रामपुर तिराहे पर बस चैक की गयी। चैकिंग के दौरान उत्तेजित आंदोलनकारियों ने पुलिस पर पथराव किया तो पुलिस को लाठी तथा गोली चलानी पड़ी। रात्रि के अंतिम पहर में किसी ऐसे आन्दोलन के खिलाफ पुलिस कार्यवाही के दुष्परिणाम तो आने ही थे जिसमें आन्दोलनकारियों में महिलाएँ भी हों। कुछ आंदोलनकारी मारे गये तथा कुछ महिला आन्दोलनकारियों से दुराचार की शिकायतें आयी। उच्च न्यायालय ने पीड़ित महिलाओं को बीस लाख रुपये मुआवजे का हुक्म दिया। सभी लोगों ने इस समाचार को अखबारों में पढ़ा, जो नहीं पढ़ सकें उन्होंने सिर्फ सुना। इसका प्रभाव बहुत जगहों पर पड़ा, जिनमें से एक जगह इस किस्से की नींव पड़ी।

बिजनौर जिले के एक देहात में एक औरत ने भी यह किस्सा सुना कि ऐसी औरतों को अदालत ने बीस लाख रुपये दिये जाने का हुक्म सुनाया। सुविधा के लिए उस औरत का नाम सुनीता रख लेते हैं। सुनीता का जीवन बहुत गरीब, बहुत परेशान हाल था। छह बच्चे थे सुनीता के। उसका आदमी दुबता-पतला सींकनुमा मरिअल-सा था जिसके घर वह ब्याह कर बारह वर्ष पहले आयी थी। पहले दो वर्ष कोई बच्चा नहीं हुआ। कई डॉक्टरों, हकीमों, वैद्यों को दिखाया मगर सुनीता की गोद नहीं भरी। गाँव में उसके पड़ौस में एक अधेड़ लाबलद मुसलमान रहता था जो अविवाहित

था। उसे शाम को रोटी ठोंकते देख सुनीता को बहुत तकलीफ होती थी। आखिर गाजी मियां ने एक दिन सुनीता के आदमी के हाथ जोड़े कि भई महीने की रोटियों का खर्चा हम दे देंगे, हमें भी सुबह शाम हाथ की बनाई दो रोटी मिल जायेगी। काम करके थके हारे हर शाम को यूँ रोटियां तो नहीं ठोंकना पड़ेगा।

सुनीता के पति ने अपनी गरीबी और तंगहाली को देखकर यह प्रस्ताव मान लिया और गाजी मियां सुबह शाम सुनीता के सहन में आकर खाना खा जाते थे। गाजी मियां अपने बर्तन-भांडे लेकर आते थे और खाकर अपने छप्पर में जाकर उन्हें धो डालते थे। सुनीता को भी रुपये पैसे की सहूलियत हो गयी और गाजी मियां को दो रोटियां का डौल हो गया। गाँव देहात में यह सब कुछ सामान्य तरीके से होता रहता है। खुदा की मेहरबानी सुनीता के पति नन्हे पर हुई और सुनीता का पाँव भारी हो गया। वक्त आने पर सुनीता ने अपने पहलौठी बच्चे को जना। वक्त बीतता रहा और सुनीता एक के बाद एक छह बच्चों की माँ बन गई। सारा गाँव जानता था कि ये बच्चे गाजी मियां के हैं, मगर बच्चों का बाप नन्हे ही था। जनक और पिता आम तौर पर एक ही व्यक्ति होता है मगर अलग-अलग भी हो सकते हैं। जनक का सम्बन्ध बायोलाजी से है जबकि पिता का सम्बन्ध सोशियोलोजी से है। किंतु जनक से पिता हमेशा बहुत बड़ी और महत्त्वपूर्ण भूमिका अदा करता है।

सुनीता ने जब सुना कि मुजफ्फरनगर में दुराचार से पीड़ित महिलाओं को बीस लाख रुपये मिले तो उसने गाजी मियां से अपने जो भी भावनात्मक सम्बन्ध अब तक विकसित हुए थे, उन्हें स्थगित करके थाने में एक तहरीर दी कि कल रात गाजीमियां ने उसके छप्पर में घुसकर उसके साथ दुराचार किया। सुनीता का मेडिकल कराया गया। मुकदमा दर्ज हुआ। बात सही थी। गाजी मियां जेल चले गये। जमानत पर छूटकर गाजीमियां जब जेल से गाँव आये तो बहुत उदास और मौन थे। शाम को भूख लगी तो गाजी के पैर खुद व खुद अपने पड़ौस की ओर चल पड़े। सुनीता के सहन में पहुंचकर आदतन गाजी ने बड़े बच्चे के नाम की आवाज लगाई। जब तक सुनीता झोपड़ी से निकलकर बाहर आती, गाजी मियां अपनी खिचड़ी दाढ़ी सुलझाते रहे। सुनीता ने बाहर निकलते ही गाजी मियां को औचक देखा। उसे उम्मीद ही नहीं थी कि गाजी मियां इतनी बड़ी घटना के बाद खाना खाने आ जायेंगे। सुनीता की प्रश्नवाचक मुद्रा देखकर गाजी

मियां भी समझ गये। गला खखार कर बोले, "माफ करना, गलती मेरी थी। मैं समझ नहीं पाया कि कागज के एक टुकड़े ने हमारे रिश्ते बदल दिये हैं। मालिक तुम्हें सलामत रखे।" और गाजी मियां उल्टे पाँव अपनी सहन में लौट गये। दोनों की झोपड़ियां में फर्क भी तो नहीं था।

रात गाजी मियां ने कुछ भी नहीं खाया। सोचा कि वह सुबह से कोई इन्तजाम करेंगे। गाजी मियां के कुछ अल्पसंख्यक मित्रों ने समझाया कि इतने बड़े फरेब के बाद भी तुमने कुछ नहीं किया। छह छह लौंडे पैदा कर लिये साली ने, तब कुछ नहीं कहा। सारे जीवन की कमाई इस औरत को देते रहे, ये रानी साहिबा बनकर घुंघरू छनकाते गाँव भर में घूमती रही और अब बेकसूर एक गलत बात कहकर तुम्हें जेल करवा दी। चार-छह साल तो मुकदमा चलेगा। लो चाकू, आंते निकाल दो साली पतुरिया की। न रहेगा बांस, न बजेगी बासुंरी। गाजी मियां ने चाकू वापस कर दिया। बहुत देर तक चुप बने रहे, फिर बोले "मिया, ये आदमी की नहीं, खुदा की मार है मेरे ऊपर। बुजुर्गों ने बोला है कि जब खुदा मारे तो आदमी उसे हंसी खुशी झेले। मेरे मन में कोई मैल नहीं, तुम भी घर जाओ।"

सुनीता को पता नहीं, बीस लाख मिले या नहीं। मुकदमा अभी तक चल रहा है। तबसे सुनीता को फिर कोई बच्चा नहीं हुआ। दो बार ईद, दीवाली, होली का त्योहार आकर गुजर गया। गाजी मियां ने सुनीता के सब बच्चों को कपड़े-लत्ते सिलवाएं, सेवइयां, खिलौने दिलवाए। गाजी मियां दो साल से अपने हाथ से अपनी झोपड़ी में खाना बनाते हैं। कभी-कभी सुनीता के बच्चे भी आकर खा जाते हैं। लेकिन हर बार जब गाजी मियां खाना बनाते हैं, उन्हें अपनी माँ की याद आती है। अगर उनकी बुढ़िया माँ जीवित होती तो उन्हें खाना नहीं बनाना पड़ता। खाना बनाने से पता नहीं गाजी को इतनी इलर्जी क्यों है। मगर जब यह खुदा को मंजूर है तो इसमें कोई क्या कर सकता है।

जमघट

दीवाली के त्योहार के बाद पड़वा को एक दिन के लिए जमघट मनाया जाता है। इस जमघट को लोग प्रायः जमघंट कहते हैं। इस दिन लोग सारा दिन घर रहते हैं। लखनऊ में लोग इकट्ठे होकर पतंग उड़ाते हैं। मेरे गाँव में लोग एकत्र होकर कई स्थानों पर जुआ खेलते हैं। कुछ लोग ताश खेलते हैं। मेरे गाँव में अपवाद छोड़ दें तो प्रायः लोग कलिया (मांस) खाते हैं और नशा करते हैं। कुल मिलाकर जमघट से मतलब हुआ कि लोगों का एक खास उद्देश्य के लिए जमावड़ा। जबकि जमघट से तात्पर्य है कि किसी मृतक की प्यास बुझाने के लिए मिट्टी के पात्र में पानी भरकर पीपल पर मृत्यु के अगले दिन से लटका दिया जाता है जो तेरहवीं तक चलता है। इन 12-14 दिनों तक हर व्यक्ति मरने के बाद प्रेतयोनि में जाता है। इसी कारण इन दिनों लोग तपश्चर्या का जीवन जीते हैं। नंगे पैर रहते हैं, फर्श पर सोते हैं।

प्रेतयोंनि के इन दस बारह दिनों के बाद मृतक की आत्मा यमराज के दरबार में चित्रगुप्त के समक्ष हाजिर होती है। चित्रगुप्त सभी लोगों के पाप-पुण्य का हिसाब रखते हैं। जब से संसार में जनसंख्या का विस्फोट हुआ है, तबसे मरने वालों की तादाद में भी बहुत बड़ा इजाफा हुआ है। अब तक चित्रगुप्त जी अपना सारा काम मैनुअल करते थे, मगर इधर वे कई महीनों से कार्याधिक्य का बोझ महसूस करने लगे हैं। उन्होंने कई बार ब्रह्मा जी को कैजुअल लीव की दरखास्त दी मगर उन्होंने हर बार उसे यह कहते हुए निरस्त कर दिया कि इधर परलोक के पीक आवर्स चल रहे हैं। भूख, दंगे, परमाणु बम, कत्ल से बहुत सारे लोग मर रहे हैं अतः आप कुछ दिन और रुक जाइये, लीन आवर्स में छुट्टी पर चले जाइयेगा।

परलोक में भी जो व्यवस्था है, बिल्कुल सरकारी व्यवस्था जैसी है। भगवान नीलकंठ महादेव परलोक के महामहिम हैं। ब्रह्मा जी उनके

सलाहकार, यमराज मुख्य सचिव, चित्रगुप्त विभागाध्यक्ष है। मैनुअल कार्य से बढ़ती व्यस्तता को देखते हुए चित्रगुप्त जी ने परलोक के कार्य का कम्प्यूटराइजेशन करने की पत्रावली तैयार कराई और अनुमोदन हेतु शासन को भेद दी। यमराज ने भी अनुकूल टिप्पणी सहित अग्रसारित कर दिया। ब्रह्मा जी ने अनुमोदन कर दिया मगर महामहिम के यहाँ पत्रावली रूक गयी। महामहिम तो अनन्य साधारण योगी, थोड़ी सी तपश्चर्या से खुश होने वाले ठहरे मगर क्या करें, जब माँ भवानी पहाड़ी ऊन की छन्नी से विजया (भांग) छानकर उन्हें देती है, वे ना नहीं कर सकते। अब जब वे भांग की तरंग में हो तो भला हस्ताक्षर कैसे करें। चित्रगुप्त जी को इतना सुख क्या कम था कि पत्रावली बिना प्रतिकूल टिप्पणी के प्रोपर चैनेल सर्वोच्च स्थल पर पहुँच गयी।

बहरहाल चित्रगुप्त जी मैनुअल तरीके से परलोक की गाड़ी किसी तरह से ठेल रहे थे। इहलोक हो या परलोक, हर जगह आजकल डेमोक्रेसी के पापुलिस्टिक तरीके इस्तेमाल होते हैं, नतीजे के रूप में हर जगह का बजट गड़बड़ाया रहता है। तिस पर परलोक के स्वामी भोले भंडारी है। किसी आदमी ने जरा सी चापलूसी कर दी कि उदारता से दान कर दिया। अब भले ही वह आदमी उस पैसे की भांग पी ले या सिनेमा देख ले। जहाँ गये, कोई नगरी बसा दी या कोई उद्‌घाटन कर दिया। शिलान्यास में चूंकि खर्च बहुत कम आता है, इसलिए भोले बाबा शिलान्यास ज्यादे करते है। परलोक की व्यवस्था कैसे चल रही है, उससे बाबा जी को क्या मतलब? शिकायते प्रायः चित्रगुप्त जी के स्तर पर ही 'डम्प' हो जाती है। कितना धन तो भोलेबाबा की यात्राओं पर ही व्यय हो जाता है। जब कहीं भोले बाबा जाते हैं तो एक पूरा अमला उनके गणों का जाता है। कोई धूनी का डिब्बा ले जाता है, कोई भांति भांति की चिलम, कोई विजया पीसने का सिल-लोढ़ा। कोई कैलाश का बिसलेरी वाटर, कोई फल, कोई सौर ऊर्जा यंत्र, कोई बाबा के सांपों की टोकरी। कोई बैल पर सवार है, कोई गधे पर, कोई उल्लू पर, कोई कौए पर। जब ये अमला राज्य में कहीं पहुँच जाता है तो बैल चोकर-दाना छोड़कर छोले भटूरे खाता है। उल्लू कीड़े-मकोड़े छोड़कर बटर चिकन मंगाता है, गधा बुद्धिमानी की बातें करता है तथा अपने लिए बीयर में भीगे बढ़िया धान मांगा करता है। परलोक का कोई अधिकारी अगर इस खुराक को इनसे वेरीफाई करने को कह दे तो बैल आंखे दिखाता हुआ सींग पेट में घुसेड़ने की धमकी देता है, गधा तेज

आवाज में दोलत्ती झाड़ता हुआ चिल्लाता है ताकि भोले बाबा समझ जाये कि उनके गण का वाहन दुखी है। एक बार तो चिल्लाते गधे को चुप कराने के लिए यमराज ने गधे के मुंह को प्यार से ऐसा चूमा कि उसका मुंह बंद हो गया। देखने वालों ने देखा कि यमराज गधे को चूम रहे हैं, मगर वे उसका मुंह बंद कर रहे थे कि यदि भोले बाबा की तरंग में खलल पड़ गया तो बाबा नौकरी चाट जायेंगे।

परलोक के प्रवेश द्वार पर आज बड़ी भीड़ लगी है। मीडिया के कुछ लोग पास बनवा रहे है। आज परलोक के एक सबसे पुराने नियम को तोड़कर मृत्यु लोक के प्रेस वालों को परलोक में प्रवेश करने की इस कारण अनुमति दी गई है कि वे परलोक में हो रहे कल्याणकारी कार्यों की जनता को जानकारी दे सकें। यमराज बड़ी मुश्किल से इसके लिए भोले बाबा को राजी कर पाये थे। यमराज का तर्क था कि प्रचार न हो पाने के कारण संसार में परलोक की छवि अनुदारवादी हो गयी है, जबकि वास्तव में परलोक में उदारवादी एवं सुधारवादी काम किये जाते है। यदि इस छवि को बदला नहीं गया तो परलोक का महत्त्व कम हो जायेगा। नागरिक मरने के बाद यहाँ आना कम कर देंगे और कई मल्टी नेशनल कम्पनी पृथ्वी पर ही यमलोक का कार्य शुरू कर देगी। यमराज के अकाट्य तर्कों के सामने भोलेबाबा ने हार मान कर मीडिया को इस शर्त पर परलोक भ्रमण की अनुमति दे दी कि वे अपने वस्त्र यानी कि शरीर भ्रमण के पूर्व परलोक के बाहर पार्किंग के ठेकेदार के पास ही छोड़ कर आयेंगे।

वस्तुतः परलोक का नवीनीकरण हो चुका था। केवल बजट की समस्या थी अन्यथा सब व्यवस्था चुस्तदुरुस्त थी। पत्रकार चित्रगुप्त के काउन्टर पर पहुंचे। उन्होंने एक स्लिप दे दी और वे भीतर चले गये। वहाँ बहुत भीड़ थी, कोहराम मचा हुआ था। भीतर कोषागार की भाँति पच्चीस-तीस काउन्टर थे। हर काउन्टर पर पब्लिक का नाम नोट करके टोकन दिये जा रहे थे। सबसे अधिक भीड़ रौरव नर्क के काउन्टर नम्बर पच्चीस पर थी। एक आदमी पीड़ा, क्रोध एवं घृणा से चिल्ला रहा था, 'संसार में तो रिश्वत की बात सुनी थी, अब ये यहाँ भी शुरू हो गयी। रोशनाबाद के सेठ ने पैसे दे दिये, उसे पहले टोकन दे दिया। मैं पेचिश से मरा हूँ, मुझमें खड़े होने की ताकत नहीं है, लेकिन मेरा नम्बर ही नहीं आता। बार-बार पीछे धकेल दिया जाता है। पत्रकार ने उस काउण्टर की फोटो ले ली तो काउण्टर क्लर्क नाराज हो गया। पत्रकार ने पूछा कि ये लाइन क्यों नहीं

बढ़ रही है।

लाल लाल आंखे निकालकर वह लिपिक बोला कि फोटो खींचना सरल है, परलोक में कार्य करना बहुत कठिन है। इस सीट पर तीन सहायक थे, दो मेडिकल लीव पर हैं। एक तुम्हारे सामने बैठा है। यह एड-हाक कर्मचारी है, इसलिए दिन में एक बार लंच करता है, दो बार सिगरेट पीता है, तीन बार पेशाब जाता है, चार बार चाय पीता है। मैं स्लिप इसे देकर नाम पुकारता हूँ। ये नाम चेक कर टोकन देता है। रौरव द्वार पर इतनी भीड़ देख रहे हो। वहां सात काउण्टर हैं। पहले काउण्टर पर तीन यमदूतों की ड्यूटी थी। उनमें से एक हाईकोर्ट के स्टे पर है, सो वह किसी को कुछ नहीं समझता है और महीने में एक दिन आकर हाजिरी बना देता है और पूरे महीने की तनख्वाह ले जाता है। दूसरे यमदूत ने आज छुट्टी की दरखास्त भेजी है। उसकी समधिन का देहांत हो गया है। तीसरा यमदूत पहले कैलाश पर काम कर चुका है, सो वह किसी का आदेश नहीं मानता। वैसे भी एक सींग टूटा है, सो ठीक से काम भी नहीं कर पा रहा है। सींग जोड़ने वाले मिस्त्री को बुलाया है, मगर उसका पिछला पेमेंट नहीं हुआ है, इसलिए वह आनाकानी करता है।

बोलते बोलते वह हाँफने लगता है। पत्रकार ने सहानुभूति दर्शायी तो वह द्रवित हो गया। क्या करूँ, मुझे तपेदिक है, मगर काम तो काम है, परलोक की सेवा में हमारे पिता भी थे। लेकिन अब परलोक के इस सिस्टम में मूलभूत बदलाव लाना होगा क्योंकि यह सिस्टम चरमरा चुका है, बस किसी दिन बैठ जायेगा। अब देखिये ना, रौरव नर्क के दूसरे काउन्टर पर तेल का कड़ाहा है जिसमें थोड़ी आंच सुलग रही है। तेल भी जरा सा है। पचास लीटर तेल में 100 आदमी भूनने का मानक है। अब आप ही बताइये न कि आधा लीटर तेल में एक आदमी कैसे भूना जा सकता है। फिर भी हम लोग पचास लीटर में डेढ़ सौ आदमी भूनने के बाद खाने खर्चे के लिए दो चार लीटर तेल बचा लेते हैं। कई दिन से तेल और लकड़ी की सप्लाई बंद है मगर भूनते समय मृतात्मा न चिल्लाई या कम चिल्लाई तो आरोप लगता है कि रौरव वाले रिश्वत खाते हैं।

कहते हुए मुझे लज्जा आ रही है कि अगले कुछ महीनों में परलोक का कम्प्यूटराइजेशन होने जा रहा है। फाइल भोले-भंडारी के पास पड़ी हुई है, मगर जो उपलब्ध सुविधाएँ थीं, वे धीरे-धीरे समाप्त हो रही हैं। बिजली का लाखों रुपये बकाया है। जिस दिन बिजली कट जायेगी, विद्युत शवदाह

गृह वाला काउण्टर नं. सात बंद हो जायेगा। आजकल यही काउण्टर सबसे ज्यादा चलता है। इसकी सौ रुपये सरकारी फीस है। मृतात्मा भी इतना ही भुगतान करती है। मगर आपरेटर लकड़ी के दो कुंदे मृतात्मा के नीचे रखवाता है। यह खर्च हम लोग अपनी जेब से करते हैं। उधर तनख्वाह तो बड़े मुश्किल से दस तारीख तक मिलती है, इधर ये सब खर्चा। बाल बच्चे भूखे नंगे हैं, मगर क्या करें। इतनी बेरोजगारी है कि अगर नौकरी से इस्तीफा दे दें तो दूसरी नौकरी मिलना मुश्किल है। इतना तनाव हम लोगों को है कि 58 वर्ष तक हम लोग जीवित नहीं रह पायेंगे। तब रिटायरमेंट के पहले मरने पर एक बेरोजगार बच्चे को मेरे जगह नौकरी मिल जायेगी, इसी आशा में इस्तीफा नहीं देते।

ऑफिस के सब टेलीफोन कट गये हैं। इंटरकाम खराब है। पहले ओवरटाइम मिलता था, अब वो भी नहीं मिलता। कभी-कभी बड़ी गड़बड़ हो जाती है। टोकेन दिया गया कि मृतात्मा को यमदूत पहले काउण्टर पर सींगे घुसेड़कर लहूलुहान कर दें, मगर टोकेन मिल गया काउण्टर नं. 6 का, जहाँ विभागीय बढ़ई मृतात्मा को सलीब पर चढ़ाकर उसके हाथ, पैर, पेट में कीले ठोंक देता है। इंटरकाम जब ठीक था तो गलती की सूचना तुरन्त 6 नम्बर काउण्टर पर दे देते थे, अब दौड़कर सूचना देनी पड़ती है। तनिक सी देर हो जाये और कारपेण्टर सलीब पर मृतात्मा को चढ़ा दे तो बैठे बिठाये सस्पेंड हो जाये और बाद में बर्खास्त हो जाये। वैसे तो भोले बाबा सीधे हैं, मगर आजकल ओवर स्टाफिंग वाले विभागों में छटनी का काम चल रहा है। परलोक में भी ओवर स्टाफिंग है। इसलिए गलती होने के बाद यहाँ बर्खास्त होते देर नहीं लगती। भोले बाबा अब नाम के ही भोले रह गये हैं।

क्लर्क ने पत्रकार को आंख से इशारा किया। पास आने पर रहस्यमय स्वर में उसके कान में सरगोशी की कि पाँच नम्बर काउण्टर पर मादक द्रव्यों का काम होता है तथा मादक द्रव्य मृतात्मा को पिलाकर बेहोश कर दिया जाता है, तब उसको मुगदर से कूट-कूटकर उसकी लुगदी बनाई जाती है। लुगदी से रेशे और रेशे से रस्सियाँ बनाई जाती हैं जिनकी चटाई, पायदान वगैरह बनते हैं। पहले विजया समाप्त होने पर भोले बाबा के लिए कभी कभी भांग इस काउण्टर से मंगा ली जाती थी, मगर पिछले पन्द्रह वर्षों से बाबा के लिए नियमित रूप से यहीं से विजया (भांग) जाती है और आजतक एक नये पैसे का भुगतान नहीं हुआ। भला बताइये, हम

अपनी तनख्वाह से बाबा को कब तक भांग पिलाएँ। काउण्टर नं. 4 पर सांप, बिच्छुओं का कारखाना है। यहाँ सांप, बिच्छुओं के अलग-अलग कमरे हैं। मृतात्माओं को इन्हीं कमरों में डाला जाता है। भोले बाबा के गले का सांप जब कभी कम जहरीला हो जाता है, तब हमें तेज जहर वाला साँप भी यहीं से भेजना पड़ता है। धीरे-धीरे इस कोठरी के साँपों का जहर काफी कम हो गया है। अब इस कमरे में मृतात्मा आशानुसार न तड़पे तो हमें घूसखोर कहना कहाँ तक मुनासिब है। तीन नम्बर काउण्टर महिलाओं के लिए है। महिलाओं के दण्ड के सम्बन्ध में हमें शक्तियाँ प्राप्त नहीं है, यह शक्तियाँ चित्रगुप्त जी के पास है, वे ही इस बारे में कुछ बता सकते हैं।

बोलते-बोलते बाबू थक गया मगर रूका नहीं। स्वर्ग के बारे में बताया कि वहाँ की हालत और खराब है। सारी खूबसूरत अप्सराएँ यमराज, चित्रगुप्त जी के मित्रों के यहाँ हैं। यहाँ जो जितना उम्रदार है, उतना ही शौकीन है, उतनी ही उसकी हविस है। बढ़िया भोजन, कपड़े, सुगंधियाँ भोले बाबा के गण उठा ले जाते हैं। चारपाइयों के गद्दे व रजाई भी दूसरों के घरों में है। सात्विक मृतात्माओं के नहाने के लिए पानी गर्म करने वाले गीजर ब्रह्मा जी के रिश्तेदार ले गये हैं। मृतात्माएँ रूखा-सूखा खाकर, ठंडा पीकर, ठंडे पानी से नहाकर यहाँ वैसे ही माला जपती रहती हैं जैसे कि संसार में जपती थीं। भला क्या फायदा हुआ परलोक आकर। माला ही जपना था, तो संसार क्या बुरा था।

मीडिया वाले परेशान हो गये। जैसे-तैसे दो चार फोटो लेकर बाहर आये। भीतर उनका दम घुट रहा था। बाहर ठंडी हवा लगी तो तबीयत संभल गयी। फिर अपने शरीरों की याद आयी। देखा कि उनके शरीरों के पास एक एक यमदूत खड़ा था और वहाँ अच्छा खासा जमघट लगा था। दरयाफ्त करने पर मालूम हुआ कि भोले बाबा का निर्देश आया है कि नियमानुसार ये शरीर अब पत्रकारों को वापस नहीं मिल सकते, क्योंकि आत्मा को शरीर से बाहर रखने हेतु जितना समय अनुमन्य था, पत्रकार उससे ज्यादा समय बिता चुके हैं। अब उन्हें वापस परलोक जाना होगा। वे बहुत गिड़गिड़ाये, दोबारा न आने की कसम खायी, मगर सब बेकार। एक यमदूत ने बताया कि चित्रगुप्त जी और पच्चीस नम्बर वाले बाबू जी उनकी जन्म पत्रिका देख चुके हैं तथा पर्चियां भी काट चुके हैं।

●

भूतों की बारात

एक पहर चढ़े मेरे गाँव का एक किसान खेतों में पानी लगाने घर से बाहर निकला और खेतों की ओर चल दिया। राह में एक घना बगीचा था। बगीचे को पार करने के बाद एक बहुत पुराना बरगद का पेड़ था जिसके नीचे दिन में गाँव वाले अपना अपना कूड़ा फेंकते थे तथा छोटे बच्चों की लाशें उसी के नीचे गड्ढा खोदकर दफ़न कर देते थे। हवा में ठंड की हल्की सी खुनक थी। किसान ने अपने अंगोछे से अपने कान बांध लिए और गुनगुनाता हुआ बरगद की ओर बढ़ा। वह यह देखकर चौंका कि आज अंधेरी रात में भी बरगद के नीचे रोशनी कैसी है। गौर से देखा तो मालूम हुआ कि आज बरगद के नीचे जमीन साफ करके जाज़म बिछायी गयी है, चारों ओर गैस वाले हंडे जल रहे हैं। मेज कुर्सी लगी है, जिन पर ठाठ से साहब लोग बैठे हैं। एक तरफ कड़ाह चढ़े हैं जिसमें भाँति-भाँति के खुशबूदार गोश्त पक रहे हैं और ज़िसकी महक ने किसान के मुंह में पानी भर दिया।

फावड़े को कंधे पर रख किसान-लंबे-लंबे डग भरता अपने खेत की ओर जा रहा था। उसने अपनी रफ्तार कुछ धीमी कर दी और देखने लगा कि बरगद के नीचे बिछे जाजम पर कुछ नर्तकियां नाच गा रही हैं। साजिन्दे मदमस्त होकर बाजा बजा रहे हैं। खुशबूदार अंगूरी के जाम पर जाम भरकर खूबसूरत साकियां कमर लचकाकर बड़े अदब से मेहमानों को पेश कर रहीं हैं। उनकी पतली कमर, तिरछी चितवन, भारी नितम्ब, भरपूर उभरी छातियाँ, सुराही सी गर्दन, गोरे पेट पर खूबसूरत नाभि, पायल की झंकार, चूड़ियों भरे हाथों की खनक, लम्बा कद, सुन्दर चेहरा जैसे किसी भी आदमी को संज्ञा-शून्य कर दे। किसान रुककर सोचने लगा कि किस

बड़े आदमी की बारात आज गाँव आनी है। मेहमानों की आंखों की चमक, उनके कहकहे, उनकी मस्ती, साकी को गोद में बैठाकर चूमने की उनकी अदा में किसान ऐसा खो गया कि टुकुर-टुकुर बहुत देर तक एकटक देखता रहा। यकायक उसके दिमाग में एक धमाका हुआ। इस जगह आज तक कोई बारात ही नहीं ठहरी। ये जरूर भूतों की बारात है।

आधी रात को भूतों की बारात को इतने निकट से देखने के एहसास मात्र से किसान भय से कांपने लगा। ठंड में पसीना निकलने लगा। हाथ का फावड़ा वहीं गिर पड़ा और किसान दौड़ता हुआ अपने घर की ओर भागा। रास्ते में एक जबरदस्त ठोकर खाकर चारों खाने चित्त गिर गया। होश में आकर फिर घर भागा। उसे लग रहा था कि कहीं बारात के भूत अपने मनोरंजन के लिए उसे दबोच न लें। गाँव के पास आकर वह फिर एक पेड़ से टकराया मगर इस बार गिरा नहीं। 'जय हनुमान ज्ञान गुन सागर', राम राम करके उसे अपनी झोपड़ी दिखाई दी। उसने लुगाई को आवाज दी और भीतर घुस गया। औरत उसे विस्फारित नेत्रों से देखती रही कि इसे क्या हो गया है। द्वार बंद कर औरत भीतर आयी। तब तक किसान कम्बल ओढ़कर लेट गया था। औरत को उसने संक्षेप में भूतों की बारात का किस्सा सुनाया और किसी को न कहने की हिदायत देकर सांस खींचकर चुप हो गया। औरत ने कम्बल में हाथ डालकर उसकी छाती पर हाथ रखा तो पाया कि उसके स्वामी का शरीर भय से अभी तक गनगना रहा था। जाने क्या सोचकर उसकी औरत भी उसके कम्बल में घुस गयी और उसके शरीर से कसकर लिपट गयी।

भूतों की बारात के ऐसे किस्से अपने गाँव में आपने अक्सर सुने होंगे। पता नहीं ये सच्चे होते हैं या झूठे, मगर इस तरह की मान्यताएँ गाँवों में प्रचलित जरूर हैं। शेक्सपीयर कहते हैं कि पृथ्वी और आकाश के बीच कुछ ऐसी वस्तुएँ भी हैं जिनके बारे में कोई व्याख्या नहीं होती। शेक्सपीयर ठीक कहते हैं। अपनी नंगी आँखों से आसमान की ओर ताकिये, आप बमुश्किल एक या दो किलोमीटर तक ही देख सकते हैं, मगर हम जानते हैं कि आसमान हजारों किलोमीटर ऊँचा है। तब एक या दो किलोमीटर के बाद क्या है, हमें क्या मालूम। पृथ्वी पर समुद्र में ज्वार भाटा उठता है, उसका कारण हमें मालूम है परन्तु पृथ्वी पर कई ऐसी घटनाएँ हैं जिनके बारे में कोई स्पष्टीकरण नहीं। कदाचित हमारा ज्ञान सीमित है तथा घटनाएँ अनन्त, इस कारण ऐसा लगता है।

भूतप्रेतों के बारे में सामान्यतः ऐसा अनुभव होता है कि वे सूचना, जानकारी, ज्ञान के विरोधी हैं। वैसे ज्ञान के तो सभी विरोधी हैं। कहावत है कि नॉलेज इज पावर। भला नॉलेज प्राप्ति की खिलाफत क्यों नहीं हो। ज्ञान-विरोधी होने के कारण भूतप्रेतों का अस्तित्व दिन में कम, रात में अधिक होता है, कब्रिस्तान तथा श्मसान इनके हेडक्वार्टर या मुख्यालय हैं। इनका प्रभाव शिक्षितों पर कम, अशिक्षितों पर अधिक होता है। ज्ञान यथार्थ है, अतः भ्रम इसका विरोधी है। दिशा, रंग, छाया, भूख-प्यास, तरलता, कठोरता, निकटता, दूरस्थता, मानसिक अवस्था, इन सबके प्रभाव से यथार्थ अपने बदलते स्वरूप में दिखता प्रतीत हो सकता है। विशेष रूप से छाया, प्रकाश, समय और मानसिक अवस्था भूतों की जनक या जननी होते हैं। इन अति प्राकृतिक जीवों का व्यक्ति के सामाजिक संस्कारों पर इतना जबरदस्त असर होता है कि सारे ज्ञान के बावजूद प्रतिकूल परिस्थितियों में जाड़े में पसीना और गर्मी में ठंडक की अनुभूति हो सकती है। एक तथ्य यह भी है कि इन महानुभावों के दर्शन समूह में कम, एकाकी होने पर अधिक होते हैं। कारण, एक समूह में होने पर ऑबजर्वेशन अधिक यथार्थ, मानसिक स्थिति अधिक ठोस होती है। आइये परम्परा से जो जानकारी मिली है, उसके प्रकाश से इस बात की समीक्षा कर लेते हैं।

माना जाता है कि मृत्यु के बाद सभी आत्माएँ प्रेत-योनि में होती हैं। इससे छुटकारा कैसे होता है। मृतक के शरीर को नष्ट कर देने या जला देने के बाद उसकी प्रेतात्मा प्यासी होती है, जिसके लिए जल मृत्यु के अगले दिन से मृतक की तेरहवीं तक मिट्टी के एक पात्र में भरकर निकटस्थ पीपल पर टांग दिया जाता है। प्रेत को दिखाई देने के लिए इसी तरह सायंकाल एक दीपक मिट्टी के सकोरे में रखकर पीपल पर टांगा जाता है। इसके बाद शुद्धि होती है, सिर के बाल मूड़े जाते हैं, प्रेतात्मा को खाना खिलाया जाता है और फिर तेरहवीं में सभी जीवित आत्माओं को मृतात्मा के खाने के बाद तृप्त किया जाता है। इन दस बारह रोज तक सूतक रहता है और सूतक वाला व्यक्ति तपश्चर्या की अवस्था में रहता है। नंगे पाँव रहता है, फर्श पर सोता है, यौन सम्पर्क प्रतिबंधित होता है। इसके बाद प्रेतात्मा मुक्त होकर स्वच्छन्द हो जाती है तथा मुक्त विचरण करती है। प्राकृतिक मृत्यु की दशा में आत्मा कई विचित्र अनुभवों से गुजरती बतायी गयी है।

कहते हैं कि यदि किसी ब्राह्मण की अकाल मृत्यु हो जाये तो उसकी दो अवस्थाएं है। वह ब्रह्मदेव बन सकता है या ब्रह्मराक्षस। ब्रह्मदेव मृत्यु स्थल के सबसे निकटस्थ पीपल पर निवास करता है और ब्रह्मराक्षस मृत्युस्थल के निकटस्थ बबूल के पेड़ पर निवास करता है। यदि ब्राह्मण शरीफ हो तो ब्रह्मदेव। यदि दुष्ट हो तो ब्रह्मराक्षस बनता है। प्रातः दिशा मैदान से निवृत्त होने पर बचे अवशेष जल को बबूल पर चढ़ावें। यदि उस पर ब्रह्मराक्षस होगा तो तीस दिन बाद दर्शन होगा। दर्शक यदि डर गया तो उसकी मृत्यु निश्चित है, यदि निडर रहा तो जो चाहे वरदान मांग सकता है। इसी तरह अब्राह्मण की अकाल मृत्यु होने पर वह शरीफ है तो भूत तथा यदि कमीना है तो खबीस बनता है। खबीस की खासियत यह है कि उसके दाँत बड़े-बड़े होते हैं तथा वह कच्चा माँस खाता है।

पिशाच जहाँ मरे हुए व्यक्ति का मांस खाने वाला भूत होता है, वहीं जिन या जिन्न इच्छारूपधारी भूत होता है जो किसी की सहायता भी कर सकता है या उसको हानि भी पहुंचा सकता है। मुडकटबा या कबंध ऐसा भूत होता है जिसके सिर नहीं होता तथा पेट में नाभि के पास मुंह होता है जिससे वह मांस खाता है। यदि भूतों का हेडक्वार्टर या मुख्यालय है, तो वहाँ कोई विभागाध्यक्ष भी होगा। बेताल श्मशान का दरोगा, भूतों का मुखिया या देवता, भूतों की बारात का विभागाध्यक्ष होता है, जिसके, मातहत अन्य सभी भूत होते हैं। बेताल में एक प्रमुख बेताल अग्नि बेताल या अगिया बेताल होता है, जो नाक से नकिया कर बोलता है तथा मुंह से आग उगलता है।

महिला वर्ग में कुछ अधिक विविधता है। पुरुष वर्ग की सभी श्रेणियां महिला वर्ग में पायी जाती है। इसके अतिरिक्त चुड़ैल तथा डायन या डाकिनी भी होती है। चुड़ैल के पाव पीछे, सूचीमुख, हाथ कुछ बड़े, भारी शरीर होता है। डायन या डाकिनी चुड़ैल की एक स्पेशल वैरायटी है, जिसे जादुई शक्तियां प्राप्त है तथा जो तेज आवाज में बोलती (डाकती) है।

इस तरह देंखे कि कब्रिस्तान और शमशान इनके केन्द्र, रात्रि इनकी पसन्द तथा अमावस्या के आस-पास वाली रात्रि का समय इनके पीक आवर्स हैं। रंग, छाया, प्रकाश, वक्त, अनुमान दृष्टिक्षमता, मानसिक अवस्था की विभिन्न दशाओं में ये अतृत्वजीवी अपनी भूमिका निभाते हैं। जनसंख्या बढ़ने के साथ भूमि की कमी के कारण गरीब मुसलमान कब्रिस्तान में और गरीब हिन्दू श्मशान में अपने मकान बनाने लगे हैं तथा

चालाक मुस्लिम एवं तेज हिन्दू कब्रिस्तान या शमशान की भूमि का, बिना पैमाइश कराए विक्रय करने लगे हैं।

भूत प्रेतों के सम्बन्ध में हमारे दोस्त मियां मिर्जा बेग ने एक अनोखी बात बताई है। मिर्जा गजब के पढ़ाकू आदमी भी हैं, सो उनकी बात को एकबारगी रद्द करना भी मुनासिब न होगा। मिर्जा का कहना है कि भूतों के जितने भौतिक व रासायनिक गुणधर्म ऊपर दिये गये हैं, इनसे मिलते-जुलते गुणधर्मों वाले सारे जीवों को चार्ल्स डार्विन ने अपनी किताब "ओरिजिन ऑफ स्पेशीज" में होमोसेपियन्स कहा है। मिर्जा यह धमाका करके अपने घर चला गया। अब "ओरिजिन" तो हमने पढ़ा नहीं, हम नहीं बता सकते हैं कि यह होमोसेपियन्स क्या बला है, हाँ मिर्जा जब वापस लौटेगा तो आपको जरूर इत्तिला करूँगा कि यह होमोसेपियन्स टाइप का भूत कैसा होता है। कहाँ पाया जाता है तथा दिन में दिखता है या नहीं।

वियाग्रा

आपने कचहरी के पास की सड़कें के किनारे कई बार काफी भीड़ लगी देखी होगी। क्या आपने कभी उस भीड़ को चीरकर अंदर झांककर देखा कि भीड़ क्या देख रही है, क्या सुन रही है, क्या समझ रही है। निवेदन है कि एक बार ऐसी भीड़ के भीतर झांककर जरूर देखिए, देखिये कि कामकाजी लोग अपनी साइकिलें रोककर यूं ही अपना समय तो खराब नहीं कर रहे हैं। भीतर मुमकिन है कि आपको एक छोटी सी छोलदारी के सहन में बैठा एक नौजवान दढ़ियल आदमी कई तरह की कटोरियाँ, तश्तरियां रखे मिल जाये, जिनमें भांति-भांति की हड्डियां, तेल, राख, बुरादा भरा होगा तथा जिन्हें वह दिव्य औषधियों का नाम दे रहा होगा।

उसके पास कुछ जीवित, विचित्र प्रकार के छिपकली की प्रजाति के, छिपकली से कुछ बड़े जानवर भी मिल जायेंगे जिनकी पूंछ उसने बांध रखी होगी। वह बड़े इत्मीनान से इन प्राणियों के गुणधर्म पूरी तल्लीनता से आपको बताएगा। वह जानता है कि भारत में वैसे तो दूध घी की नदियां बहती हैं, बल-वीर्य की कोई कमी नहीं है, मगर जबसे केमिकल फर्टिलाइजर फसलों में इस्तेमाल होने लगा है, तबसे भारत के स्वास्थ्य में कोई गुप्तरोग हो गया है। गुप्तरोग एक ऐसा रोग है जिसके रोगी की कोई पहचान नहीं। उसकी पहचान गुप्त ही रहती है। आप पान की दुकान पर चार भले आदमियों के साथ खड़े हैं। हो सकता है, उनमें एक या दो या सब गुप्त रोगी हों। जब आप उसकी फ्रीक्वेंसी पर आ जायेंगे, तब वह आपको डिटेल में कुछ इत्तिला देगा कि उसके पास जो औषधियाँ हैं, जो तेल है, जो चूर्ण है, उनसे न सिर्फ आपका हाजमा दुरूस्त रहेगा बल्कि आप जीवनभर शीघ्रपतन, स्वप्नदोष के शिकार भी नहीं होंगे।

उसके पास एक से एक हमलावर सांडे का तेल होगा, सुंगधित स्वर्ण-भस्मियां होंगी, यौवनचूर्ण होगा। आप एक बार इस्तेमाल तो कर लें। जो प्राणी वह छिपकली प्रजाति के दिखायेगा, उससे ही इन औषधियों को प्राप्त करेगा। बस आप खड़े रहें, उसकी बात सुनते रहें, आप कभी किसी पतन या दोष के शिकार नहीं होंगे। आप अपना रोग गोपनीय रखना चाहें या उसे ओपनीय (खुलासा) कर दें, हर हालत में वह आपका साथ देगा। यह लोग जो कचहरी के किनारे अपना प्रवचन करते हैं, कचहरी की भाषा में इतने प्रवीण एवं माहिर होते हैं कि ताज्जुब होता है। किसी भले आदमी की ओर देखकर जो उसकी ओर आकर्षित नहीं हो रहा है, वह कह देगा कि देखिये हुजूर, उन साहब को देखिये जो साइकिल से जा रहे हैं। हो सकता है कि परेशान हों, मगर शर्म से अपना मुंह नहीं खोल सकते। मुमकिन है कि ये दाखिल होते ही खारिज हो जाते हों। मगर लाचार है कि अपनी शर्मिन्दगी का इजहार किससे करें। हम हैं ऐसे लोगों की मदद को। हमारी औषधियों का सेवन करो, आपमें और चीते में कोई फर्क नहीं होगा। हम दावा करते हैं आपकी ताकत के लिए कि आप एक सेकेण्ड में बिजली के खम्बे पर चढ़ जायेंगे, यदि आप हमारी औषधि का इस्तेमाल करेंगे। दाखिल खारिज तहसील में सम्पत्ति के अन्तरण की एक परम्परागत संज्ञा है।

गाँव और कस्बों में देखिये। कितने ताकत वापस लौटाने का संकल्प किये बैठे हैं। कोई जुमेरात को गुप्तरोगियों से मुलाकात का वक्त मुकर्रर करता है तो कोई इतवार को। ऐसा लगता है कि 'जुमेरात' को सेक्स संबंधी मामलों के प्रस्ताव को सदन का बहुमत हासिल होता है। निश्चित रूप से हकीमों को प्रेत, बैताल, जिन जुमेरात को सांडे के तेल से कुछ नयी दवाएं ईजाद करके देते होंगे जो गुप्त रोगियों के गोपन पर लेपन करने से उनके सपनों को दूषित होने से रोकती होंगी। या हो सकता है कि जुमेरात को सूर्य या चांद ऐसी अवस्था में हो कि उनके असर से दवा की तीव्रता पचास या सौ गुनी हो जाती हों।

यह तो हुई तहसील कचहरियों की बात। बड़े शहरों में एक से एक बड़े सेक्सोलोजिस्ट बैठे हैं, जो आपकी खोई ताकत, जवांमर्दी को वापस लाने की गारण्टी करते हैं। ऐसा लगता है कि भारत में ज्यादा नहीं तो एक तिहाई नौजवान अपनी ताकत जरूर खो चुके हैं। अगर ऐसा न होता तो इन दुकानदारों की दुकानें इतना कैसे चलती। आप किसी भी अखबार पर

नजर दौड़ाएँ या किसी कैमिस्ट के यहाँ चले जायें, कितनी ही गोलियाँ, कैप्सूल आपको मिल जायेंगे जो आपको यौनसुख के चरम पर पहुँचाने का दावा करते हैं। भला हो अमेरिका के वैज्ञानिकों का कि उन्होंने वियाग्रा का आविष्कार कर हमें इस शर्मिन्दगी से बचा लिया कि शीघ्रपतन में भारत नम्बर एक पर है। वियाग्रा के बाद तो जैसे इस समस्या का अन्तराष्ट्रीयकरण हो गया है।

साफ जाहिर है कि सेक्स जीवन से भारतीय संतुष्ट नहीं है, तभी ये दुकानें इतने धड़ल्ले से चल रही हैं। आधुनिक युग का दबाव, एकल परिवार, असुरक्षा, अर्थ जिज्ञासा सभी कुछ ने मिलकर इन्सान को सांडे के तेल में बदल दिया है जो किसी दूसरे को स्फूर्ति तो दे सकता है, स्वयं निर्जीव हो गया है। उसकी हालत छिपकली प्रजाति के उस प्राणी जैसी है जो तहसील कचहरी के पास दिखाये जाते हैं। दिखने में डरावने, परन्तु पूंछ बंधी है। अपनी प्रकृति से मानव का जितना विचलन है, उतना ही उस पर दबाव है। सहजता जैसे समाप्त होती जा रही है। एक अजनबीयत आदमी में उतर चुकी है। अपने एकाकीपन में वह या तो आत्मघात कर ले या फिर निहित स्वार्थों के जनयूथ में शामिल होकर देश को आत्मघात करा दें।

कहीं न कहीं आदमी की आदिम गंध सांडे के तेल में जरूर छिपी है। सांडे का तेल समाज के उस गलित अंग का प्रतीक है, जो छुपा रहता है, जिसे कोई उधाड़ना नहीं चाहता, किन्तु जो चर्चा में रहता है। यह हैं भी था। इसलिए ये जोगी लोग प्रतीक भाषा से उसे सांडे का तेल कहते थे मगर आज बाकायदा अखबार में विज्ञापन करते हैं कि हमारी कम्पनी के कैप्सूल खाकर जवानी का भरपूर आनन्द उठाओ। दोनों के मूल में वही आदिम गंध है, जो आनन्द के विविध स्रोतों को सूंघ निकालती है।

●

बोनसाई उर्फ अल्पतरू

आपने गमले में लगे बरगद के पौधे तो देखे होंगे। यह बोनसाई का कमाल है कि बरगद जैसा छतनार वृक्ष महज एक गमले में अपनी विराटता के लघुतम रूप का प्रदर्शन कर रहा है। यह एक जापानी तकनीक है, जिसमें बड़े पौधों की विकास प्रक्रिया को प्रभावित करके उसका आनन्द ड्राइंगरूप में लिया जा सकता है। वह दिन दूर नहीं जब हाथी का बोनसाई भैंस के पड़वे के समान होगा, शुतुरमुर्ग का बोनसाई गोरैया के समान होगा। जहां आदमी का प्रश्न है, मानसिक रूप से मानव की प्रकृति बोनसाई जैसी हो गयी है। चूंकि ऊर्जा कभी नष्ट नहीं होती, केवल अपना रूपान्तरण करती है, इसलिए मानसिक रूप से मानव का बौनापन उसके शरीर के आकार प्रकार की वृद्धि में प्रकट होता है। इसलिए आप देखते होंगे कि मानव का सामान्य कद, ऊँचाई बढ़ रही है, जबकि दिमागी रूप से वह बोनसाई हो गया है।

अब देखिये न, समाज में जब जाति, धर्म, क्षेत्र की रूढ़ियाँ इतनी जटिल थी कि गांधी जी ने कहा कि अस्पृश्यता ईश्वर और मानवता के प्रति अपराध है, तब भी लोगों के बीच एक दूसरे पर आश्रित होने के कारण मोहब्बत थी, व्यवहार में गुंजाइश थी, सहिष्णुता थी। आज जब जाति, मजहब की रूढ़ियां कुछ कमजोर पड़ी है, लोगों को एक दूसरे पर आश्रितता कुछ कम हुई है, मोहब्बत का जज्बा कुछ कम हो रहा है। टाल्रेन्स घट रही है। लोग अपने सीमित मूड के चलते समाज के दूरगामी मूड को कुंठित कर रहे है।

बोनसाई को हम 'अल्पतरू' कह सकते हैं। अल्पतरू को कल्पतरू का छोटाभाई कहा जा सकता है। कल्पतरू जनसाधारण की बड़ी-बड़ी कामनाएं

पूरी करता है तो कल्पतरु भी छोटी इच्छाएं पूरी करता है। अपने नाम को भी अल्पतरू सार्थक करता है। कद में छोटा, काम में चौकस, दिमाग से दुरूस्त है अपना अल्पतरू। मुझे लगता है कि साहित्य नहीं, अल्पतरू समाज का दर्पण हो गया है।

ऐसा लगता है कि बोनसाई एक टैक्निक नहीं, एक प्रवृत्ति है। जैसे आर्ट के क्षेत्र में मिनियेचर पेंटिंग की जाती है, वैसे ही मानवीय इतिहास में बोनसाई एक चित्रण है। स्वानों को देखिए, इनकी बोनसाई देखिए, किताबों में आपको कुत्तो को बोनसाई बनाने की नई तकनीक मिलेंगी। यदि किसी खास कुत्ते की दो इंच पूंछ काट दें तो उसके कान चार इंच खड़े हो जायेंगे। किसी कुत्ते के दो इंच कान काट दो, पूंछ सीधी हो जायेगी। भगवान जाने ये फार्मूले कितने कारगार हैं। मगर लोग कहते हैं कि डाबरमैन, पिगमेलियन वगैरह कुत्ते ऐसे ही बनते हैं। बोनसाई श्वानों की प्रवृत्तियां, उनका खाना-पीना, चाल-चलन सभी कुछ बदल जाता है। वस्तुतः प्रवृत्ति बदलते ही आमूल परिवर्तन होना स्वाभाविक है।

हमारे एक मित्र कहते हैं कि बोनसाई में प्राणी की मुख्य जड़ (मेन रूट) को काट दिया जाता है। जब मुख्य जड़ ही कट गयी, तब भला प्राणी का क्या महत्त्व रह जायेगा सिवाय ड्राइंगरूम की शोभा बढ़ाने के। कुछ लोगों की जड़ें काफी गहरी होती हैं, इन्हें बोनसाई के रूप में देखने की बड़ी इच्छा होती है। ऐसे लोग हैण्डपम्प या चांपाकल किस्म के मनुष्य होते हैं, जो जमीन पर दो फिट दिखते हैं, मगर जमीन के नीचे बीस फिट होते हैं। ये जोंक की तरह जमीन से चिपके जीवन जल खींचते रहते हैं, जिसका लोकहित में बहुत कम इस्तेमाल होता है, ज्यादातर जल नाली में बह जाता है। जीवन्तता एवं ऊर्जा का इस तरह नष्ट कर होना राष्ट्र की क्षति ही कही जायेगी।

लखनऊ जिले के एक ग्राम कनकहा का मजरा है, फत्तेखेड़ा। यहाँ हमारे परम मित्र महादीन नेता रहते हैं। ये मूलतः कांग्रेसी हैं, मगर किसी भी अधिकारी विशेषकर वरिष्ठ अधिकारी को माला पहनाने एवं स्वागत करने के शौकीन हैं। महादीन के दरवाजे पर एक दर्जन विभिन्न नेताओं एवं अधिकारियों की नाम पट्टिकाएं लगी हैं। फत्तेखेड़ा की लोकेशन बड़ी ही आकर्षक है। एक ओर अतिआधुनिक रिसार्टस और राजीव गांधी फाउन्डेशन सेंटर तो दूसरी ओर साइबर कैफे। ऐसी ही आकर्षक लोकेशन महादीन नेताजी की है, वह ईमानदार नेता कहे जाते हैं तथा वह भाषा

बोलते हैं जिसे शायद ही कोई समझ सके मगर उच्चाधिकारियों से महादीन के घनिष्ट सम्बन्धों के कारण शायद ही कोई आदमी यह कहता हो कि महादीन की भाषा समझ में नहीं आती।

चार फिट आठ इंच के सांवले रंग के सफेद कतरी मूछों के हमारे महादीन नेता थाना, तहसील, ब्लाक से अपने घनिष्ठ सम्पर्क के बावजूद, शायद ही कभी कोई ऐसा काम करने को कहें जो नियमों के अंतर्गत होना संभव न हो। पुराने नेता हैं, वे समझते हैं कि कलम बचाकर ही कोई कार्य किया जा सकता है। इसीलिए महादीन का हर जगह सम्मान है। निर्धन, अशिक्षित होने के बावजूद वे गुणवान है, जिन्होंने राजकीय योजनाओं से अपने गांव फत्तेखेड़ा का बहुत उपकार किया है। वे असली बोनसाई हैं, जिनकी समाज को शायद जरूरत है। तेजस्वी होने के बावजूद अहंकार का नाम भी नहीं है।

ऐसी बोनसाई कदाचित वांछित है। अन्यथा बरगद की क्या बोनसाई, जो बरगद के चित्रण के बजाय उसका उपहास करें। बरगद की व्यापकता और गमले का लघुत्व दोनों ही परस्पर विरोधी है। इनका विरोधाभास इस पेड़ को जमीन से काटकर ड्राइंगरूम तक ले जाता है। हमें तो इसे ड्राइंगरूप में देखकर कभी बरगद का एहसास नहीं होता है। हमें तो यह न्याय के प्राकृतिक सिद्धांत का उल्लंघन लगता है। उचित होता कि बोनसाई बनाने के पूर्व यह तय कर लिया जाता है कि किस प्रजाति को बोनसाई बनाना है।

प्रोपर चैनेल यानी ईश्वर का संविधान

कहते हैं कि प्रभु ने छह दिन तक यह दुनिया बनाई। जब वह थक गये तो सांतवे दिन आराम किया। अगले दिन से फिर काम में जुट गये। रोशनी, बादल, बिजली पशु-पक्षी, वनस्पति, आदमी सभी कुछ बनाया। संसार में सारी चीजें प्रभु ने बड़े करीने से बनाई। कैक्टस देखिये, उसके कांटो में भी क्रम है। सूरजमुखी के पके हुए फल को देखिये, उसमें भी एक तरतीब है। समन्दर को देखिए, लहरें अनियंत्रित-सी लगती हैं, मगर एक बड़े सिस्टम की पार्ट है, उनमें भी एक लय है, क्रमबद्धता है। इन्सान को देंखे तो पायेंगे कि उसके क्रियाकलाप अलग-अलग होते हुए भी कहीं न कहीं आतंरिक रूप से सम्बद्ध हैं। जाहिर है कि ईश्वर के हर कार्य में एक तरतीब है, एक सलीका है, एक क्रमबद्धता है। जब प्रभु इतना तर्कपूर्ण और विवेकवान है तो निश्चय ही उसके काम प्रोपर चैनेल से होते होंगे।

बरसात प्रभु स्वयं नहीं करते, उनके निर्देश पर इन्द्र करते है। अग्निकांड अग्निदेव की कृपा से होता है। इसी तरह बाढ़, सूखा, भुखमरी कोई भी कार्य ईश्वर स्वयं नहीं करता। यह कार्य विश्व में उसका एजेण्ट मनुष्य करता है। ईश्वर निश्चित ही अपने सारे काम प्रोपर चैनल से करता है। अब देखिये, पहले स्त्री पुरुष के बीच आकर्षण होता है। जिसके बाद उनका विवाह होता है। विवाह के उपरान्त दम्पत्ति सुखपूर्वक केलि करते हैं। जिसके दौरान गर्भाधान होता है। फिर नियमतः समय के बाद शिशुजन्म होता है। सभी कुछ कैसा व्यवस्थित और प्रोपर चैनेल से स्मूथली होता है। कहीं कोई कन्फ्यूजन नहीं, कहीं कोई प्रोब्लेम नहीं।

मगर बढ़ती अशिक्षा और जनसंख्या ने प्रभु को कुछ कन्फ्यूज कर दिया है। अब लगता है कि प्रभु का कार्यालय हिसाब किताब में कुछ चूक

कर देता है। कई लोगों की मृत्यु हो गई। मृत्यु शैय्या से नीचे उतार लिए गये। गंगाजल एवं तुलसी की पत्ती मुंह में डाली गयी, गाय की पूंछ हस्तगत की गई। टिकटी के लिए बांस और कफन के लिए सफेद मारकीन आ गयी, मगर दो घंटे बाद स्वर्गीय लालाराम उठकर पूछ रहे हैं कि मैं कहाँ हूँ। ठीक से होश में आने पर वे बताते हैं कि दो यमदूत उन्हें यहाँ से ले गये थे। कई बादलों के पार एक आलीशान मकान पर जब पहुँचे तो वहाँ गेट पर रूकना पड़ा। शायद परलोक में इन्ट्री के पहले नाम, पता कन्फर्म किया जाता हो। कुछ देर में साथ के यमदूत मुंह लटकाए मेरे पास आये कि भाई आज तुम्हारा नम्बर नहीं था, तुम्हारे पड़ौस के गाँव के तुम्हारे नामारासी का नम्बर था। गलती हुई, चलो तुम्हारे घर पर तुम्हें छोड़ दें। इधर लालाराम जी होश में आये उधर पड़ौसी गाँव के आदरणीय लालाराम स्वर्ग सिधार गये। जब परलोक में जहाँ साक्षात् प्रभु शासन करते हैं, ऐसी गलतियां कार्य की अधिकता के कारण हो सकती है तब इस लोक में ऐसी गलतियां क्यों नहीं हो सकती। आप अखबारों में पढ़ते होंगे कि किसी आदमी की सम्पत्ति उसके जीते जी उसके वारिसों के नाम कर दी गयी। सरकार इस पर बहुत कठोर कार्यवाही जिम्मेदार अधिकारियों/कर्मचारियों पर करती है, भला क्यों। सरकार को कार्यवाही के पूर्व दो चीजों पर संतुष्टि कर लेनी चाहिए। नम्बर एक, क्या यह गलती वैसे ही तो नहीं है, जैसी कभी-कभी परलोक में हो जाती है। नम्बर दो, क्या वह बूढ़ा अनावश्यक तो नहीं जी रहा था। आखिर मरने की भी एक उम्र होती है। उसके बाद भी जीते रहना बेशर्मी और मोटमर्दी है। जब शाहजहाँ के जीवित रहते औरंगजेब बादशाह हो सकता है, तो पिता के अनावश्यक जीवित रहते पुत्र उसकी सम्पत्ति का वारिस कैसे नहीं हो सकता। आखिर ऐसा भी तो मानवीय गरिमा के खिलाफ है कि पुत्र युवावस्था पार करके वृद्ध हो जाये और अधिकार के नाम पर पैतृक सम्पत्ति में से एक कानी कौड़ी भी खर्च न कर सके। इसलिए अनावश्यक जीते पिताओं को चाहिए कि वे स्वयं ही अपना भविष्य निर्धारित कर ले ताकि राजस्व विभाग के कर्मचारियों को ऐसी गलती का मौका ही न मिल सके।

कार्य की अधिकता जब परलोक में इतना कन्फ्यूजन कर देती है तब इस लोक में कितना कन्फ्यूजन करती होगी।

सीने में जलन,
आंखो में तूफान सा क्यों है

इस शहर में हर शख्स
परेशान सा क्यों हैं

किसी दफ्तर में चले जाइये। लम्बी-लम्बी कतारें आपके स्वागत में आपको कहेंगी, आइये श्रीमान्, यदि आप वी.आई.पी. या वी.आई.पी. के बच्चे न होकर साधारण आदमी है—संविधान के शब्दों में भारतीय नागरिक हैं तो इन कतारों में आपका स्वागत है। आप अपना दो घंटा हमें समर्पित करें, हम आपको मुम्बई तक का आपकी मनपसन्द रेलगाड़ी का रिजर्वेशन देंगे। मान लीजिए, आपके पास रिजर्वेशन की लाइन में खड़े होने के लिए दो घंटे का समय नहीं है, तब आपको चाहिए कि फी टिकट दो सौ रुपये की व्यवस्था कर लें तथा वी.आई.पी. की श्रेणी में अपने को मानकर वहाँ से विदा हो जायें। टिकट आपके घर पर आपको मिल जायेगा। मगर पाँच टिकटों पर एक हजार रूपये की चोट मेहनत से कमाने वाला ही जानता है। वह कहीं टीसती है और हमारा नागरिक अपने रूटीन में गलतियाँ करने लगता है :

हमने मंगाई सुरमेदानी
ले आया जालिम बनारस का जर्दा।

इसलिए मेरा सुझाव है कि नागरिक को प्रोपर चैनेल छोड़कर वी.आई.पी. की श्रेणी में आ जाना चाहिए। परलोक में भी सुना है कि प्रभु वहाँ के समस्त कार्यों का कम्प्यूटराइजेशन कर रहे हैं। यद्यपि अभी वहाँ शासकीय अनुमोदन होना शेष है, मगर जल्द ही वहाँ आपको कम्प्यूटर ही दिखेंगे। कुछ महीनों बाद आप देखिएगा कि परलोक में सींग पिटाकर तीखे सींगों वाले यमदूत अनिवार्य सेवानिवृत्त कर दिये जायेंगे। इनसे गोल्डेन हैण्डशेक हो जायेगा। अब इन्हें देखकर आत्माओं के होश फाख्ता नहीं होंगे। ये तो बिना चेतावनी दिये मृतात्मा के पेट में सींग भोंक देते थे। अब इनकी जगह कम्प्यूटर लगेगा जिसमें एक निर्धारित आकार की तीखी सुन्दर स्टील की छड़ें होंगी। पेट में घोपने के पहले कम्प्यूटर से एक 'बीप-बीप' की ध्वनि निकलेगी तथा उसकी एक बत्ती लाल हो जायेगी। बीच में मृतात्मा खड़ी कर दी जायेगी तथा कहा जायेगा कि दो मिनट के लिए आँखें बंद कर ले। इसी दो मिनट में उसकी आंते पेट से निकलकर कागज के एक बैग में आ जायेंगी। क्योंकि परलोक में पॉलीथीन के बैगों पर प्रतिबंध लगा दिया गया है।

अब लगता है कि प्रोपर चैनल धीरे-धीरे समाप्त हो जायेगा। जनता दर्शन में जनता स्वामी का दर्शन भी करती है और अपनी बात सीधे लिखकर उन्हें हस्तगत करा देती है। पहले जनता तहसील में दरखास्त देती थी, फिर क्लेक्टर को, फिर लखनऊ भेजती थी। फिर भी काम न हुआ तो लखनऊ आकर मालिकों के अर्दली, ड्राइवरों को खुश करती थी। अब तो दरवाजा खुला है, सीधे जाइए, अपनी बात कहिए, घर का टिकट कटाइए और अपने गाँव आकर रौब झाड़िये कि आपने जो दरखास्त दी है, उसके प्रभाव से दस दिन में जिले के कप्तान का बिस्तर बंध जायेगा। अब प्रभु को भी चाहिए कि अपने प्रोपर चैनेल की व्यवस्था को कुछ सुधार लें। वैसे प्रभु के न चाहने के बावजूद उनके प्रापर चैनेल छतरी में छेद हो गये हैं।

प्रभु के प्रापर चैनेल की व्यवस्था थी कि आदमी पहले पैदा हो। पैदा होते ही निमोनिया हो जाये और मर जाये। माँ को प्रसूति संबंधी कुछ दिक्कत हो और वह स्वर्ग सिधार जाये ताकि मियां छह महीने में दूसरीं नई नवेली के साथ रास शुरू कर दें। मगर अब डॉक्टर, डॉक्टरनी और सरकारें न तो शिशु को मरने देंगे, न ही माँ को। और तो और, टीके लगा लगाकर भविष्य में भी पोलियो, खांसी तपेदिक से रहित पुख्ता जीवन की व्यवस्था कर देंगे। अब मान लीजिये पुरानी व्यवस्था में शिशु बड़ा हो गया, तो वह किसी कुंए में गिर सकता है, उसे जंगल में कोई शेर खा सकता है, गांव के खेतों का भेड़िया खा सकता है। मगर अब कुछ नहीं हो सकता। सरकार ने कुएं की जगहों पर हैंडपम्प लगवा दिये हैं। नागरिकों ने जंगलों के साथ शेर का भी सफाया कर दिया है। अब यदि शिशु युवक हो जाता है तो, उसका शादी ब्याह होगा ही। प्रभु अब उस पर कृपा करता है कि जब तुम अभी तक नहीं मरे तो अब सुखपूर्वक जियो और फिर बुड्ढे होकर खांसी, जुकाम, बुखार, जाड़ा, पैरालिसिस, बाथरूम में गिरकर हड्डी तुड़वाकर प्रापर चैनेल से मेरे पास आओ। मगर नागरिकों ने इस व्यवस्था में भी हस्तक्षेप कर दिया है। अब नागरिक सड़क दुर्घटना से जवानी में ही मर जाते हैं। ट्रेन के ड्राइवर ईश्वरीय आदेश की अवहेलना कर स्टेशन पर खड़ी दूसरी गाड़ी से अपनी गाड़ी भिड़ा देते हैं। पायलेट वायुयान को अपहृत करने में मदद कर देते हैं। यदि ऐसे भी नहीं मरे तो किसी सुंदर युवा हसीन लड़की पर अपना प्रभुत्व स्थापित करने को लेकर छात्र एक दूसरे को निपटा लेते हैं। किसी भूखण्ड पर कब्जे को लेकर गोलियों का

सादर आदान प्रदान करके पुलिस अधिकारियों की बांछे खिला देते हैं। बढ़ती जनसंख्या ज्वैलर, पेट्रोल पम्प, बैंक के गल्ले को साफ करने के प्रयास में कुछ लोगों को प्रापर चैनेल के बगैर वी.आई.पी. बना देती है।

यदि ऐसे भी काम न चले तथा प्रभु के प्रापर चैनेल की छतरी में छेद न हो तो नागरिक खामख्वाह तनावग्रस्त होते हैं। फिर पेशाब, शक्कर, खून की जाँच कराकर मधुमेह, बी.पी. का सार्टिफिकेट लेकर दावा करते हैं कि उन्होंने आज प्रभु की छतरी में छेद कर दिया और कुछ दिन बाद उसे निश्चित रूप से फाड़ देंगे। और आप देखिये कुछ दिन बाद ब्रेन हेमरेज से, पैरालिसिस से अपने को समाप्त कर लेते हैं। प्रभु द्वारा अपने संविधान के प्रापर चैनेल के अध्याय में संशोधन न करने से नागरिक इतना क्षुब्ध है कि इसके खिलाफ वह सब कुछ ऐसा करता है जिससे कि इसकी धाराओं का स्पष्ट उल्लंघन हो। नागरिक तम्बाकू, सिगरेट, गांजा, चरस, भांग, दारू, घी, दूध, चर्बी अपने शौक के लिए नहीं, अपने प्रभु से विद्रोह के लिए खाता-पीता है ताकि उसे कैंसर हो, उसकी किडनी, उसका लिवर, उसका हृदय कोलेस्ट्राल से खराब हो और वह प्रापर चैनेल की धाराओं को तोड़कर स्वर्ग सिधार जाये। यदि ऐसे भी नहीं मरा, तो किसी भी औरत से असुरक्षित यौन सम्बन्ध स्थापित करता है। भले ही वह औरत बालिका हो, भिखारन हो, पागल हो और रेलवे स्टेशनों पर टहल रही हो या फिर रेड लाइट एरिया में रहती हो। हस्पताल की कड़क जवान नर्स हो या किसी उच्चकुल की गृहलक्ष्मी। ताकि उसे एड्स हो जाये। यदि ऐसे एड्स नहीं होता है तो वह सिरिंज से मादक द्रव्य लेता, सड़क दुर्घटना करके एच. आई. वी. पाजिटिव खून चढ़वाता है, ताकि उसे एड्स हो जाये और वह साधारण जुखाम या बुखार से मर जाये। तब लोग प्रभु को कोसेंगे कि क्या जमाना आ गया है कि अब बुखार तक ठीक नहीं होता।

मेरा प्रभु से अनुरोध है कि अपने संविधान को अमेरिकी संविधान की तरह इतना कठोर न बनायें, जिसमें संशोधन करना बहुत मुश्किल है। प्रभु को चाहिए कि अपना संविधान भारत के संविधान की तरह नरम रखें ताकि जनता की बदली रुचियों, आशाओं, आकांक्षाओं को जब चाहे उसमें समायोजित किया जा सके। कम से कम प्रभु को अपने संविधान की प्रापर चैनेल नाम के अध्याय की चंद धाराओं में कुछ संशोधन कर ही देना चाहिए क्योंकि विश्व का नागरिक प्रापर चैनल के खिलाफ हथियार बंद

होकर विद्रोह पर उतर आया है। यदि प्रभु भूकम्प, महामारी, प्लेग, किसी बड़े पिंड का पृथ्वी से टकराने जैसी तरकीबें इस्तेमाल भी करेंगे तो यह भी विश्व नागरिकों की जीत होगी क्योंकि वे अब सुखपूर्वक लम्बा प्रापर चैनेल वाला जीवन जीना ही नहीं चाहते। वे तो ऐसे फूल जैसा जीवन चाहते हैं, जो भले ही दो दिन खिले मगर अपनी खुशबू से संसार को सुगंधित कर दे।

प्रभु का कोटा

आजकल जिधर देखिए, कोटा, परमिट, लाइसेंस की भारी माँग है। कोई कोटेदार है, कोई परमिटधारी, कोई लाइसेंसी। वी.आई.पी. का कोटा अलग है, नेता का अलग। राइफल लेना हो तो डी.एम. कोटे से लीजिए। रेलवे का टिकट लेना हो तो वी.आई.पी. कोटे से या डी.आर.एम. कोटे से लें। आपका काम वाजिब दामों में चुटकियों में हो जायेगा। जहाँ भी किसी चीज की भारी मांग है, वहाँ किसी कोटेदार की चाँदी है।

अब यही देखिये ना। जब तक रसोई गैस ब्लैक में बिकती थी, कोटे का कुछ मतलब था। तब तो कोर्ट ने इस पर रोक लगा दी। पेट्रोल पम्पों के आवंटन में कोटे पर रोक लगा दी। जब रसोई गैस के कनेक्शन तुरन्त मिलने लगे, तब विवेकाधीन कोटे की सुविधा बहाल कर दी। यह तो सरासर हिमाकत है कि कोटे की सुविधा तब दी जाये, जब उसका असली अर्थ ही समाप्त हो जाये।

जब दुनियां में छोटे-छोटे लोग लोकसेवक, राजसेवक या वी.आई.पी. कहलाने लगे तब ईश्वर को वी.आई.पी. न कहना उनकी ईश्वरता के प्रति विद्रोह होगा। जिसे पृथ्वी का कोई आस्तिक आदमी नहीं करना चाहेगा। अब जबकि हमारे प्रभु वी.आई.पी. हो जायें तो हर वस्तु में उनका कोटा तय होना लाजिम है। यह कोटा भी घटता बढ़ता रहता है। पहले प्रभु के कोटे में, वर्ष में मान लें, कुछ फीसदी लोग आते थे। अब कुछ कम फ़ीसदी लोग आने लगे, तभी तो आजकल मौतें कुछ कम होने लगी है। अकाल मृत्यु प्रभु के कोटे से बाहर की मौतें मानी जा सकती है।

जन्मदर की दृष्टि से भी लगता है कि प्रभु ने अपना कोटा भारत में कुछ फीसदी बढ़ा दिया है। पहले प्रभु ने अपना जन्म-मृत्यु में ऐसा कोटा फिक्स किया था कि कुल जनसंख्या न बढ़े। अब प्रभु ने इस अनुपात में

संशोधन कर लिया लगता है। इसी कारण जनसंख्या में ऐसी बेइन्तिहा बढ़ोत्तरी दिखाई देती है। आप आज की किसी भी समस्या पर दृष्टिपात करें अथवा चार लोगों को बैठाकर गण सन्निपात करें, आप पायेंगे कि हर समस्या के पीछे कहीं न कहीं प्रभु के कोटे का दखल जरूर है।

आजकल जिसे देखो, दो तीन रोगों से ग्रस्त अवश्य दिखाई देता है। डायबिटीज, हाई ब्लड प्रेशर, गुप्त रोग ऐसे रोग हैं जो कभी भी किसी के शरीर में घुस सकते हैं। इसका प्रभु के कोटे से सीधा सम्बन्ध है। प्रभु ने जिस दिन से आपको बनाया, उसी दिन से आपकी सांसों का, आपके खाने पीने की मिकदार का कोटा तय कर दिया है। मान लो किसी मांसाहारी आदमी के लिए प्रभु ने खाने-पीने के लिए निम्न कोटा फिक्स किया है—

मुर्गे 10 हजार
गेहूँ 100 क्विंटल
नमक 1 क्विंटल
शक्कर 10 क्विंटल
चावल 25 क्विंटल
आदि आदि

तब उस आदमी को अपने कोटे के मुताबिक भोजन करना चाहिए। अब प्रभु ने किसके लिए कितना कोटा फिक्स किया है, यह बात तो मालूम नहीं, इसलिए इन्सान को चाहिए कि सभी चीजें संतुलित रूप में प्रयोग करें।

यदि आपने अपने दैनिक कर्तव्यों में अति कर दी तो आपका कोटा घट जायेगा या बढ़ जायेगा। उदाहरण के लिए हजार मुर्गे के कोटे वाला आदमी यदि रोज एक मुर्गा खायेगा तो डायबिटीज और हाई बी.पी. दोनों का पेशेन्ट हो जायेगा। फिर भी यदि मुर्गा खाता रहेगा तो कोटे के खत्म होते ही मर जायेगा।

ठीक उसी तरह यदि किसी के घी के कोटे में एक क्विंटल घी है। तथा वह घी बिल्कुल नहीं खाता है तो उसका ब्लड प्रेशर लो हो जायेगा तथा डॉक्टर रिच डाइट लेने की सलाह देंगे जिसमें घी अनिवार्य होगा। यदि वह फिर भी घी नहीं खायेगा तो मर जायेगा और कोटे का बचा घी

उसकी चिता पर डाल दिया जायेगा। कहने का मतलब यह कि प्रभु के कोटे से पीछा छूटना संभव नहीं है।

हमारे पड़ोस में एक पंडित जी रहते हैं, नाम है मुंशी राम शर्मा 'शास्त्री'। कथा, वार्ता, संस्कार ही उनकी आजीविका है। अक्सर सिर मुड़ाए रहते हैं और गाय के खुर जैसे मोटी लम्बी चोटी रखते हैं। हमारी ज्यादा उठक बैठक तो नहीं। हाँ पड़ोसी होने के नाते सलाम दुआ जरूर है और होली दिवाली मिलना जुलना भी होता है। एक रोज होली पर हमारे मित्र मिर्जा जी ठीं-ठीं करके ड्राइंगरूम में बैठे हंसते हुए रसगुल्ले चढ़ा रहे थे, तब इस प्रभु के कोटे की ही चर्चा चल रही थी। इतने में पंडित मुंशी राम शर्मा 'शास्त्री' होली मिलने बैठक में पधारे। किन्तु मिर्जा को इस विचित्र भाव से हंसते देख आंतकित हो गये। हमने उन्हें बताया कि मिर्जा प्रभु के कोटे पर व्यंग्य कर रहा है, तो पंडित मुंशी राम ने उसे गंभीरता से सुना और बोले, "ये व्यंग्य नहीं, सत्य है। अब मुझे ही लो। मैंने अपना शक्कर को कोटा खत्म कर दिया। पहले मैं खूब मिठाई खाता था। डाइबिटीज ने पकड़ लिया। डॉक्टरों ने मिठाई को वर्जित कर दिया। अब तो दूसरों को मिठाई खाते खुश देखकर तसल्ली कर लेता हूँ।" तब तक मिर्जा जी का रसगुल्ला अध्याय खत्म हो चुका था। पान की गिलोरी मुंह में दबाकर फिर जोर से हंसा। अमां पंडिज्जी, थोड़ा बहुत खा लिया करो। खुदा के कोटे में थोड़ी बहुत बेईमानी चल सकती है। अबकी बार उसकी हंसी से शास्त्री जी सिटपिटा ही तो गये।

●

रेड अलर्ट

कभी-कभी भारत सरकार या प्रदेश की सरकारें रेड अलर्ट करती हैं। आपने अखबारों में यह जरूर पढ़ा होगा। यह अलर्ट सुरक्षाबलों को सतर्क रहने के लिए किया जाता है, जब देश में कुछ ख़ूंखार आतंकवादी घुस आयें या युद्ध चल रहा हो। ठीक इसी किस्म का एक जनरल एलर्ट सुरक्षाबल अपनी मातहत मशीनरी के लिए करते हैं। वायरलैस सेट पर मान लें कि एक चैनेल एलर्ट करता है। इस अलर्ट को सुनते ही अन्य सभी वायरलेस जो इस चैनल पर हैं, शांत हो जाते हैं तथा ध्यानपूर्वक इस अलर्ट को सुनते हैं।

इस अलर्ट का आशय यह है कि सुनने वाले इसे नोट कर लें तथा तदनुसार कार्यवाही करें। यह रेड अलर्ट नहीं है, अतः सर्वोच्च प्राथमिकता प्राप्त नहीं है। रेड अलर्ट सर्वोच्च प्राथमिकता प्राप्त है, जिसमें तत्काल कार्यवाही वांछित होती है। किसी वायुयान का दुर्घटनाग्रस्त हो जाना, किसी मुठभेड़ का शुरू हो जाना, कहीं प्राकृतिक आपदा आ जाना-ये सब रेड अलर्ट की कोटि में आता है। यहाँ हम किसी चैनेल के इस सामान्य एलर्ट की चर्चा ही करेंगे। आइये देखें कि चैनेल अपने एलर्ट में क्या निर्देश दे रहा है :

इस क्षेत्र के सभी थाने, सभी मोबाइलें, सभी हैण्डसेट नोट कर लें कि थाना घुसकर क्षेत्र का एक बच्चा जिसकी उम्र करीब 11 साल, रंग गेहुंआ, नाम गुड्डू, पिता का नाम गणेश प्रसाद वर्मा, निवासी 121, छोटी लाल कुर्ती, थाना घुसकर, जनपद लखनऊ, जो नेवी ब्लू कलर

की पेंट, क्रीम रंग की कमीज, सफेद पी.टी.शू, भूरे रंग का आधे बांह का स्वेटर पहने है, कल दोपहर 2 बजे के बाद अपने स्कूल से लापता है। यह बच्चा हिन्दी और अंग्रेजी समझ व बोल सकता है। अगर किसी थाना क्षेत्र में इस बच्चे की बरामदगी होती है तो चार्ली कन्ट्रोल के थाना मुस्करा से सम्पर्क कर लें।

इस क्षेत्र के सभी थाने, सभी मोबाइल, वी. वी. आई. पी. ड्यूटी में लगे सभी मोबाइल नोट कर लें कि वी. वी. आई. पी. महोदय का मिसकौट एयरपोर्ट से शहर के लिए प्रस्थान हो चुका है। वी आई पी रोड की सभी मोबाइलें भी नोट कर लें। रूट को बिल्कुल साफ करा दें। कोई भी वाहन, कोई गाय, भैंस, सांड, कोई व्यक्ति रास्ते में न रहे। वी.आई.पी. रोड की समस्त ड्यूटीज को अलर्ट कर दें। कोई भी मोबाइल कंट्रोल से अनावश्यक वार्ता न करें जब तक वी. वी. आई. पी. मूवमेंट चल रहा है।

ये हैं बानगी जिससे अपराध नियंत्रण की कार्यवाही की जाती है। हर अपराध एक सूचना होता है, जिसे कंट्रोल रूम एक पंजिका की भाँति अनुरक्षण करता है। पंजिका के बारे में कहा जाता है कि हर व्यक्ति, उसका परिवार, उसकी इच्छाएं, उसका भगवान, उसका जन्म, उसकी मृत्यु, उसके कार्य, सब कुछ एक कागज है, जो किसी न किसी पंजिका में दर्ज है। यह फाइल गति करती है, तभी मानव गति करता है। जिसका बच्चा गुम हो गया, महकमें के लिए वह महज एक गुमशुदगी है, जबकि घर वालों के सिर पर वह एक टूटा हुआ पहाड़ है। इसी तरह जिसका बच्चा बरामद हो गया, घर वालों के लिए एक सुन्दर स्वप्न है, मगर महकमें के लिए यह बरामदगी उस फाइल का एक वर्क है, जिस पर "गुडवर्क" का अंकन करके दाखिल दफ्तर पर दिया जाता है। जिसकी गाड़ी चुराई गयी है, उसे तो पाँच लाख की तुरन्त थूक लग गयी ना, भारतीय बीमा निगम उसका क्लेम कब सेटिल करेगा, अल्लाह मालिक है। वी. आई. पी. रोड क्लीयर रखने का निर्देश शीघ्र जारी कर देना आपरेटर की कला है, आर्ट है, मगर दस किलोमीटर लम्बी वी. आई. पी. रोड के पोस्ट आफिस ड्यूटी, बम डिस्पोजल चैक, छुट्टा सांड या गाय को एक दर्जन

लोगों द्वारा इन्श्योर कर पाना कितना मुश्किल है।

मुझे लगता है कि एक एलर्ट ईश्वर के वायरलेस सेट से भी होता है। जिसका रिसीवर हर मानव के भीतर लगा होता है। यह तीन तरह से एलर्ट करता है। रेड एलर्ट, जनरल एलर्ट और एलर्ट। इन्सान भी इससे प्रभु की बात का उत्तर दे सकता है। मगर जनसंख्या के विस्फोट के कारण इस चैनल का ग्रिड प्रायः जाम हो जाता है और गरीब आदमी मन मसोसकर रह जाता है। रेड अलर्ट कभी-कभी होता है। एक बानगी देखिए :

चैनेल के सभी सदस्य नोट कर लें कि अपने बच्चों को सेक्स शिक्षा अनिवार्य कर दें तथा खुद भी संतुलित सेक्स जीवन पर अमल करें। सभी सदस्य यह भी नोट कर लें कि वे प्रतिवर्ष एक फलदार पेड़ लगायेंगे तथा आजीवन उसकी सुरक्षा करेंगे। सभी सदस्य प्रतिवर्ष एक अनपढ़ पड़ोसी को साक्षर करेंगे तथा उसकी साक्षरता के स्तंर को अपने जीवन भर बनाएं रखेंगे। सभी सदस्य प्रतिवर्ष अपने बच्चों के अलावा एक 14 वर्ष से कम उम्र के बाहरी बच्चे की शिक्षा का खर्च उठायेंगे और अपने जीवन पर्यन्त ऐसा करेंगे। सभी सदस्य जिस देश में जन्म लेते हैं, आजीवन उसकी हिफाजत के लिए तैयार रहेंगे और अपनी आमदनी का दस फीसदी हिस्सा किसी न किसी रूप में राष्ट्र के लिए व्यय करेंगे।

जनरल एलर्ट तो प्रायः होता ही रहता है :

कन्ट्रोल के सभी सदस्य नोट कर लें कि 28 सितम्बर से 5 अक्टूबर 2000 तक नवरात्रि है। 6 अक्टूबर 2000 को स्वयं प्रभु समस्त मंदिर क्षेत्रों का निरीक्षण करेंगे। भक्तों से अनुरोध है कि वे इस दिन को प्रभु के दर्शन कर सकते हैं। किन्तु 5 किलोमीटर से अधिक दूरी पर रहने वाले भक्तों को प्रभु अपना दर्शन उनके निवास पर ही देंगे। विकलांगों तथा नेकनीयत (लालच, ईर्ष्या, घृणा से दूर रहने वाली) महिलाओं को भी प्रभु के दर्शन उनके निवास पर ही होंगे। जो भक्त इस दिन किसी अस्वस्थ पुरुष या महिला की सेवा करेगा या अपने मजलूम पड़ौसी के दो जून के भोजन का प्रबंध करेगा, उसे भी प्रभु का उसके

निवास पर ही दर्शन होगा। जो भक्त परिवार के पोषण हेतु उस दिन मजदूरी करता है, उसे भी मंदिर आने की जरूरत नहीं है। छात्रों ने अगर अपने अध्ययन को पूर्ण कर लिया है, वे भी मंदिर न आयें। अध्यापकों ने यदि शुद्ध अंतकरण से अपने सिलेबस को कवर कर लिया है, उनके निवास पर ही प्रभु उन्हें दर्शन देंगे। जो नागरिक इन श्रेणियों में नहीं हैं, वे नियत समय पर मंदिर में आकर प्रभु या मां भवानी (जैसी भी स्थिति हो) के दर्शन कर सकते हैं।

यह चैनल लुप्त होते बाघ, वन सम्पदा, कर चोरी, मन के भीतर कम होता स्नेह और बढ़ते स्वार्थ, आने वाले भूकम्प, आतंकवाद के खिलाफ भी चेतावनी निर्गत करता है। मगर जिस तरह पृथ्वी के कन्ट्रोल रूम के अलर्ट पर कोई ज्यादे कान नहीं देता है, वैसी ही प्रभु के चैनेल पर गूंजती चेतावनी को अनुसूनी करके कुछ लोग सैनिक सूचनाओं, कार्यालय के गोपनीय अभिलेखों, जाली हस्ताक्षरों से कार्यवाही करने, धन और शक्ति के जरिये और शक्ति अर्जित करने के टेम्प्रेरी गेम में लगे हैं। कितने भयानक रूप से हम असुरक्षित हैं कि किसी भी कीमत पर अपने जीवन काल में हम टाटा-बिरला-अम्बानी की समकक्षता तो नहीं, उनके करीब जरूर आ जाना चाहते हैं। औरतों में स्टैण्डर्ड, सब-स्टैण्डर्ड का इतना गहरा एहसास है कि स्टैण्डर्ड के पीछे जो दोहरापन, फरेब, पापों का काला चेहरा है, वह ट्यूबलाइट की तीखी श्वेत रोशनी में छुप जाता है।

ऐसा नहीं कि प्रभु का एलर्ट गृहस्थ ही नहीं सुनते, प्रभु के सबसे घनिष्ट सेवक भी इस एलर्ट को नहीं सुनना चाहते। उनके लिए प्रभु की माया, अब माया नहीं एक उपभोक्ता वस्तुओं की दुकान है, जिस पर कोई सबस्टैण्डर्ड औरत एलाउड नहीं है। कहते हैं कि जेरूसलम में यीशू एक बार फिर प्रकट हुए और पास के एक गिरजे के सामने पत्थर की एक चट्टान पर बैठ गये। गिरजे का पादरी उनके पास पहुंचा और पूछा,आप कौन हैं? क्या आप यीशु के हमशक्ल हैं? यीशू ने कहा, नहीं, मैं हमशक्ल नहीं स्वयं यीशू हूँ और विश्व का भ्रमण करने निकला हूँ। पादरी की आँखों के आगे अंधेरा छा गया। यदि यीशू, हैं तो हमारी खैर नहीं। हम गिरजे में प्रेअर के अलावा और भी

न जाने कितने धंधे करते हैं, वे सब समाप्त हो जायेंगे और हमारी इज्जत, आबरू सब मिट्टी में मिल जायेगा। कम्बख्त यीशू को भी जेरूसलम में यह गिरजा ही प्रकट होने को मिला था। यूरोप चला जाता तो मेरी होने वाली मिट्टी पलीद बच जाती। खैर, मैं भी आखिरी दम तक हार नहीं मानूंगा।

पादरी ने अपने चेलों को पुकार पुकारकर बुलाया और ठहाका लगाते हुए यीशु की तरफ इशारा करते हुए बोला-देखो, यीशू का कोई हमशक्ल अपने को यीशू कह रहा है। भला दो हजार साल बाद यीशू कैसे प्रकट हो सकते हैं। यह कोई चोर या डाकू किस्म का आदमी लग रहा है जो यीशू, की भोली भाली करुणामयी शक्ल दिखाकर नागरिकों की धन दौलत हड़प कर जायेगा। इसे पत्थर मारकर मार डालो। लोगों ने कुछ पत्थर चलाए जो यीशू को लगे। वे पीड़ा से कराहने लगे। पादरी ने सोचा कि यदि पत्थरों से यीशू मर गया तो इसका पाप मेरे सिर आयेगा, तब कोई कैथलिक गिरजा मुझे पादरी नहीं बनाएगा। अच्छी बला गले पड़ी। उसने लोगों से कहा कि इसे पत्थर न मारो, जीवित पकड़ कर चर्च के तैखाने में कैद कर दो ताकि यह लोगों से चोरी या ठगी न कर सके। बहरहाल यीशू पकड़े गये और तहखाने में बंद कर दिये गये। यीशू बड़े दुखी थे कि हमारे चेले आज कैसे हो गये हैं। पहचानकर भी न पहचानने का दावा करते हैं। घायल और थके यीशु वहीं फर्श पर सो गये।

गिरजे के पादरी ने सोचा कि आज तो यीशू कैद हैं, मगर दो चार रोज में यह बात जैरूसलम में फैल जायेगी। हजारों की संख्या में लोग यहाँ आयेंगे तथा यीशू को पहचानेंगे। तब जरूर मुझे दण्ड मिलेगा कि मैंने उनके परमात्मा के पुत्र को पत्थर मरवाए तथा भूखा प्यासा बेसमेंट में रातभर बंद रखा। गुस्से में पादरी अपने बाल नोचने लगा। वह सोच ही नहीं पा रहा था कि क्या किया जाये, कैसे यीशु से छुटकारा पाया जाये, आखिर एक तरकीब उसके दिमाग में ठहरी। यीशू तो करुणा के सागर हैं, आखिर क्यों न उनसे ही रिक्वेस्ट कर ली जाये कि मान्यवर, हम आपको आजाद किये देते हैं, आप कहीं और चले जायें और किसी अन्य गिरजे के

सामने पत्थर पर जाकर बैठ जायें। आखिर आप मेरी जान के पीछे क्यों पड़े हैं। यह तो वही मसल हुई कि देश में भगतसिंह के जन्म की कामना सारे देशवासी अपने पड़ोसी के घर में करते हैं। पादरी ने सोचा कि दया के सागर यीशु अवश्य ही उसकी बात मान लेंगे।

तहखाने का भारी दरवाजा चर चर करके धीरे-धीरे खुला। भूखे प्यासे सो रहे यीशू जाग गये। पादरी मोमबत्ती लेकर धीरे-धीरे घुसा। यीशू समझ गये कि यह जरूर जान से मारने या पीटने की नीयत से घुसा है। वे डर के मारे एक कोने में दुबक कर थर-थर काँप रहे थे कि पादरी ने कहा कि "डरो मत यीशू, डरो मत। मुझे इसमें कोई सन्देह नहीं कि हमारा प्यारा यीशू ही आज गिरजे के सामने पत्थर पर बैठा था। हमें अफसोस है कि हमने आपको पत्थर मारे और फिर भूखे-प्यासे यहाँ बंद कर दिया। लेकिन हम क्या करें, हम दुनियादार आदमी हैं। आपके मेरे गिरजे के आस-पास रहने और उपदेश करने से मेरी दुनिया बर्बाद हो जायेगी, लुट जायेगी। हम अब आपके सच्चे अनुयायी नहीं रहे। मेरी विनती है कि आप किसी और इलाके में चले जायें, मैं आपको मुक्त करता हूँ।" यह कहते कहते पादरी का गला भर आया, वह फूट-फूटकर रोने लगा और यीशू के पैरों पर गिर पड़ा। भय से अभी तक कांपते विस्फारित नयनों से यीशु ने उस पादरी को उठाया, उसके आंसू पोछे। उसकी कैंडिल उसके हाथ में दे दी और उसके बांये कंधे पर अपना दाहिना हाथ रखा लेकिन मुंह से कुछ नहीं बोले। पादरी करूणा की उस महान मूर्ति को एकटक देख रहा था। यीशू ने उसे आशीर्वाद दिया और चुपचाप तैखाने से बाहर निकले और धीरे-धीरे गिरजे के गेट को पार कर पूर्व की ओर चल दिये। इस प्रसंग पर मेरे परममित्र मिर्जा बेग की टिप्पणी थी कि अगर महात्मा गांधी आज जीवित होते तो या तो जेल में होते या मुल्क-बदर कर दिये गये होते।

मुझे तो लगता है कि अब अपने प्रभु का संविधान भी काफी पुराना हो गया है। उनका सिस्टम भी अब लडखड़ा गया है। कहीं ऐसा न हो कि वे किसी दिन परलोक से किसी अज्ञात स्थान की ओर कूच कर जाये। तब हमारे रिसीविंग चैनेल पर जनरल अलर्ट में यह खबर गूंजेगी।

चैनल के सभी रिसीविंग सेट नोट कर लें कि प्रभु नाम का एक व्यक्ति, पिता का नाम एवं आयु नामालूम जो परलोक का गर्वनर था, एकाएक विश्राम दिवस संडे को अपनी धर्मपत्नी सहित प्रातः ब्रह्ममुहुर्त में लापता हो गया है। प्रभु सफेद धोती पहने, ऊपर का हिस्सा नग्न, गमछा गले में पड़ा, बाल बड़े-बड़े, क्लीन शेव, देखने में संभ्रांत प्रतीत होता है। ऐसा आदमी यदि कहीं पकड़ में आये तो हमारे विश्व चैनेल पर सूचना दें। मैसेज समाप्त।

●

पीठा सिंह यानी सिस्टम की बारात

आपने चुनाव तो देखा ही होगा। इसकी तुलना आप किससे करेंगे। आइये देखें। चुनाव मोटे तौर पर दो तरह के होते हैं। छोटे निर्वाचक मंडल के चुनाव जिनमें 20 से 100 तक वोटर होते हैं तथा बड़े निर्वाचक मंडल के चुनाव में 1000 से अधिक वोटर होते हैं। छोटे चुनावों में सहकारिता वाले निर्वाचन या छोटी पंचायतों के निर्वाचन होते हैं जबकि बड़े चुनावों में नगर पंचायत/ग्राम पंचायत, नगर निगम, विधानसभा या लोकसभा के चुनाव़ होते हैं। बड़े निर्वाचन भारत निर्वाचन आयोग, दिल्ली या स्थानीय राज्य निर्वाचन आयोग कन्डक्ट करवाता है। चुनाव प्रजातंत्र की रीढ़ है जो जन भागीदारी से सफल होता है।

चुनाव की तुलना एक विराट बारात या औसत दर्जे की सैकड़ों बारातों से की जा सकती है। निर्वाचन अधिकारी या रिटर्निंग अधिकारी (आर.ओ.) तथा पीठासीन अधिकारी (पी.ओ.) की नियुक्ति के बगैर चुनाव होना संभव नहीं। आर.ओ. राजनीतिक दलों व निर्दलीयों के पर्चे लेने से मतगणना के पश्चात् चुनाव के नतीजे घोषित होने तक का काम करता है। पी.ओ. मतदान के दिवस का प्रभारी होता है। आयोग सर्वोच्च संस्था का काम करता है। इस तरह केवल तीन संस्थाएँ वास्तविक रूप से चुनाव कराती है; आयोग, आर.ओ., पी.ओ.; शेष संस्थाएं एवं जनभागीदारी इन तीन की मदद करती है।

बड़े चुनाव की घोषणा के बाद डी.एम. विभिन्न कार्यों हेतु प्रभारियों की तैनाती करते हैं। जैसे प्रभारी मतपेटी की मरम्मत करते हैं, प्रभारी मतपत्र वैलेट पेपर छपवाते हैं, प्रभारी सामग्री निर्वाचन टोलियों को मतदान के दिन के लिए उपयोगी आवश्यक स्टेशनरी मुहैया कराते हैं, प्रभारी परिवहन मतदान टोलियों हेतु हल्की या भारी गाड़ी की व्यवस्था करते हैं, प्रभारी कार्मिक मतदान टोलियों या पी.ओ. और उसके साथियों की तैनाती कर उन्हें ड्यूटी कार्ड देते हैं, प्रभारी प्रशिक्षण इन टोलियों को कैसे मतदान

करावें, इसका प्रशिक्षण देते हैं, प्रभारी शांति व्यवस्था मतदान दिवस हेतु सेक्टर मजिस्ट्रेट/जोनल मजिस्ट्रेट की तैनाती कराते हैं और प्रभारी रूटचार्ट मतदान टोली किस रास्ते में मतदान स्थल तक जायेगी, वहाँ से वापस आएगी, इस सम्बन्ध में सम्पूर्ण विवरण उपलब्ध कराते हैं।

मेरा ख्याल है कि अब चुनाव का माहौल तैयार हो गया। आइए, हम लोग बेगम हजरत महल पार्क की ओर चलकर झांके, जहाँ से अगले दिन मतदान के लिए आज मतदान टोलियां अपने सामान सहित कूंच कर रही है। हजरत महल पार्क खचाखच भरा है, अगल-बगल की सड़कें भी मतदान टोलियों, पुलिस जनों, भारी व हल्के वाहनों से पटी पड़ी है। पार्क में सभी आर.ओ. के लिए एक एक पंडाल है, जहां से मतदान टोली के पीठसीन अधिकारी (पी.ओ.) को मतदान हेतु बैलेट पेपर, बैलेट बाक्स, मतदाता सूची, सुभिन्नक चिह्न के साथ कोई 70 विभिन्न छपे लिफाफे और 60 अलग अलग किस्म के प्रपत्र मिलते हैं। जब साधारण मनुष्य इन लिफाफों, प्रपत्रों, मतपत्रों की गणना और मिलान करता है, तो तीन घंटे समय लगता है, जिस्म का पारा ऊपर बढ़ जाता है, कई त्रार पेशाब लगती है। एक पीठासीन के तीन (1+3) या चार (1+ 4) साथी होते हैं। इन्हें हजारों की उसी भीड़ में पीठासीन अधिकारी को तलाशना पड़ता है जैसे पुलिस किर्सी इश्तिहारी मुल्जिम को ढूंढती है। एक बार काउन्टर से सामग्री और दो बड़े भारी किस्म के बैलेट बक्से प्राप्त कर लेने का अर्थ है, कम से कम अगले चालीस घण्टों तक दुःस्वप्न आते रहना। आपको पूरा सामान लेकर वांछित वाहन में बैठकर ऐसे पोलिंग स्टेशन पर पहुंचना है, जो आपने जीवन में पहले कभी नहीं देखा। वहीं पर आपको मच्छरों के बीच, गुरिल्ला युद्ध करके न सिर्फ उल्टा सीधा भोजन करना है बल्कि घंटा दो घंटा सोना भी है।

एक पोलिंग स्टेशन पर अक्सर तीन चार मतदान टोलियां होती है। एक टोली में पाँच आदमी मन लें तो बीस मतदान कर्मी और इतने ही सुरक्षाकर्मी कुल चालीस तड़के उठकर बिना बाथरूम वाले प्राइमरी पाठशाला में किस तरह हाजत की नफरी करती हैं, खुदा मालिक है। ठीक सात बजे सवेरे कुछ आवश्यक औपचारिकताएँ पूरा करने के बाद मतदान शुरू करवा देना है। दिन भर भाँति-भाँति के लोगों, एजेन्टों, सेक्टर मजिस्ट्रेटों, जोनल अफसरों, उदीयमान नेताओं, कानूनी नागरिकों, कटखनी महिलाओं, मतदान बाधित करने के इच्छुक गिरोहों की बात

सुननी है, बल्कि उसी में से रास्ता निकालकर स्वतंत्र एवं निष्पक्ष पोल कराना है। पोल के बाद मतपेटी सील करके अपने नियत वाहन में बैठकर वापस आना है, जहाँ 70 अलग-अलग किस्म के लिफाफों में 60 अलग-अलग प्रपत्र भरकर, शेष मतपत्र गिनती करके मतपेटी जमा करानी होती है। इन प्रपत्रों में महत्त्वपूर्ण है पीठासीन अधिकारी की डायरी। यह 4 पन्ने की डायरी, 'डायरी' शब्द के साथ एक भद्दा मजाक है।

जी हाँ, यह इतना दुष्कर कार्य है कि किसी स्वस्थ अधिकारी की मतदान टोली में तैनाती कर दीजिये, तत्काल उसे अस्थायी मूर्छा आ जायेगी, दिमाग सुन्न हो जायेगा, आंखों के आगे तितलियाँ-सी उड़ेंगी, कानों में कुछ अस्थायी विकार सा मालूम होगा, बार-बार पेशाब आयेगा, बी.पी. बढ़ जायेगा, कोई गुप्तरोग है तो प्रकट हो जायेगा। यदि पहले से नेत्ररोग है तो वह कर्मचारी अपनी नेत्र ज्योति समाप्त हो जाने का दावा करेगा, यदि पी.जी.आई में इलाज चल रहा है, तो उसकी दुहाई देगा। बी.पी. की शिकायत आम है। कितने ही अधिकारी/कर्मचारी अपनी ड्यूटी कटवाने के लिए हिमालय से ज्यादा भारी प्रयास करते हैं। ड्यूटी अपवाद स्वरूप ही कट पाती है, मगर जिसकी कट जाती है, वह इतना खुश होता है मानों ऐश्वर्या राय से मंगनी हो गयी हो।

जिस तरह आर.ओ. के बगैर चुनाव नहीं हो सकता, वैसे ही पी.ओ. (पीठासीन अधिकारी या प्रीसाइडिंग आफिसर) के बगैर मतदान नहीं हो सकता। इसलिए हर टोली के पास एक पी.ओ. होता है। एक टोली के चारों लोग मिल गये मगर उनके पीठासीन अधिकारी नहीं मिले तो उन्होंने अपनी टोली के चपरासी को आर.ओ. के पास पता लगाने को भेजा कि पीठासीन अधिकारी आये या नहीं। अब चतुर्थ श्रेणी चपरासी बेचारा उम्रदराज, लगभग अनपढ़ आदमी ठहरा। बड़ी झिझक के साथ मेरे पास तक आया, मगर बात नहीं हो सकी क्योंकि सामग्री वितरण काउन्टर पर बांस बल्ली की व्यवस्था होती है। बेचारा घूम-घूमाकर किसी तरह मेरे पास आया तो उसने पूछा, "साहब, हमारी पूरी पार्टी मिल गयी है, पीठा सिंह नहीं मिले, भला सा आदमी था वह, जो पीठासीन को पीठा सिंह कह रहा था। मैंने कहा कि आप परेशान न हों, पीठा सिंह के बगैर हम आपको हजरत महल पार्क से प्रस्थान नहीं करने देंगे।

देखा आपने, अपनी ड्यूटी कटवाने के लिए जो इतने विशालकाय पापड़ बेलते हैं, पीठ पर आसीन होते ही कैसे 'सिंह' जैसे हो जाते हैं।

हमारे माल महकमें के एक मित्र इस सम्बन्ध में कुछ बहुत जोरदार सुझाव देते हैं। वे कहते हैं कि पी.ओ. को मतदान सामग्री के साथ एक किलो बादाम भी दिये जाने चाहिए ताकि उसका गिरता बी.पी. उठ जाये, बढ़ता बी.पी. शांत हो जाये। हजरत महल पार्क में एक पंडाल लगाया जाये "आ जा प्यारे" नाम से, जिसमें 4-6 मालिश करने वाले बैठे हों तथा वहाँ एच.एम.वी. का रिकार्ड बजता हो—

इस चम्पी में
बड़े बड़े गुन
आ जा प्यारे
पास हमारे
काहे दिल घबराए

रिटर्निंग अधिकारी से मतपत्र प्राप्त करने के समय का एक बड़ा माकूल़ गीत हमारे साथी सुझाते हैं :—

हम आज अपनी मौत का
सामान ले चले.......
मौत का सामान ले चले

मतदाऩ टोली का मूवमेंट करना कितना गंभीर बात है, इसका अनुमान इस बात से लग सकता है कि आपके वाहन में मान लीजिये, तीन मतदान टोलियों को बैठना है। वाहन का नम्बर है (ई.-963)। आपकी सभी मतदान टोलियाँ पूरी हैं, सारा सामान एवं मतपत्र दुरुस्त है, पूरा फोर्स मिल चुका है, सेक्टर मजिस्ट्रेट को रवानगी भी नोट करा दी गयी है और अब आप अपने वाहन को ढूंढते हुए प्रभारी परिवहन के पंडाल के चक्कर लगा रहे हैं। वहाँ से आपको बताया जाता है कि ई-963 क्लार्क्स अवध गेट की ओर खड़ी है। आप क्लार्क्स अवध होटेल की ओर जाते हैं, वहाँ खड़े कुछ ड्राइवर बताते हैं कि आपकी गाड़ी कलेक्ट्रेट मोड़ पर खड़ी है। वहाँ से आपको अपने वाहन का लोकेशन मकबरा रोड पर मिलता है। मकबरा रोड से परिवर्तन चौक की तरफ, वहाँ से ई-963 का पता जहाँ के लिए मिलता है, वहाँ पहुँचकर आप पाते हैं कि यह तो प्रभारी परिवहन का पंडाल है, जहाँ से आप चले थे।

अंततः आपको बी.पी. बढ़े होने के बावजूद कुछ भूख लगती है। यदि चुनाव सामग्री में बादाम मिले होते तो आपको क्या दिक्कत थी, मगर

बादाम न रहने पर आप खोमचे से चाट, मूंगफली, गजक, अमरूद, उबले सिंघाड़े खाकर चाय पी लें और फिर ई-963 की खोज में निकल पड़ें। पेट में कुछ जाते ही दिमाग ताजा हो जायेगा। और आपको तुरन्त प्रभारी परिवहन के पंडाल के गेट पर लगे चार्ट से दिखाई देगा कि ई-963 आपके बांयी ओर 10 कदम दूरी पर स्टार्ट खड़ी होकर आपकी प्रतीक्षा कर रही है, जबकि आपका नाम माइक पर फरार अधिकारियों की सूची में पिछले पन्द्रह मिनट से घोषित किया जा रहा है। वाहन मिलने की खुशी में आप जाहिर है कि मुस्करा देंगे। कृपया मत मुस्कराइये क्योंकि जैसे ही, आप सामान लेकर ट्रक में सवार, होंगे, आपको मालूम होगा कि फोर्स में दरोगा, सिपाही, होमगार्ड, आपके चपरासी सभी ने अगली सुविधाजनक सीटें छेक ली है और आप अपने बक्से, मतपत्र, सामग्री का बोझ पीठ पर आसीन कराये हुए उनके पैरों की ओर बैठे हुए हैं। अब आप वाकई पीठा सिंह हैं क्योंकि जिम्मेदारी का शेर आपकी पीठ पर है। आप पसीने एवं अपमान से लथपथ हैं। मतदान टोली आपकी असुविधा को महसूस करके भी गैंडे जैसी बेशर्म बनी आराम से बीड़ी सिगरेट दगा रही है। यह बेशर्मी और अवसरवादिता अब उत्तर भारत का चरित्र बन गयी है।

पीठासीन अधिकारी के कार्यकलाप, आचरण, उसके कर्तव्य एवं दायित्व एक पुस्तक के रूप में आयोग द्वारा जारी किये जाते हैं। यहाँ इनके विवेचन का अवसर भी नहीं है। कतिपय पीठासीन अधिकारी की डायरी, उनका शैया सुख, उनकी नेत्र ज्योति, उनके खुले एवं गुप्तरोग, उनकी सील मोहर, सुभिन्नक चिन्ह, सांविधिक-असांविधिक लिफाफे, पुनर्मतदान, मतगणना, पुनर्गणना, चुनाव में चोरी, नायब तहसीलदार यानी छह हजार रूपये का जेम्स बांड आदि स्वतंत्र अध्ययन के विषय हैं, जिन पर पृथक से लिखना वांछित होगा। हम तो सिर्फ इतना कह सकते हैं कि चुनाव हमारे सिस्टम की बारात है, चुनाव खत्म होते हैं तो लगता है कि दो तीन सौ कन्याओं का पाणिग्रहण हो गया। इसीलिए निर्वाचन के बाद डी.एम. द्वारा बड़ा खाना खिलाया जाता है, जो इतना मनोरंजक, मजेदार, जायकेदार होता है कि उसकी तुलना छप्पन भोग से भी नहीं की जा सकती है। बड़ा खाना कृपा भोग नहीं, अर्जित-भोजन होता है, जिसे खाने वाला अपने बाहुबल से उसे अर्जित करता है।

●

फाइल

शेक्सपीयर को विश्व का सबसे महान मानव चरित्र ज्ञाता समझा जाता है। उन्होंने इस विश्व की परिकल्पना नाटक की एक स्टेज से की, जिसमें हम आप सभी नाटक के पात्र हैं तथा अपना अपना पार्ट प्ले करते हैं, पर्दे से हट जाते हैं। बनारस के कवि सुदामा पांडे धूमिल की एक कविता "मोचीराम" देखिये कि वे आदमी को क्या समझते हैं :

मेरे लिए हर आदमी एक जोड़ी जूता है
जो मरम्मत के लिए मेरे सामने खड़ा है।

मुझे लगता है कि वस्तुतः हर आदमी एक फाइल है, पत्रावली है, पंजिका या मिसिल है। जिस का आरम्भ उसके जन्म से होता है और जो अपनी मृत्यु के बाद दाखिल दफ्तर हो जाती है। कोई आदमी लाख कहें कि उसका सरकारी दफ्तरों से कोई काम नहीं है, फिर भी वह एक पंजिका है। आइए देंखें कि इच्छा न होने पर भी एक व्यक्ति कैसे फाइल में कायांतरित हो जाता है।

एक बच्चा जन्म लेता है। बड़ा होने पर वह गृहस्थ हो या बैरागी, ग्राम के परिवार रजिस्टर में उसका नाम जरूर दर्ज हो जायेगा। वड़े होकर यदि उसने स्कूल जाना शुरू किया तो उसका नाम स्कूल के रजिस्टरों में लिखा जायेगा। हो गया ना आदमी पंजीकृत। बीमारी में वह डाक्टर को दिखाकर नुस्खा लिखवाएगा। पढ़ लिखकर वह किसी कंपटीशन की परीक्षा देगा। उसका नियुक्ति पत्र भी एक कागज होगा जो कि किसी फाइल का एक हिस्सा है।

मान लीजिए, आप राजकीय सेवा न करके बिना पढ़े लिखे खेती करते हैं। यदि खेती आपके नाम दर्ज है तो तहसील के लैण्ड रिकार्डस् में आपके

नाम की फाइल चल रही है। यह भूमि आपने अपने पिता की विरासत में प्राप्त की है तो राजस्व निरीक्षक ने यह आदेश आपके नाम किया होगा। अगर आप बटाई पर खेती करते हैं, तो भी आप ग्रामसभा के सदस्य होंगे तथा आपका नाम ग्रामसभा/विधानसभा की मतदाता सूची में दर्ज होगा। यह भी न हुआ तो बीमारी में डाक्टर के पर्चे से दवा तो लेते होंगे।

मोटे तौर पर फाइलें तीन तरह की होती है। व्यक्तिगत फाइल, सरकारी फाइल, प्रभु की फाइल। यदि आप बैरागी, सन्यासी या विरक्त हैं, तब भी आप एक ऐसी व्यक्तिगत फाइल है, जिसके भीतर बिना दस्तख़त के कई पन्ने लगे हैं। यदि इसे छोड़ भी दें तो आप प्रभु की फाइल के एक पन्ने तो हैं ही, जिसका रखरखाव प्रभु के बड़े बाबू आदरणीय चित्रगुप्त जी रखते हैं। कहने का मतलब यह कि आदमी है, तो फाइल जरूर हैं। यदि आप फाइल नहीं हैं तो आदमी, वनस्पति, मिट्टी कुछ भी नहीं हैं।

मिट्टी और पहाड़ को लीजिये। यदि मिट्टी है तो कुछ उसका वजन होगा, कुछ आयतन होगा। ढेले की शक्ल में किसी को फेंक कर मारने से उसे चोट लग सकती है। पौधे के जड़ों के पास डालने से पौधे में विकास हो सकता है। मृत शरीर मिट्टी में रखने से वह भी मिट्टी में अपना निवास बनाता है। देखिये कि मिट्टी के एक कण में कितने गुण विद्यमान हैं। यह भी एक फाइल है मगर यह सूक्ष्म कम्प्यूटर किस्म की फाइल है।

बिल्कुल साफ बात है कि यदि आपने जन्म लिया तो परिवार रजिस्टर में दर्ज हो जाते हैं। नागरिकता है तो वोटरलिस्ट में दर्ज। दस साल व्यतीत होने पर आपकी मर्दुमशुमारी या जनगणना होती है और आप देश की जनसंख्या में दर्ज हो जाते हैं। यदि आप कृषक हैं, तो लेखपाल के रजिस्टर में दर्ज हैं। यदि आपको कोई पीट दे, तो आपकी एफ.आई.आर. थाने और कचहरी में दर्ज होती है। यदि आप किसी एक्सीडेंट में मर जाये, तो आपके मृत शरीर का पंचायतनामा भी एक फाइल में दर्ज होगा और आपका पोस्टमार्टम एक एम.बी.बी.एस. डॉक्टर करेगा, जो खुद एक काफी जटिल प्रकार की फाइल होगा।

अपनी बीवी की नजर में आप एक दुखान्त उपन्यास की पांडुलिपि हैं। अपने बच्चों की बैंक के आप चैकबुक हैं। अपने अफसर की नजर में आप एक जटिल एवं बेहूदा किस्म की फाइल हैं और अपने मातहत की नजर में

आप ऐसे अधिकारी है, जो कोई प्रतिकूल नोट लिखकर फाइल को बाबू के मन के मुताबिक न चलाकर उसे प्रायः घुमा देते हैं। फाइल घुमाना एक आधुनिक मुहावरा है, जो फाइल डुबाना, फाइल चलाना, फाइल डम्प करना, बस्ता खामोशी, फाइल नचाना, अच्छी फाइल, बदनाम फाइल के साथ इस्तेमाल किये जाता है।

जिस तरह मरने के बाद प्राणियों के शरीर को अजायबघर में भेज दिया जाता है, वैसे ही फाइलें समाप्त होने पर मुहाफिजखाने, अभिलेखागार या रिकार्ड रूम भेज दी जाती है। एक अभिलेखागार के अधीक्षक मेरे परिचित मुंशी मुसद्धीलाल हैं। मुसद्धीलाल के एक नौजवान शिष्य ने महिलाओं के सम्बन्ध में एक किताब लिखी है। किताब भी एक फाइल ही होती है। अभी उनकी किताब छपी नहीं है। अपनी किताब में उन्होंने लिखा है कि हर औरत एक फाइल है, सही बात है। मैंने भी ऊपर यही लिखा है कि हर आदमी एक फाइल है।

यदि वह आपकी बेटी है, तो अपने माता पिता की प्यारी सी फाइल है। स्कूल जाती है तो माता पिता और मेम की फाइल होती है। विवाह होता है तो अपने पति की एक अनचाही फाइल हो जाती है। यदि वह बहुत सुन्दर और खूबसूरत है तो फोटोग्राफर, फिल्मकार की फाइल हो सकती है। समस्त कास्मेटिक निर्माताओं की कभी न बंद होने वाली फाइल है। अधेड़ होने पर यदि उसका पति उसके तलाक देता है, तो वह कोर्ट कचेहरी की फाइलों में गुम हो जाती है। यदि उसे पति ने उसके साथ ज्यादती की है, तो वह महिला संगठनों की फाइल हो जाती है। गुंडे के लिए वह अलग तरह की फाइल है, शरीफ के लिए दूसरी तरह की। वृद्धा होने पर अपने खूसट पति और बच्चों की कम, नाती पोतों की एक प्यारी सी दरखास्त बन जाती है। एक दिन यह कर्मठ वृद्धा मर जाती है, तब वह पहले साहित्यकार की, बाद में, ईश्वर की फाइल हो जाती है। अंतिम संस्कार के बाद उसकी फाइल इस फानी दुनियां से खारिज होकर ईश्वर के कोर्ट में दाखिल हो जाती है।

इसे कहते है दाखिल दफ्तर होना। जैसे अभिलेखागार में प्रत्येक फाइल की वीडिंग (नष्ट करने) का समय नियत होता है, वैसे ही हम प्राणियों की सांसारिक पंजिका का भी प्रभु के यहाँ वीडिंग टाइम तय होता है। कुछ फाइलें ऐसी होती है, जो नष्ट नहीं की जाती हैं। महापुरुष ऐसे ही

होते है जो अपने सद्कार्यों के कारण कभी नहीं मरते। इन्हें हम ''गार्ड फाइल'' भी कह सकते हैं, जो हमेशा दूसरों के लिए दिशा निर्देशक का कार्य करते हैं। प्रभु को जरूर कष्ट होता होगा कि उनके अभिलेखागार में दाखिल दफ्तर होकर भी यह शख्स दुनिया की फाइल में नष्ट नहीं हुआ।

हर फाइल पर किसी न किसी का हस्ताक्षर या दस्तख्त या आटोग्राफ जरूर होता है। बिना आटोग्राफ के फाइल न तो चलती है और न ही दाखिल दफ्तर होती है। साफ जाहिर है कि जैसे हम भूख के लिए रोटी खाते हैं, फाइलें अपनी भूख के लिए आटोग्राफ खाती है। बिना आटोग्राफ फाइल बीमार होती है, जो चल फिर भी नहीं सकती, धमाका क्या करेगी। इसलिए आपसे दरखास्त है कि मेहरबानी करके देख लें कि आपकी फाइल क्यों रुकी है। हो सकता है, वह आटोग्राफ की भूखी हो। यदि वह आटोग्राफ आपका नहीं है, तो आप उस आटोग्राफ की खरीद लीजिये, जो उस पर होना है।

जब आटोग्राफ हो जाये तो वह एक दफ्तर से दूसरे दफ्तर तब तक नहीं पहुंचेगी, जब तक चपरासी उसे न ले जाये। कृपया देख लें कि चपरासी महोदय उसे न केवल वहाँ से उठा ले बल्कि सही मेज पर रख भी दें। उस मेज के इर्द गिर्द ऊपर नीचे का मुआइना कर लें, कहीं हीटर तो नहीं जल रहा है। यदि हीटर जल रहा है, तो उसे ऑफ करा दें। दूसरे के दफ्तर में आप हीटर ऑफ करने वाले कौन होते हैं, इस सवाल का जवाब मुझसे मत पूछिये। बस हीटर ऑफ कराइये, नहीं तो आपकी फाइल जल जायेगी और आप हाथ मलते रह जायेंगे। यदि कमरे में पंखा चल रहा है, तो हो सकता है कि आपका नियुक्ति पत्र हवा में कहीं उड़ जाये। यदि उड़ गया, तो आप भी समझिए कि उसी के साथ हवा में उड़ गये। ऐसी सूरत में आप क्या करें। हे भगवान, आपको जरा-सी अक्ल नहीं कि अपनी फाइल के उधर कुछ वजन, कोई भारी पत्थर रख दें ताकि आपका नियुक्ति पत्र हवा में न उड़े। वजन से आप मेरा मतलब समझ गये ना।

जिस तरह हीटर ऑफ किया जाता है, फाइल पर भारी वजन रखा जाता है वैसे ही कभी-कभी हीटर ऑन कराया जाता है, फाइल से वजन हटा लिया जाता है, ताकि फाइल जल जाये, वह हवा में उड़ जाये। जल

जाना कभी-कभी अच्छा होता है, मगर उसके लिए शार्ट सर्किट बहुत उपयोगी होता है, ताकि सौ दो सौ फाइलें साथ में और जल जाये। तब यह आरोप नहीं लगता कि एक फाइल विशेष ही जली है, जिससे आपका मेलाफाइड इन्टेंशन जाहिर नहीं होता है। शार्ट सर्किट के बाद एक दो लाइन की तहरीर लिखकर लोकल थाने को भेज दी जाती है, मामला खत्म। आपका गोपनीय मित्र भी इससे सुरक्षित रहता है और आप भी चैन की बंशी बजा सकते हैं।

●

आटोग्राफ

आटोग्राफ प्रायः महान आदमी किसी सुन्दर कापी, जिसे "आटोग्राफ बुक" कहते हैं, पर बनाते हैं। इन महान लोगों मे राजनेता, खिलाड़ी, नोबेल पुरस्कार विजेता, साहित्यकार कोई भी हो सकता है। वैसे अब गुंडे और मवाली भी आटोग्राफ देने लगे हैं। यह 'आटोग्राफ बुक' पर ही बनाया जाये, यह जरूरी नहीं, कहीं भी बनाया जा सकता है। साहित्यकार अपनी किताब पर, सुनील गावस्कर बल्ले पर, स्प्रिंटर जूते पर, राजनेता सरहदों पर-यानी सामान्यतः आटोग्राफ में हस्ताक्षर या दस्तखत का भाव निहित प्रतीत होता है।

दफ्तरों में जहाँ दस्तखत बहुत अधिक संख्या में करने होते हैं, वहाँ जब कोई नया अधिकारी आता है तो पहले पहल पूरे हस्ताक्षर करता है। जब उसका हाथ फाइल के साथ बंधी लाल सूत की गांठे खोलने, उस पर हस्ताक्षर करने में थकने लगता है, तब वह अपने संक्षिप्त हस्ताक्षर करना शुरू कर देता है। इसे आद्यक्षर या इनीशियल्स भी कहते हैं। मेरे एक साहित्यकार मित्र व्यंग्य से संक्षिप्त हस्ताक्षरों को लघुत्तम हस्ताक्षर भी कहते हैं।

लघुतम हस्ताक्षर उन्हें कहते हैं जिनके द्वारा कार्यालय टीप से सहमत या असहमत हुए बगैर पत्रावली को ऊपर बढ़ा दिया जाता है। आशय यह कि मैंने कार्यालय टीप पर दृष्टि नहीं डाली है, आप जो उचित समझें, करें। ये लघुतम हस्ताक्षर सबसे सुरक्षित हस्ताक्षर माने जाते हैं।

कतिपय उत्साही विद्वानों ने आटोग्राफ से संबंधित विज्ञान की एक नई शाखा दशकों पूर्व स्थापित कर दी है, 'हस्ताक्षर विज्ञान'। इसके अध्ययन से किसी का हस्ताक्षर देखकर ही आप बता देंगे कि अमुक व्यक्ति आदमी

है या औरत, राजनेता है या नगरवधू, कातिल है या हसीना, सपनों का सौदागार है या सत्पुरुष साहित्यकार है या दस्यु सुन्दरी, हीरो है या वैम्प। हस्ताक्षर देखकर उस व्यक्ति की शख्सियत के बारे में पहले अध्ययन कर लें, फिर उससे बात करें, यह यूकेलिप्टस टाइप की कितनी कारगर तकनीक 'हस्ताक्षर विज्ञान' ने उपलब्ध कराई है।

हस्ताक्षर विज्ञान पढ़ने की आपकी इच्छा न हो, तो जाने दीजिये, आप केवल हस्ताक्षरों का अध्ययन करके तो देखें। 'रिश्ते ही रिश्ते', 'मिल तो ले' की तर्ज पर आप पाएंगे कि रैगरपुरा, दिल्ली के प्रोफेसर अरोड़ा ने कितने खूबसूरत/बेहूदे लड़के लड़कियों के चित्र आपके सामने उकेर दिये हैं। किसी के हस्ताक्षर को देखकर आपको ऊट के चित्र का अनुमान होगा, किसी हस्ताक्षर को देखकर आपको स्प्रिंग जैसा लगेगा, कोई बैल के सींगों जैसा, कोई बैल की पूंछ जैसा, कोई हाथी के गोबर जैसा, कोई खरगोश के कान जैसा, कोई दिल के आकार का, कोई धनुषाकार, कोई खूंटी पर लटके पिंजरे जैसा, कोई उड़ते परिन्दे जैसा चित्र आपके नेत्र पटल पर दिखेगा। कुछ हस्ताक्षर तो इतने अस्पष्ट, अबूझ इनविजिबिल टाइप के दिखते हैं कि उनके लिए बुलन्दशहर की एक कहावत ध्यान आती है, रेत का सा मूता। जैसे रेत पर पेशाब कर देने से वहाँ कुछ नहीं दिखता, महज एक तरलता का आभास होता है।

कुछ राजकीय सेवक इतने शार्प माइण्ड के होते हैं कि वे कई तरह के हस्ताक्षर करते हैं। दफ्तर में एक प्रकार के, बीवी के लिए लिखे पत्र में दूसरे प्रकार के, बैंक में तीसरे प्रकार के, किसी और जगह चौथे प्रकार के। मकसद यह कि यदि कहीं फंस जाये तो चट से कह दें कि सर यह मेरे हस्ताक्षर नहीं है। इसी कारण शासन ने हस्ताक्षर के नीचे पूरा नाम लिखने तथा सील लगाने का नियम बना दिया है।

अपने देश की करेंसी देखिये। हर नोट पर किसी न किसी के हस्ताक्षर अवश्य होंगे। एक रूपये के नोट पर वित्त सचिव तथा अन्य नोटों पर भारतीय रिजर्व बैंक के गवर्नर के हस्ताक्षर होते हैं। यानी बिना हस्ताक्षर वाला नोट फर्जी होगा। आप चैक पर हस्ताक्षर न करिये, चैक बाउन्स हो जायेगा। आप प्रार्थना पत्र हस्ताक्षर न करें, न्यायालय उसे निरस्त कर देगा। आप फाइल पर हस्ताक्षर न करें, उसकी कीमत दो कौड़ी की नहीं होगी। यदि आपके नियुक्त पत्र पर हस्ताक्षर न हो तो आपके दफ्तर का चौकीदार ही आपको गेट पर रोक देगा। कहने पर मतलब यह है कि आटोग्राफ

बहुत महत्त्वपूर्ण वस्तु है। ऐसा लगता है कि आटोग्राफ के इसी महत्त्व को देखकर रहीम दास ने दोहा लिखा था—

रहिमन पानी राखिए, बिन पानी सब सून।
पानी गये न ऊबरे, मोती, मानुस चून।।

अब या तो रहीम दास जी भूल गये, इसलिए पानी की जगह 'आटो' शब्द को सब्सटीट्यूट नहीं कर सके या फिर वे ठहरे पुराने जमाने के आदमी, हिन्दी के दोहे में अंग्रेजी का शब्द डालने से हिचक गये। सोचा होगा, पढ़ने वाला खुद ही समझ जायेगा कि यह दोहा पानी के अलावा जिन अन्य वस्तुओं पर लागू है, उनमें एक आटोग्राफ भी है। जो भी हो, मुझे तो यह दोहा 'आटो' के लिए ही फिट लगता है। देखिये मोती पर ईश्वर यदि आटोग्राफ न करे, तो वह मोती बन पायेगा, आदमी तो है ही प्रभु का आटोग्राफ और आटे पर यदि महिला आटोग्राफ न करे तो, क्या आप रोटी खा सकेंगे।

हस्ताक्षर की शक्ति का अन्दाजा देखिये। राष्ट्रपति हस्ताक्षर कर दे तो आप गर्वनर बन जायेंगे। जज हस्ताक्षर कर दे तो आप फाँसी के फंदे पर झूल जायेंगे। राज्यपाल के हस्ताक्षर से आप मंत्री बन जायेंगे। मजिस्ट्रेट के हस्ताक्षर से सड़क जाम करते समय पुलिस के डंडों से अपने हाथ पैर तुड़वा बैठेंगे। जब हस्ताक्षर इतने बड़े-बड़े काम कर सकता है, तो अर्थ जिज्ञासा भी शांत कर सकता है। लोग कहते हैं कि कुछ लोग दिन भर हस्ताक्षर करते हैं, तो विभागवार गिनते जाते हैं कि कितने आटोग्राफ किये, शाम को विभागवार उनसे दस्तूर हासिल कर लेते हैं।

अब वक्त आ गया है कि मजहबी नेताओं से अपील की जाये कि मान्यवर, आटोग्राफ पर्याप्त शक्तिमान, दयावान और उदात्त हो चुका है, उसे देवताओं की कोटि में सम्मिलित कर लिया जाये। भारत में करोड़ों देवता हैं। ये सब देवता प्राचीन हैं। इनमें से प्रगतिशील देवताओं को छोड़कर रूढ़िवादी देवताओं का देवत्व समाप्त करके ठीक उसी प्रकार तत्परता से आटोग्राफ को देवत्व दे दिया जाये, जैसे सुरक्षा परिषद की स्थायी सहायता के लिए भारत दावा करता है।

दोहरी व्यवस्था

मैंने कितनी बार अपने लेखन में उत्तरभारत की दोहरी मानसिकता, दोहरे मापदण्ड, दोहरे चरित्र का प्रश्न उठाया है। मैं इस प्रश्न का उत्तर तलाश करने हेतु लगा रहा कि आख़िर भारत में, दोहरापन कहाँ से आ गया। अन्ततः मेरी कोशिश रंग लाई और सही या गलत, मैं इस दोहरेपन के भीतर प्रवेश कर ही गया। सही या गलत मैंने इसलिए कहा कि हो सकता है कि मैं दोहरेपन की दो पर्तों के बीच वाकई घुस गया हूँ। यह भी हो सकता है कि मुझे केवल एहसास भर हो रहा हो कि मैं प्रवेश कर गया हूँ और वस्तुतः मैं दोहरेपन के दहाने पर ही हाथ-पाँव चला रहा हूँ।

भारत की आजादी के पूर्व स्वतन्त्रता के लिए एक जबरदस्त लड़ाई लड़ी गयी थी। कांग्रेस मांगती थी पूर्ण स्वराज, अंग्रेज देते थे डोमिनियन स्टेटस। यहीं से दोहरेपन की बात करते हैं। 1937 ई. में प्रांतीय सरकारें भी बनीं। आजादी के साथ ही भारतीय संविधान का विकास शुरू हुआ। इसमें दो सरकारों की व्यवस्था है, एक बड़ी (केन्द्रीय) सरकार तथा दूसरी छोटी (प्रांतीय) सरकार। बड़ी सरकार की कार्यसूची देखिये। एक प्रतिरक्षा को छोड़कर शेष सब कार्य ठीक ठाक है, संचार, मुद्रा, वित्त, रेल, विदेश नीति। प्रतिरक्षा भी कोई मुश्किल वस्तु नहीं, युद्ध रोज-रोज तो होते नहीं हैं। छोटी सरकार के कामकाज को देखिये—विकास, कानून व्यवस्था, स्वास्थ्य आदि। अधिकांश राजकीय धन केन्द्र एकत्र करता है, जिसका विभाजन राज्यों में किया जाता है।

मुझे लगता है कि संविधान की इस दोहरी व्यवस्था को कमोवेश सभी सरकारी विभागों में लागू कर दिया गया है। यही फर्क विश्वविद्यालय के

अध्यापक और प्राथमिक पाठशाला के अध्यापक में है। यही फर्क व्यावसायिक बैंक और उसके द्वारा स्पांसर ग्रामीण बैंक की सेवाओं में है। केन्द्र सरकार के विभाग भी ऐसे ही हैं। डाकघर को लीजिये, वहाँ भी डिपार्टमेंटल और एक्सट्रा डिपार्टमेंटल दो प्रकार के कर्मचारी होते हैं जिनके वेतन और अधिकारों में कोई लॉजिकल साम्य नहीं।

मैं नहीं कहता कि सभी सेवाओं के उद्देश्य वेतन, अधिकार, कर्तव्य में एकरूपता कर दी जाये, लेकिन उद्देश्य, वेतन, अधिकारों और कर्त्तव्यों के बीच युक्तिसंगत अंतर होना चाहिए, जो कि आजादी के पचासवें साल मुझे नहीं प्रतीत होता है कि है। दो सेवाओं के बीच प्रोन्नति भी ऐसा ही मुद्दा है, जिसे लगभग इग्नोर कर दिया गया है। राजकीय सेवकों को यदि समय पर प्रोन्नति न मिले, तो समझिए कि सेवा का उद्देश्य ही समाप्त हो गया।

दोहरी व्यवस्था सरकारी सेवाओं में तो फिर भी सीमित है, सामाजिक व्यवस्था में यह इतनी स्पष्टता से है कि आश्चर्य होता है। सामाजिक व्यवस्था में हम कह सकते हैं कि गांधी जी ने कथनी और करनी में एकरूपता पर बहुत जोर दिया था अर्थात् यदि किसी बात से हम वैचारिक रूप से सहमत हैं, तो हमें उसको व्यावहारिक स्तर पर भी अपनाना चाहिए। मगर आज समाज में वैचारिक और व्यावहारिक रूपों में इतना जबरदस्त अंतर है कि यह समाज वस्तुतः एक दूसरे में गड्डमड्ड होकर एक विचित्र विकलांग और दोहरा समाज बन गया है। सबसे बड़ी बात है कि यहाँ हर वर्ग में एक उपदेशक है, जो अपने समाज को उपदेश करता है, मगर चूंकि वह खुद अपने उपदेश के अनुसार आचरण नहीं करता, इसलिए उसका समाज भी उसकी नहीं सुनता, उसका अनुसरण नहीं करता। वस्तुतः समाज का आधार बुद्धि-विवेक, तर्कसम्मतता पर आधारित न होकर खालिस निजी स्वार्थों पर आधारित हो गया है।

अब राजनीति को ही लीजिए। हम जाति तोड़ो का नारा लगाते हैं किन्तु जाति के आधार पर वोटों का गणित करते हैं। मतदाता विवेकवान् मतदाता नहीं, जातियों का एक समूह है राजनीतिज्ञों के लिए, उनके लिए वह मतदाता नहीं जाति है। वे जाति का ही लाभ करते हैं, जाति से ही मतों की आशा रखते हैं। समाज सभ्य नहीं, विभिन्न कबीलों की बस्ती में तब्दील हो गया है। जब जाति निपटा ली, तो क्षेत्र पर आ गये। प्रत्याशी कितना ही विवेकवान एवं उपयुक्त हो, इस क्षेत्र का नहीं है, तो पराजित हो जायेगा। क्षेत्र से निपटे तो मजहब पर आ गये, कहने का मतलब यह कि

हम संविधान की हर धारा, हर भावना का उल्लंघन कर रहे हैं। हम भूल गये कि इस देश की आजादी में जिन लोगों ने प्राणों का उत्सर्ग किया, वे न पंजाबी थे न बंगाली-मद्रासी, न हिन्दू, मुस्लिम, सिख थे, न ही मराठे या गुजराती। वे तो महज हिन्दुस्तानी थे, जिन्होंने देश की आजादी के लिए अपना खून बिना भेदभाव के बहाया था। खुदीराम बोस जब मरा था, तब उसकी उम्र महज 17 वर्ष थी।

एक किस्सा सुनाऊं। एक बारात मऊ से देवरिया गयी। साथ में दो रंडियां थीं। बारात में उन्होंने एक गीत गाया—'बड़का मनई मऊ वाले' जिसका भाव था कि मऊ वाले बड़े भारी मर्द हैं। चूंकि लड़के वालों का स्तर लड़की वालों से ऊपर माना जाता है, अतः लड़के वाले 'बड़का मनई' कहकर डींगें हाँक रहे थे। यह बात लड़की वालों को बहुत बुरी लगी कि उनकी मर्दानगी को कमतर करके आंका जा रहा है। बात गाली-गलौज और मारपीट तक पहुँच गयी और फिर सुलह-सफाई हुई कि रंडी 'बड़का मनई देवरिया वाले' गीत भी गा दे, बात खत्म हो जायेगी। जब यह गाना हुआ तो दोनों पक्षों में सुलह हो गयी।

इस समाज में इतने गजब का दोहरापन है कि ये अपनी मर्दानगी की डींगें हाकेंगे, किन्तु अपने परिवार का पोषण करते समय खींसे निकालते घूमेंगे। 'बड़का' मनई' होने के प्रयास में उन डाक्टरों, हकीमों की चाँदी हो रही है, जो विशेष रूप से 'पेशाब-रोगियों' का इलाज करते हैं। मैंने अपने मित्र मिर्जा अफजल बेग से पूछा कि हकीमों के यहाँ जाने वाले ये 'पेशाब-रोगी' कौन होते हैं। मिर्जा पान की पीक थूकते हुए मेरे अज्ञान पर ठहाका लगाकर बोला, "अमां मियां, पतले शुक्राणु, शीघ्रपतन, स्वप्नदोष के रोगी ही पेशाब रोगी कहलाते हैं। इन बड़े-बड़े नामों ने मेरे मष्तिष्क को जैसे जबरदस्त झटका दिया। मुझे ये नाम ज्योतिष की किताबों में पढ़े हुए से लगे। मैंने सोचा कि लो, एक और बला गले पड़ी। चले थे पेशाब रोगी को पहचानने और भिड़ गये स्वप्न से, पतन से, 'मेरे मौला'! मैं इस दोहरेपन के विश्लेषण से बाज आया। इसमें तो दो ही नहीं कितनी ही पर्तें हैं। मैं तो उस समाज पर लानत भेजता हूँ, जिसने किसी औरत को रंडी का खिताब दिया, तब इस दोहरेपन के विश्लेषण में तो मुझे हजारों हजार लानतें भेजनी होंगी।

ये वो समाज है जो किसी किताब को पढ़कर, किसी फोटो या सिनेमा को देखकर उसको अश्लील कहकर उसकी निंदा करता है, रोड जाम-

पथराव करता है तथा खुद उसे पढ़ने या उसे देखने को का इच्छुक रहता है तथा उसे सायास पढ़ता है या देखता है। यहाँ दिखने में अल्ट्रा मार्डन मगर विचारों में पुरातनपंथी लड़कियाँ मिल जायेगी। दिखने में और विचारों में अब फर्क कुछ कम हो रहा है। आधुनिकता और दकियानूसीपन का यह मणिकांचन संयोग अनुपम है।

यह समाज घोषणा करता है कि नारी का सम्मान करों, यहाँ देवताओं में सबसे उच्च स्थान पर माँ भवानी है, जिनका इतना सम्मान है कि उन्हीं के प्रतीकरूप से प्रेरणा लेते हुए देश 'भारतमाता की जय' बोलता है, जरा गहराई से विश्लेषण कीजिये तो पता चलेगा उसी देश में नारी सबसे अधिक अपमानित होती है। अपमान तो फिर भी क्षमा किया जा सकता है, नारी को दहेज के लिए जीवित जला दिया जाता है। चाहे सती करो या दहेज में जीवित जला दो, यह समाज की मुर्दानगी और उसके दोहरेपन का नंगा प्रदर्शन है। आइये, हम सब इस दोहरेपन का दोहरा होकर दुष्यंत कुमार की तर्ज पर बारबार नमन करें:

ये सारा जिस्म झुककर बोझ से दोहरा हुआ होगा
मैं सिजदे में नहीं था आपको धोखा हुआ होगा।

यह दोहरापन ही हमारा राष्ट्रीय विरोधाभास है। यूं तो हर राष्ट्र के अपने अपने विरोधाभास होते हैं किन्तु वे ऐसे होते है, जैसे नियम के साथ उसका अपवाद। मगर हमारे राष्ट्रीय व्यक्तित्व की आधार शिला ही विरोधाभासों पर स्थापित हो गयी है, जो कि एक राष्ट्रीय शर्म की बात है।

शुद्ध हिन्दी

देश जब आजाद हुआ, तब संविधान में हिन्दी को राष्ट्रभाषा का दर्जा दिया गया, लेकिन अंग्रेजी भी सामानान्तर रूप से राष्ट्रभाषा बनी रही। हिन्दी के उत्थान के लिए अनेक समितियां बनीं, बहुत प्रयास किये गये। नये पारिभाषिक शब्द गढ़े गये, प्रशासनिक शब्दावली बनी। लेकिन जनभाषा हिन्दी का सम्मान, हिन्दी भाषियों ने अपने विशिष्ट लहजे में किया। उन्होंने अपने रोजमर्रा के अंग्रेजी शब्दों को जो रूप दिये, वे कभी शब्दकोष में तो नहीं आ सके, किन्तु उन शब्दों ने जनता को भरपूर मनोरंजन दिया।

जनभाषा हिन्दी के समर्थकों ने रेल को अंग्रेजी की पटरी से उतारकर उसे लौहपथगामिनी नाम दे दिया। जब पहली बार यह भारी भरकम शब्द मैंने सुना, तो मजबूती और लचक का ऐसा अहसास हुआ, मानों यह शब्द किसी लहीम सहीम औरत के लिए इस्तेमाल किया गया हो। रेल आ गई, रेल खुल गयी से यूं भी रेल के स्त्रीलिंग होने का बोध होता है, तो हिन्दी का ऐसा शब्द चुना गया, जो रेल के भारी भरकम व्यक्तित्व, उसकी मजबूती, उसके लिंगत्व, उसके पथ सभी को एक साथ समाहित करता हो तथा जो रेल का स्पष्ट बोध कराता हो। सपने में भी यदि आप इस शब्द को सुन लेंगे तो आपको रेल का बोध हुए बगैर नहीं रह सकता।

अब 'अण्डर सेक्रेटरी' को ही लीजिए। आजकल इसका हिन्दी समानार्थी उत्तर प्रदेश में 'अनुसचिव' शब्द है। अन्य प्रदेशों में भी पृथक शब्द होंगे। कविवर हरवंशराय बच्चन ने अपनी आत्मकथात्मक पुस्तकों में इसका एक स्थान पर उल्लेख किया है। बात संभवतः 1958-60 की है, जब उस समय तक पारिभाषिक शब्दावली विकसित हो रही थी। हिन्दी प्रेमियों ने अण्डर सेक्रेटरी के हिन्दी समानार्थक कई शब्द सुझाए जिनमें एक शब्द अत्यधिक लोकप्रिय हुआ था-नीच सचिव। वाह, क्या शब्द है।

मानों एक ही झटके में मल्लेश्वरी ने कांस्य पदक उठा लिया हो। नीच सचिव से स्पष्ट बोध है कि उस पद पर पदासीन व्यक्ति सचिवालय का ऐसा अधिकारी है जो सचिव महोदय से निचले दर्जे का है। कहीं कोई कन्फ्यूजन नहीं, भटकाव, नहीं, बहकाव नहीं बशर्ते आप 'नीच' को लेकर नीचता पर न उतर आयें।

'टाई' को कुछ लोगों ने 'कंठ लंगोट' का नाम दिया। इस हिन्दी समानार्थक के महत्त्व पर कोई दो राय हो ही नहीं सकती। टाई का बिल्कुल स्ट्रेट-फावर्ड, कम्प्रीहेंसिव समानार्थी है हिन्दी में अपना 'कंठ लगोट'। लंगोट बांधने का वस्त्र है। शरीर के कतिपय आधारभूत अंगों को, जिनका सार्वजनिक प्रदर्शन वर्जित है, लंगोट से बांधकर व्यक्ति (पुरुष) सुविधाजनक अनुभव करता है, सार्वजनिक रूप से संस्कारित, सभ्य, नैष्ठिक माना जाता है, ठीक वैसे ही 'टाई' बांधकर व्यक्ति कुछ अधिक सभ्य तथा सुविधाजनक अनुभव करता है। वैसे टाई की तर्ज पर भाषा के विद्वानों ने ब्रा के लिए वक्षलंगोट शब्द का अविष्कार किया, मगर यह प्रचलन में नहीं आ पाया। लंगोट शब्द से भारतीयों को कुछ ज्यादा ही स्नेह है।

लगता है कि राष्ट्रपिता गांधी के जमाने से लंगोट को अपने वर्तमान महत्त्व के विकास का पर्याप्त अवसर उपलब्ध होने लगा था। बापू भारतीय आमजन की तरह केवल लंगोटी पहनते थे, ऊपर से एक चादर ओढ़ लेते थे। बापू के युग में अशिक्षित, निर्धन, तेज से हीन भारतीय प्रायः इसी जनजातीय वेशभूषा में रहते होंगे। तभी तो उन्होंने तन ढकने को चर्खा, सूत का प्रचार आरंभ किया ताकि समस्त भारतवासी अपने तन ढक सके। मगर बापू ने लंगोट क्या धारण की, लंगोट को जैसे अपना ऐतिहासिक भाषायी महत्त्व प्राप्त हो गया। लंगोट पर इतने मुहावरे, लोकोक्तियां प्रचलित हो गये कि जैसे यदि लंगोट न होता तो सारे भारतवासी सड़कों पर नंगे घूम रहे होते।

मुंशी प्रेमचन्द के बारे में कहा जाता है कि वे अपनी लंगोट पर फाग खेलते थे। यह बात मुहावरे की है। लंगोट पर फाग से मतलब है कि अपने सीमित संसाधनों की अनदेखी कर बड़े बजट की योजना प्रारम्भ कर देना। अब अगर किसी का लंगोट ही होली की फाग में भीग गया तो क्या होगा उसके सूखने तक। उसे लज्जित होकर नंगे ही घूमना होगा। इसी के

समानार्थक एक कहावत और है—नंगा नहायेगा, निचोड़ेगा क्या? हमारे गाँव के लड़कों ने इस प्रश्न का एक बचकाना उत्तर भी खोजा है—जनेऊ। नंगा नहाने के बाद अपना जनेऊ निचोढ़ सकता है।

मगर बात तो लंगोट की हो रही थी। अखाड़े में कुश्ती लड़ने वाले पहलवानों को हमेशा गुरू अपनी लंगोट पक्की रखने का उपदेश करता है। जाहिर है कुछ लोगों की लंगोट कच्ची भी होती होगी, जो कुश्ती के समय शरीर से उतरकर उसको लज्जित कर देती होगी। कच्ची व पक्की लंगोट के शाब्दिक अर्थ इसके वास्तविक अर्थों से भिन्न है। आप जरूर जानते होंगे कि पक्की लंगोट से एक दृढ़ निश्चयी, चरित्रवान, व्यक्ति का बोध होता है, वहीं पर कच्ची लंगोट से विलासी व्यक्ति का। लंगोट की यह चर्चा 'कंठ लंगोट' से निकली थी। लंगोट की लोकप्रियता के पीछे अवश्य ही कोई गूढ़ तत्त्व है, जिसे मैं बूझ नहीं सका। अब आप समझ गये होंगे कि 'कंठलंगोट' कोई साधारण शब्द नहीं है तथा इसका ईजाद करने वाले कोई मसखरे न होकर गंभीर किस्म के लोग हैं, जिन्होंने हिन्दी के पारिभाषिक शब्दों के विकास में अपना ऐतिहासिक योगदान दिया है।

हिन्दी के पारिभाषिक शब्दों के विकास में बिहार का योगदान भी कम नहीं है। उन्होंने डी.एम. (डिस्ट्रिक्ट मजिस्ट्रेट) या डी.सी. (डिप्टी कमिश्नर) के लिए समाहर्ता (कलेक्टर) शब्द दिया है। कलेक्ट्रेट को समाहर्तालय का नाम दिया। डिप्टी कलेक्टर को उपखण्ड मण्डलाधिकारी या उपखण्ड दण्डाधिकारी नाम दिया है। ऐसे नाम जब मैंने अपने एक बार बिहार यात्रा के दौरान पढ़े तो मैं अभिभूत हो गया। मैं ऐसे हर दफ्तर के आगे नतमस्तक होता रहा जहाँ ये नाम लिखे थे, भले ही उपखण्ड मंडलाधिकारी सिंचाई विभाग के हों या नहर के। कुछ अन्य अधिकारी जैसे शब्द लिखे थे। मैं समझ नहीं सका कि वे किस विभाग के हैं। आखिर मैं कोई हिन्दी का विद्वान तो हूँ नहीं, जो सभी उत्तम शब्दों के अर्थ निकाल सकूं। जहाँ कोई बात समझ में न आवे, वहाँ भारतीय परम्परा के अनुसार प्रणाम कर लेना ही श्रेयस्कर है। अपना यह आश्चर्य अपने दिल में ही रखकर मैं बिहार से वापस आ गया कि मोरीगंज (पूर्णिया) पर रेणु का आंचलिक विवरण समझकर भी मैं बिहार के कार्यालयों की लिपि को क्यों नहीं समझ सका। ऐसा लगता है कि रेणु जी भी मेरी तरह कम पढ़े लिखे व्यक्ति होंगे, जभी मैं उनकी बात समझ सका।

वैसे बिहार के एक शब्द ने मेरे दिल को छू दिया। हैण्डपम्प को वहाँ प्रायः चांपाकल कहते हैं। चांपने का अर्थ है बल लगाना, दबाव देना और कल का अर्थ है मशीन या यंत्र। ऐसा यंत्र जिस पर दबाव देने से जल मिलता है। यह बहुत लोकप्रिय शब्द है। मेरे गाँव के बच्चों ने भी इसी तर्ज पर साईकिल में हवा भरने वाले पम्प को पवन-ठूंसक-यंत्र कहा। हवा भरने वाले मिस्त्री को वे पवन ठूंसक (पवन ठूंसने-भरने-वाला-व्यक्ति) कहते हैं। साईकिल को द्वैचक्रवाहिनी कहते हैं। यह सब मौलिक नहीं प्रतीत होता। द्वैचक्रवाहिनी अवश्य ही लौहपथगामिनी की तर्ज पर साईकिल को नाम दिया गया है। कुछ ठाकुर (राजपूत) बंधु अपनी जीप कारों पर 'सिंहवाहिनी' शब्द अंकित कराकर अवश्य ही कुछ मौलिकता का परिचय देते हैं।

हिन्दी के इन पारिभाषिक और तकनीकी शब्दों का अंत नहीं है। बेहतर होता है कि हम लोग जनभाषा हिन्दी के साथ ऐसी लिफाफेबाजी बंद करके उसके सरल, संतुलित, आमफहम रूप पर ध्यान दें। आम लोगों की जुबान ही राष्ट्रभाषा होती है और उस रूप में हिन्दी बराबर विकसित हो रही है। आम जुबान को परिभाषा में बांध पाना एक दुरुह कार्य है।

सरकारी साहित्य साधना

आप जानते हैं कि 17वीं सदी में ईस्ट इंडिया कम्पनी का इंग्लैण्ड में गठन हुआ था, जिसका काम भारत में अपने व्यापारिक हितों को देखना था। कंपनी के कर्मचारी, अधिकारी सभी इंग्लैण्ड के थे। कलकत्ता को कंपनी ने अपनी व्यापारिक गतिविधियों का केन्द्र बनाया। बादशाहों और नवाबों से अपनी कंपनी के हित में थोड़ी-थोड़ी सुविधाएं लेते रहे और एक दिन आर्थिक रूप से शक्तिशाली होने तथा भारतीयों में आपसी फूट एवं बैरभाव को देखकर उन्होंने राजकार्यों में दखल देना भी शुरू कर दिया। धीरे-धीरे कंपनी शक्तिशाली होने लगी और एक दिन उसने भारत का शासन अपने हाथ में ले लिया। कंपनी अब व्यावसायिक न रहकर राजाधिराज की भूमिका में आ गयी। कंपनी के कर्मचारी अधिकारी नौकर न रहकर भारत के गवर्नर जनरल होने लगे। अर्थात् प्राइवेट नौकर से सरकारी नौकर और फिर शासक। जनता को इनकी आदत पड़ गयी। ये अपने चरित्र में कैसे थे, सब लोग जानते हैं। चरम् भ्रष्ट, स्वार्थी, कूटनीतिज्ञ, ऐय्याश और मतलब में चौकस।

1947 में ईस्ट इंडिया कंपनी वापस इंग्लैण्ड चली गयी, लेकिन 250 वर्षों में इसने कुछ अच्छे कार्यों की शुरूआत भी की थी। इसके अच्छे और बुरे दोनों कामों ने जनता को बहुत गहरे संस्कारित किया है। ई.आई.सी. (ईस्ट इंडिया कम्पनी) की एक गहरी छाप भारतीय मनोमष्तिष्क पर पड़ चुकी है। आज भी मुझे लगता है कि आज के राजकीय सेवक सरकार के नहीं, ई.आई.सी. के नौकर हैं। क्योंकि सेवक होने के बावजूद अपना व्यावसायिक चरित्र पूर्व की भाँति यथावत् बनाए रखा है। तिस पर साहित्य साधना, कितना दुष्कर कार्य है।

एक किस्सा सुनाऊ जिसे मेरे एक वरिष्ठ मित्र ने मुझे सुनाया था। मेरे मित्र जब अपने एक मित्र के घर पर बैठे थे, तब उनके मित्र की पत्नी ने

उन्हें अपनी व्यथा कहीं। भद्र महिला ने कहा कि 51 साल की उम्र में अब ये किसी लड़की के जाल में फंस गये हैं। वो लड़की किसी साहित्यिक संस्था की सदस्य है, जिसके ये भी सदस्य हैं। अब इतनी उम्र में इनको ये सब करना कहीं शोभा देता है। बदनामी अलग से होगी, बताइये क्या करें। आप ही इन्हें समझाइये ना। मैं कुछ कहती हूँ, तो जवाब ही नहीं देते या फिर डाँटने लगते हैं। बच्चे बड़े हो गये हैं, समझदार हैं। घर का वातावरण तनावपूर्ण हो गया है। आप ही कुछ मदद करें। मेरे मित्र गंभीर सोच में पड़ गये।

जब साहब ई.आई.सी. की नौकरी कर रहे थे, तब उनकी पत्नी ने कुछ नहीं कहा। जब अपना सम्मान और प्रतिष्ठा दाँव पर लगाकर साहब गलत पैसा घर ला रहे थे, तब पत्नी ने कुछ नहीं कहा, वरन् उनकी बुद्धिमता और कामयाबी पर मन ही मन प्रसन्न हुई। इसके तनाव को रिलेक्स करने के फेर में जब साहब ने ड्रिंक शुरू की तो पत्नी ने कुछ नहीं कहा और जब धनवान होने की पुख्तगी हो गयी तो नेचुरली साहब एक मनोरंजन की वस्तु खोजने लगा, तो पत्नी दुखी हो रही है। दुखी भी इस कारण नहीं कि वे उस लड़की से मनोरंजन करें बल्कि इस कारण से कि यदि साहब ने उससे विवाह कर लिया तो वे साहब की आधी सम्पति की वो हकदार होंगी। सारा तनाव शायद धन को लेकर ही है।

जब साहब ने अपनी प्रतिष्ठा को खतरे में डालकर W(ealth) इकट्ठा की तो मैडम बहुत खुश हुई, अब साहब ने खतरे में पड़ी प्रतिष्ठा और अपनी बेईमान Image के तनाव के निवारण हेतु W(ine) का प्रयोग किया तो मैडम को बहुत बुरा नहीं लगा। जब हमारा साहब तीसरे W(oman) की ओर मुड़ा तो मैडम शिकायत करने लगी कि साहित्यिक की जितनी भी संस्थाएँ हैं, सबमें यही खेल होता है। 51 वर्ष की उम्र में साहब कविता करने लगे हैं। देखो तो इनकी बुद्धि उस लड़की ने कैसी खराब कर दी है। सारे कवि चरित्रहीन होते हैं। अब मैडम को कौन समझाए कि वह लड़की केवल साहब की कविताओं की प्रशंसक है, उनकी प्रेमिका नहीं। मैडम का कहना बिल्कुल स्पष्ट है कि 51 वर्ष की आयु में प्रेम करना पुराणों में वर्जित है। यद्यपि कि वे परिचित नहीं कि पुराणों में और क्या क्या वर्जित है। पुराणों में तो ईस्ट इंडिया कम्पनी का मेंबर होना भी वर्जित है, बहरहाल।

महान् कूटनीतिज्ञ चाणक्य कहते हैं कि तालाब की मछली ने कितना पानी पिया, उसकी गणना ठीक-ठीक कोई नहीं कर सकता, ठीक उसी प्रकार राजकीय सेवक सेवा के दौरान कितना राजकीय धन खा जाता है, इसका कोई हिसाब नहीं किया जा सकता। अब इक्कीसवीं सदी में चाणक्य के इस फार्मूले की व्याख्या करना ही व्यर्थ है। अब अन्दाज ही लगाया जा सकता है कि राजनीति अगर वेश्या है, तो राजनेता क्या होंगे और राजसेवक क्या होंगे। सरकार साल में 14 दिन आकस्मिक अवकाश और 31 दिन अर्जित अवकाश देती है, मगर क्रीमी पद पर सुशोभित सेवक वर्षों-वर्षों अवकाश पर नहीं जाता कि उसकी अनुपस्थिति में कहीं कोई उसकी कुर्सी न हथिया लें। 365 दिन वह अपनी कुर्सी बचाने में संलग्न रहता है।

वस्तुतः भाषा एवं साहित्य ही होमोसेपियन्स में से पृथक करता है। साहित्य आदमी को शीघ्र मनुष्य बनाता है। हम सभी मनुष्य बनने की प्रक्रिया में हैं। मनुष्य होते ही जो वस्तु आपकी है, आपकी नहीं रहतीः

ईशावास्यं इदं सर्वं, यद्किंचित जगत्यां जगत्

तेन त्यक्तेन भुंजीथा, मा गृध कश्चिद् भागभवेत

इसी भय से जिन राजकीय सेवकों के पास साहित्यिक प्रतिभा थी, उन्होंने भी उसका परित्याग कर दिया। अब भला इतनी मेहनत से अर्जित (3Ws) का ऐसे कैसे परित्याग कर दिया जाये।

दरअसल मैं मानता हूँ कि समाज की क्वालिटी का माप उसकी भाषा में लिखे और पढ़े जाने वाले साहित्य और विज्ञान की क्वालिटी और क्वांटिटी और उसमें पब्लिक की रुचि से होता है। कहते भी हैं कि साहित्य समाज का दर्पण होता है। मेरा दृढ़ मत है कि साहित्य का कोई विकल्प नहीं। जिस समाज में साहित्य और साहित्यकार का स्थान नहीं, वह समाज नहीं इतिहास का डस्टबिन है। राजकीय सेवकों द्वारा जितना लिखा जाता है, वह इस व्यवस्था के लिए और स्वयं उसके लिए जीवनी शक्ति, उसकी संवदेनशीलता का पैमाना है। यह ठीक है कि इस वक्त समाज पर आर्थिक मूल्य प्रभावी है परन्तु धन में भी क्वालिटी होनी चाहिए। गाँधी कहते हैं कि धनवान समाज के धन का ट्रस्टी/मैनेजर है। यह न भी हो तो धन को समाज के, साहित्य के निर्माण में कुछ न कुछ योगदान तो करना ही चाहिए।

लखनऊ के सरकारी साहित्य साधकों की तो बात ही निराली है। एक लोकसेवक कहते हैं कि कानून की कमेन्ट्री उत्तर प्रदेश के 82 जनपदों में पढ़ने को मिल जाती है। जबकि कानून का बेअर एक्ट (Bare Act) केवल लखनऊ में पढ़ने को मिलता है। ध्यान दिला दूँ इस समय यू.पी. में 83 जिले हैं। उनके कहने का मतलब है कि लखनऊ में, जहाँ वस्तुएं अपने इतने 'औरिजिनल शेप' में है अर्थात नंगी है, वहाँ साहित्य साधना का क्या अर्थ। मगर मैं इस तर्क से सहमत नहीं। जहाँ दारूल सफा, विधानसभा, जी.पी.ओ., गाँधी प्रतिमा स्थित है, जहाँ प्रदेश भर की मृत-प्रेतात्माएं, भटकती आत्माएं, विधानभवन के ऊपर बैठे कबूतरों की शक्ल में गरम गोश्त की लालसा में वेश्याओं जैसी तहजीब लिए यमदूत सभाइयों के साथ इस अशांत, अभिशप्त और हंगामी शहर में, हाथों में किसी मुर्दे के जिस्म से उठाया गया कफन लिए घूम रही हो, वहाँ हर गली कहानी है, हर मोहल्ला कथानक है, हर गंजिग गल्प है और हरेक हजरत महल पार्क उपन्यास है।

मगर फिर भी अन्य साहित्यकारों की तरह लोकसेवक का साहित्य भी एक आब्जर्वेशन ही है—डिक्टेशन नहीं। वैसे साहित्यकार हृदय से बहुत संवेदनशील और निरीह प्रकार का निरापद प्राणी होता है। सुनते हैं, वीर रस के सिद्धकवि श्याम नारायण पांडे कुत्ते से बहुत डरते थे। उन्हें कई बार कुत्तों ने काटा था। इसी प्रकार अपने बाप की भर्त्सना के भय से बलवीर सिंह 'रंग' लोटे में दारू पीते थे। अगर साहित्यकार के भीतर झांके तो आपको उसके दर्द का एहसास होगा। इसी एहसास से बचने के लिए ही तो हिन्दी क्षेत्रों में साहित्य के पढ़ने की प्रवृत्ति बहुत कम हो गयी है—

सबसे भले हैं मूढ़
जिन्हहिं न ब्यापै जगत गति।

आइये बलबीर सिंह 'रंग' के भीतर झांकते हैं—

'रंग का रंग जमाने ने बहुत देखा है
क्या कभी आपने बलवीर से बातें की हैं।

छोटा नौकर-बड़ा नौकर

इतिहास के जानकर कहते हैं कि ईस्ट इंडिया कंपनी के छोटे और बड़े नौकर के कर्त्तव्यों में अंतर तो था, किन्तु अधिकारों में कोई विशेष अंतर नहीं था। दोनों मेहनत से 10 बजे से 5 बजे तक दफ्तर करते थे। 5 बजे सायं से अर्द्धरात्रि तक या तो मनोरंजन करते थे या बड़ी-बड़ी घूस प्राप्त करते थे या राज्य के विरूद्ध षड्यंत्र करते थे। मनोरंजन में बियर पीकर पियानों बजा सकते थे, उसके बाद डांस कर सकते थे या अपनी अंग्रेज 'फियांसी' के आगोश में दुबक सकते थे या फिर राह चलते किसी देसी लड़की को दबोच सकते थे या देसी नौकरों, खानसामा, साईस को एक लाइन में खड़ा करके हन्टरों से उनकी खाल उधेड़ सकते थे। बड़ी रिश्वतें राज्य के प्रतिद्वन्दी उत्तराधिकारियों से ले सकते थे, कोर्ट केस में ले सकते थे या देसी लोगों से बेगार में नजराना ले सकते थे। राज्य के विरुद्ध षड्यंत्र में नवाबों, राजाओं के परिवार के विद्रोही राजकुमारों को हरवा-हथियार बेच सकते थे या उनके हक की अपील करवा सकते थे या उसे सत्तारूढ़ कर सत्तासीन को पेंशन दे सकते थे। ये सब काम बड़े या छोटे नौकर कभी एक साथ, कभी पृथक-पृथक कर लेते थे।

छोटे और बड़े नौकर की जाति में ईस्ट इंडिया कंपनी में कोई फर्क नहीं था, इसलिए छोटे और बड़े दोनों में रेसियल हार्मोनी के साथ-साथ एक विशेष प्रकार का अपनत्व भी था। बड़ा नौकर छोटे को उसके काम के सुपरविजन में उसे टोक तो देता था, डांटता नहीं था। डांटने का काम केवल देसी लोगों के साथ किया जाता था। क्योंकि दोनों नौकरों के हित एक ही थे, इसलिए दोनों के मध्य सामंजस्य का मणि कांचन संयोग बना हुआ था।

गोकि आज के राजकीय सेवक और उस समय के ईस्ट इंडिया कं. के नौकरों के कार्य और अधिकारों में पर्याप्त फर्क है, फिर भी अपनी मौलिक प्रकृति में दोनों के बीच भिन्नता काफी कम लगती है। आज चूंकि प्रजातंत्र का युग है, इसलिए सेवकों में एक अजीब किस्म की विनम्रता एवं आत्मसम्मान का समावेश हो गया है। छोटे नौकरों में विनम्रता की मात्रा बहुत कम तथा आत्मसम्मान की मात्रा बहुत अधिक है। इसके विपरीत बड़े नौकरों में विनम्रता की मात्रा बहुत अधिक तथा आत्मसम्मान की मात्रा बहुत कम पायी जाती है। इस प्रकार बड़े व छोटे नौकरों में शत प्रतिशत सामंजस्य की भावना जन्मतः ही पायी जाती है।

आजकल छोटे नौकरों ने प्रायः अपने सेवा संघों की यूनियनें बना ली है। वे मानते हैं कि कलियुग में शक्ति संघ में निहित है। यद्यपि मैं मानता हूँ कि सतयुग में भी शक्ति संघ में ही निहित होनी चाहिए थी और डेमोक्रेसी में तो शक्ति संघ में निहित होती ही है। बड़ा नौकर जरा भी परम्परा से या लीक से हटता है, तो छोटे नौकर तत्काल एक झंडे पर उसका नाम लिखाकर बड़ी संख्या में कर्मचारी एकता जिन्दाबाद का नारा लगाते हैं। फिर दोनों में समझौता हो जाता है। वैसे मार्डन ईस्ट इंडिया कं. के छोटे व बड़े नौकरों में इतना जबरदस्त स्नेह है कि नारा लगाने की नौबत बहुत कम ही आती है। हाँ, डाँटने डपटने का काम पूर्ववत देसी लोगों (यानी कि छोटे नौकरों) से किया जाता है।

ईस्ट इंडिया कम्पनी ने कई अच्छी प्रथाओं की नींव डाली थी। नजराना, शुकराना, हकराना, जबराना, हरजाना, डाली लगाना ऐसी ही प्रथाएँ हैं जो आज भी किसी न किसी रूप में कायम है। किसी बड़े आदमी से मिलते समय उसके सम्मानस्वरूप, जो भेंट दी जाती है, उसे नजराना कहते हैं। आपका वांछित कार्य हो जाये, तब धन्यवाद ज्ञापित करते समय जो भेंट दी जाती है, उसे शुकराना कहते हैं। आपका काम किसी ने कर दिया, किन्तु आपने उसे शुक्रिया अदा नहीं किया। वह आदमी आपसे शुक्रिया अदा करने को कहता है, तब आपके द्वारा जो भेंट उसे दी जाती है उसे हकराना कहते हैं। इसके बावजूद यदि वह वह आपकी जेब से मित्रतापूर्वक जो भेंट वह निकाल लेता है, जबराना कहीं जाती है। मौसम के पहले फल-फूल, दीवाली, होली पर फल-फूल के टोकरे, जो भेंटस्वरूप दिये जाते हैं, डाली में शुमार किये जाते हैं। यह तुच्छ भेंट होती है जिसे 'पत्रम्-पुष्पम्' भी कहा जाता है।

मेरे मित्र मिर्जा अफजल बेग ने इस सम्बन्ध में मेरे सामान्य ज्ञान में यह कहकर वृद्धि की कि यह नजराने, शुकराने वाली बात अंग्रेजी लेखक खुशवंत सिंह पहले कहीं लिख भी चुके हैं। मिर्जा जी ने बकौल खुशंवत सिंह बताया कि नजराना, शुकराना, मेहनताना, बख्शीश इसकी चार कोटियां हैं। नजराना बहुत बड़े नौकर को, शुकराना मीडियम साइज के नौकर को, मेहनताना छोटे नौकर को और बख्शीश लघुतम नौकर को देय होती है। वैसे हकराना और बख्शीश में उन्नीस-बीस का ही फर्क मालूम पड़ता है। हाँ, जबराना, हरजाना और जुर्माना उत्पीड़क प्रकार की क्रियाएं लगती हैं। मेहनताना और हरजाना में इतना फर्क लगता है कि दोनों में नौकर मेहनत करता है—मेहनताना तब कहा जाता है कि जब काम हो जाता है और हरजाना वह होता है, जब मेहनत के बावजूद काम नहीं हो पाता, तब मेहनत को कम्पेंशेट करने के लिए दिया जाता है।

बहरहाल यह अच्छी परम्पराएं विरासत में मिली हैं और थोड़े बहुत संशोध्न के साथ आज भी जारी है। जहाँ इन परम्पराओं से छोटे-बड़े सभी लाभान्वित होते हैं, वहाँ छोटे नौकर, बड़े नौकर के बीच तालमेल बहुत अच्छा होता है। इसके अभाव में ही अक्सर मुख्यालय के बाहर नारेबाजी होती है।

वैसे छोटे-बड़े दोनों ही नौकर पर्मानेंट नौकर होते हैं। इसी तर्ज पर डेमोक्रेसी ने कुछ ट्रेम्प्रेरी नौकरों की व्यवस्था भी की है। इस पर एक किस्सा सुनाऊँ। एक चपरासी को मंत्री जी ने बहुत बुरा भला कहा। वजह यह कि चपरासी से कुछ चूक हो गयी थी। बहरहाल चपरासी ने माफी मांगकर अपने गुनाहों को बख्शवा लिया, किन्तु उसका क्रोध कम नहीं हुआ। बाहर आकर बोला कि क्या जमाना आ गया साला। कलयुग है कलयुग। टैम्प्रेरी परमानेंट को डांट रहा है। उसका आशय था कि वह पर्मानेंट नौकर है, इसलिए मंत्री को उसे डाँटने का अधिकार नहीं है।

मौका पड़ने पर परमानेंट टेम्प्रेरी को अपना रूतबा दिखाने से नहीं चूकते। दस बरस पहले की बात है। एक मंत्री महोदय पड़रौना के दौरे पर गये थे। शाम सात बजे किसी के घर नाश्ता कर रहे थे। उनके साथ राज्य सम्पत्ति विभाग की एक एम्बेसडर कार थी, जिसका ड्राइवर खबरें सुनने का बहुत शौकीन था। शाम सात बीस पर लखनऊ से खबर प्रसारित हुई कि मंत्रिपरिषद बरखास्त कर दिया गया है। अब क्या था, ड्राइवर ने अपनी मूछें ऊपर कर ली। करीब आठ बजे जब मंत्री महोदय बाहर निकले, तो

ड्राइवर का व्यवहार बिल्कुल बदला हुआ पाया। यह खबर संभवतः मंत्री महोदय भी सुन चुके थे। ड्राइवर ने उन्हें लखनऊ ले जाने से साफ मना कर दिया। बड़ी मिन्नत करने और एक सौ रुपये नजराना देने पर ड्राइवर उन्हें लखनऊ लाने पर राजी हुआ। कुछ लोग यह भी कहते हैं कि तकिया सिर के नीचे ही लगाया जाता है, पैरों के नीचे नहीं। मतलब कि सम्मान का अधिकार बड़े को है, छोटे को नहीं, फिर भी छोटे की महत्ता कम नहीं होती। यदि पैर चलने में टालमटोल करें, तो आदमी का मस्तिष्क एक कदम नहीं चल सकता। लेकिन पैर जरूर मस्तिष्क का भार ढोयेंगे। अगर उन्हें विश्वास हो जाये कि साहब ने चोट उसकी पीठ पर की है, पेट पर नहीं। छोटा नौकर सब कुछ बर्दाश्त कर सकता है लेकिन पेट पर चोट नहीं, क्योंकि पेट पर चोट ईस्ट इंडिया कंम्पनी में भी कोई बर्दास्त नहीं करता था। छोटे को आप बेशक घटिया कहें, वह तकलीफ में रहे, धक्के खाएं, मगर उसके पेट पर चोट मत कीजिए, वह माफ कर देगा। एक देहाती कहावत है—

मजा मारे गाजी मियां
धक्का खाय मुजाबर।

इसी कहावत को कहीं-कहीं दूसरे रूप में कहते हैं—

मजा मरैं घासी
लहंगा छांटै हुलासी

मगर मुजावर तभी तक धक्के खाते हैं जब तक उनके पेट पर गाजी मियां चोट न करें।

इसलिए व्यवहार कुशल लोग हमेशा यही सुझाव देते है कि नौकर चाहे कितना ही बड़ा क्यों न हों, उसे अपने मातहत से सद्व्यवहार ही करना चाहिए। कलम से चाहे जितना नुकसान कर दे, किन्तु बातचीत में शालीनता का परिचय देना चाहिए। एक अंग्रेजी जमाने की परम्परा है। घुड़सवारी के बाद घोड़े की पीठ को थपथपाकर उसे दिलासा देना चाहिए कि सवार उससे खुश है और यह कार्य हर बार घुड़सवारी के बाद करना चाहिए। यद्यपि राजकीय सेवक घोड़ा नहीं है। उसका सीनियर सवार नहीं है। फिर भी इस अंग्रेज परम्परा का महत्त्व रत्ती भर कम नहीं हुआ है। खेद है कि मातहत से रगड़ कर काम कराने वाले मातहत को तनिक सी मौखिक दिलासा तक नहीं दे सकते। इस प्रकार कार्य-संस्कृति में ह्रास होता है, जो अन्ततः राज्य का ही नुकसान करता है। ●

पड़रौना

सेवा में,

श्रीमान् जिलाधिकारी महोदय

पड़रौना, जनपद कुशीनगर

महोदय,

सेवा में निवेदन है प्रार्थिनी के पति सूरदास पुत्र स्व. श्री घिसियावन नि. ग्राम लक्ष्मीपुर कुर्मीपट्टी परगना सिघुवा जोवना तहसील पड़रौना जनपद कुशीनगर बुड़बक, बंउक, बकलोल, और लंठ है। प्रार्थिनी के पति खाने-पीने के शौकीन भी हैं। प्रार्थिनी के गाँव के पूर्व प्रधान बुद्धन पुत्र सीताराम ने प्रार्थिनी के पति को शराब पिलाकर गाटा सं. 1218 रकबा 4 बीघा 8 बिस्वा 16 बिस्वांसी अपने नाम करा लिया है तथा हमारा बोया गन्ना काट लिया है जो कि कानूनन गलत, नाजायज, **और** निरस्त किये जाने योग्य है। अतः आपकी सेवा में सादर प्रार्थना है कि प्रार्थिनी के चार छोटे छोटे बच्चों पर रहम करके प्रार्थिनी के खेत का दाखिल-खारिज करने से मना किया जाये तथा हमारा गन्ना भी विपक्षी गण से दिलाया जाये, प्रार्थिनी आजन्म आपकी आभारी रहेगी।

भवदीय

दिनांक 2.10.1997

निशानी अंगूठा

श्रीमती सावित्री

पत्नी श्री सूरदास

नि. ग्राम लक्ष्मीपुर कुर्मीपट्टी

परगना सिघुआ जोवना

तहसील पड़रौना, जनपद कुशीनगर

यह उन हजारों दरखास्तों में से एक है जो दरखास्त ट्रेन के लोग अपने जिला मुख्यालय लाते हैं। इसमें टाइपिस्ट की एक-दो गलतियों को जरूर सुधार दिया गया है अन्यथा प्रार्थिनी की दरखास्त को हूबहू उतार दिया गया है। चूँकि यह पत्र स्मरण के आधार पर लिखा गया है, अतः आवेदक के नाम, पते काल्पनिक हैं, यद्यपि स्थल वास्तविक रूप से तहसील पड़रौना में है।

यह पड़रौना की प्रतिनिधि दरखास्त है, जिसे पढ़कर आप यकीन जानिये, मैंने प्रार्थिनी को दस रूपये का इनाम दिया था। दरखास्त पढ़ने पर मैंने आवेदक महिला से पूछा कि टाइप वगैरह में तुमने कितना खर्च किया है। उसने कहा-दस रूपया। इनाम के रूपये वह नहीं ले रही थी, मैंने कहा था-इसे टाइप का खर्चा समझकर रख लो और उसने बहुत संकोच से दस रूपये ले लिये।

तीस-बत्तीस वर्ष की, सांवले रंग परन्तु साफ सुथरे नैन नक्श वाली ग्रामीण घरेलू औरत थी वह, जिसके गोद में एक नाक बहाता छोटा बच्चा था और एक बड़ा बच्चा उसके घुटनों के पास खेल रहा था। हमारे कई बार अनुरोध के बावजूद वह जमीन से उठकर कुर्सी पर नहीं बैठी। परेशानी तो उसके चेहरे पर थी मगर दीनता का कहीं नामों निशान भी नहीं था। कुर्सी के बजाय फर्श पर बैठना कदाचित उसकी परम्परा में हाकिम का सम्मान था, दीनता का प्रतीक नहीं।

वर्ष 1994 में जब जिला देवरिया को विभाजित कर जो नया जिला बनाया गया था, उसका नाम पड़रौना रखा गया। बाद में जिला मुख्यालय पड़रौना में ही रहा, जनपद का नाम कुशीनगर रख दिया गया जोकि ठीक ही था, क्योंकि कुशीनगर नाम भगवान बुद्ध की महापरिनिर्वाण स्थली होने के कारण अन्तर्राष्ट्रीय स्तर पर जाना जाता है। कुशीनगर के बजाय इसका नाम यदि प्राचीन नाम 'कुसीनारा' रखा गया होता तो और अच्छा होता। वर्तमान जनपद कुशीनगर में चार तहसीलें हैं—पड़रौना, कसया, हाटा, तमकुही राज। पड़रौना इसकी सबसे बड़ी एवं महत्त्वपूर्ण तहसील है। ब्रिटिश काल से अभी हाल तक यहाँ ज्वाइंट मजिस्ट्रेट की तैनाती होती रही है।

सावित्री का यह पत्र नहीं, पड़रौना का एक संक्षिप्त गजेटियर है। देखिये, आवेदक एक महिला है जिसका पति बुड़बक, बंउक, बकलोल

और लंठ है, जो मासांहारी है और सुरापान का शौकीन भी। उसके चार बच्चे हैं, मगर फिर भी उसने अपने शौक के लिए अपनी खेती का जमीन औने-पौने में किसी को बेंच दी, जिसके खिलाफ उसने अपनी पत्नी से डी.एम. को दरखास्त पेश करा दी और निश्चिय ही वह दरवाजे के उस पार अपनी पत्नी की प्रतीक्षा में फर्श पर बैठा होगा, अगर ड्यूटी पर खड़े होमगार्ड के जवान ने उसे वहाँ से हटा न दिया होगा।

तहसील पड़रौना के पानी की प्रवृत्ति ही कुछ ऐसी बतायी जाती है जो मंदबुद्धिता को जन्म देती है। लोग बताते हैं कि विश्व स्वास्थ्य संगठन (डब्ल्यू.एच.ओ.) के लोग आज भी पडरौना या पड़रौना के पास के एक गाँव बलकुड़िया से जल के नमूने जाँच के लिए ले जाते हैं। पानी की इस प्रतिकूल प्रवृत्ति की काट के रूप में लोग शराब का उपयोग करते हैं तथा भोजन में मांसाहार, जिसमें तेज मसाले, मिर्चों का ढेर तथा लहसुन का भरपूर उपयोग करते हैं। आपको जानकर ताज्जुब होगा कि इतने पिछड़े क्षेत्र में आपको मांसाहार के बड़ी संख्या में सस्ते होटल मिलेंगे।

पानी के इस प्रभाव से 50 वर्ष पहले तक थायोराइड ग्रन्थि की समस्या होती रही, जिसके कारण गर्दन में घेंघा तथा कुछ अन्य कारणों से फीलपाँव या हाथीपाँव की दिक्कत होती रही है, जोकि अब काफी कम है या कह लें कि नहीं के बाराबर है। वस्तुतः नशा करने का तो एक बहाना चाहिए। वह बहाना पड़रौना में प्रकृति ने उपलब्ध करा दिया। जब बीबी दारू पीने से मना करे, तो कराहिए और उससे कहिए कि पेट में हर वक्त कुछ गुड़-गुड़,गुड़-गुड़ होता रहता है, वह जरूर आपको दारू पीने की इजाजत दे देगी।

पडरौना जिसे काफी लोग पड़रौना या पड़ौना भी कहते हैं, के तहसील क्षेत्र के बाहर आकर पूरे डिवीजन (मण्डल) में घूमिये। अगर आपने कोई बेवकूफी की बात कर द़ी तो, लोग तुरंत आपको कहेंगे 'पड़रौना से आये हो का बंउक कहीं के।'' मतलब यह कि पड़रौना के बंउक या बौंका पूरे गोरखपुर मण्डल में मशहूर हैं। पडरौना में बंउक की परम्परा लगता है कि तब पड़ी, जब यहाँ के जल में मंदबुद्धि का तत्त्व बहुत अधिक रहा होगा। आज ऐसी बात नहीं है। आज पडरौना तहसील के किसी बच्चे से आप उसका नाम पूछें, 'तेरा नाम क्या है?' वह कान खुजाता हुआ आपसे उल्टा सवाल करेगा, 'केकर?' मतलब यह कि आप किसका नाम पूछ रहे है?

पूछें कि सूरदास का घर किधर है? जवाब में वह कहेगा, 'हमन त लइका बानी''। मतलब यह कि हम तो बच्चे हैं, आप किसी बुजुर्ग से यह सवाल पूछिये।

भला बताइये ऐसे लोगों को आप मंदबुद्धि कहेंगे, जो सब कुछ समझकर भी आपको धेला भर नहीं बता रहा है और आपकी पीठ देखते ही गाँव में जाकर सूरदास को बता देगा कि डिप्टी साहब गाड़ी नम्बर 57/0001 से आये थे यू०पी० और तुमको पूछ रहे थे, होशियार हो जाओ। वस्तुतः कई बार लोग बंउक होने का नाटक भी करते हैं। आप बुद्धन प्रधान से साल भर मुफ्त में दारू पीते रहें और उसे कहते रहें कि अपना खेत आज तुम्हारे नाम कर देंगे। ऐसा करते-करते तीन साल गुजर जायें, तब भला बताइये, बुद्धन कोई बेवकूफ तो है नहीं कि मुफ़्त में आपको दारू पिलाए। कमजोर आदमी भी नहीं है कि आप डाँट दे तो आप से मुर्गा और दारू के पैसे मांगना छोड़ दे। आखिर एक दिन सूरदास ने अपना खेत बुद्धन को बेच ही दिया।

अब देखिए, सावित्री अपने जिस पति को दरखास्त में बंउक, बकलोल बुड़वक, लंठ कर रही है, वही उसे लेकर जिला कचेहरी तक आया, उसी ने दरखास्त टाइप करवाई और बीबी के हाथ जोड़कर हाकिम के पास भेज दिया। तब आप ही बताइये कि सूरदास जी बंउक है या बुद्धिमान।

यहाँ मैं पड़रौना की कहानी नहीं कह रहा हूँ। पड़रौना के दर्द की कहानी मैं फिर कभी कहँगा। यह क्षेत्र इतना पिछड़ा है, इतना अशिक्षित है, इतना बीहड़ है, इतना असुरक्षित है, सदियों से इतना शोषित है कि इसकी कहानी के लिए एक अलग किताब की जरूरत होगी। हो सकता है कि सावित्री के पति ने होशियारी से यह दरखास्त दिलवा दी है, हजारों सावित्रियां सचमुच की ऐसी सच्ची दरखास्तें देती हैं, जिनके पति की सम्पत्ति शराब पिलाकर नशे में कौड़ियों के मोल बिकवा दी जाती है।

कोपभवन

आपने रामायण की कथा पढ़ी होगी। राजा दशरथ के महल में सब आनन्द की वस्तुएं थीं किन्तु एक कोपभवन भी था। राजमहल में कोपभवन निश्चय ही सबसे महत्त्वपूर्ण स्थान पर बनता होगा। क्योंकि यदि महल के पिछवाड़े कोपभवन बनवा दिया जाये तो भला कोपभवन में बैठने वाला प्राणी कैसे अन्य लोगों को बता पायेगा कि वह किसी बात पर कुपित है तथा विरोधस्वरूप कोपभवन में बैठा है।

आप जानते हैं कि राम के युवराज होने के विरोध में कैकेयी रानी कोपभवन में जाकर बैठ गयीं। दशरथ जब राज्यसभा से महल की ओर निकले, तो उनकी दृष्टि कोपभवन की ओर गयी। जहाँ उन्होंने कैकेयी को बैठा पाया। देखा आपने, अयोध्या का कोपभवन भी सहजदृश्य और महत्त्वपूर्ण स्थान पर निर्मित था। केवल एक बात समझ में नहीं आयी कि जब कैकेयी कोपभवन में जीवन में एक बार बैठी, तब कौशल्या को तो कोपभवन में पर्मानेंट बैठना चाहिए था, क्योंकि जैसा कि आदिकवि ने लिखा है कि कौशल्या राजा दशरथ के राज्य में अत्यधिक उपेक्षित एवं दुखी थी। जबकि कैकेयी सुखी एवं सम्मानित थीं।

एक बात तो स्पष्ट है कि प्राचीनकाल में राजा की नीतियों के खिलाफ कोपभवन में बैठा जा सकता था। परन्तु आजकल अपने पड़ोसी की नीतियों के खिलाफ भी कोपभवन में बैठा जा सकता है। कोपभवन सम्बन्धी परम्परागत नियमों में यह एक मौलिक परिवर्तन है। कदाचित प्राचीन संस्कृति के विद्वान इस परिवर्तन को सन्दर्भ हेतु भविष्य के लिए नोट करना चाहें। यह भी नोट करने योग्य परिवर्तन है कि किसी की ब्लैकमेलिंग के लिए भी आजकल कोपभवन में बैठा जा सकता है। कृपया आश्चर्य न करें। जब आप किसी व्यक्ति के खिलाफ कोपभवन में बैठेंगे, तो उसकी जाँच शुरू हो सकती है। मुमकिन है कि वह कहीं फँस जाये। न भी फँसे तो अखबारों में उसके नाम की थू-थू तो हो ही जाती है। क्योंकि अखबारों

में उसी का नाम, फोटो एवं वक्तव्य आता है जो कोपभवन में बैठा है। इस दृष्टि से भी कोपभवन में बैठकर ब्लैकमेलिंग की जा सकती है।

प्राचीनकाल में कोपभवन में विश्राम करना मात्र ही विरोध मान लिया जाता था या अधिक से अधिक विलाप किया जा सकता था। मगर आजकल कोपभवन में अपने पड़ोसी, रिश्तेदार या सरकार को चिल्ला-चिल्लाकर गाली देना तथा कोपभवन के कंगूरे पर चढ़ जाना विरोध प्रदर्शन माना जाता है।

पुराने समय में जो कोपभवन में विश्राम करता था, वह एक प्रकार की तपश्चर्या का व्रत करता था, उपवास करता था, क्योंकि कोपभवन में दिशा मैदान के प्रबंध होने के सम्बन्ध में मैंने प्राचीन ग्रन्थों में कहीं कुछ नहीं पढ़ा। आजकल के कोपभवनों में भी दिशा मैदान का कोई प्रबन्ध मुझे नहीं दिखा। मगर कुपित लोग क्रोध में आकर जब सरकार को खूब गालियां देते हैं, तब उन्हें अनायास गंभीर रूप से भूख लग जाती है और चेले टाइप के लोग उन्हें तर माल मुहैय्या कराते हैं, जिन पर वे प्रेम से बड़े-बड़े हाथ मारते हैं। खाने के बाद कोपभवन के गलियारों में दाये-बायें, उजाले-अंधेरे में अपनी ह्रस्व, लघु, दीर्घ तीनों शंकाओं का निवारण भी कर लेते हैं।

आधुनिक काल में कोपभवन के विकास में विज्ञान का योगदान कम नहीं है। पहले लोग कोपभवन के फर्श पर ही विश्राम कर लेते थे, अब लोग कोपभवन में विधिवत मंच या चौकी डालकर उद्घाटन के रूप में नारियल फोड़ते हैं, फिर उसी पर माइक लगाकर भाषण देते हैं और रात में उसी पर कम्बल बिछाकर सो जाते हैं। जाड़े की रातों में कोपभवन के द्वार पर लकड़ी भी जला लेते हैं ताकि शीत से रक्षा हो सके। हाँ, गरमियों में अभी तक मैंने पंखा लगाते नहीं देखा। हो सकता है कि अगले दशक तक पंखा भी कोपभवन के नियमों में अनुमन्य कर दिया जाये।

कोपभवन की आवधारणा में अब एक मार्के का अंतर आया है। पहले महान लोग ही कोपभवन का टिकट बुक करा सकते थे, अब जनसाधारण का कोई भी व्यक्ति कोपभवन में प्रवेश कर सकता है। यह विरोधाभास नहीं है। चूंकि प्रजातंत्र में अंतिम-सत्ता जनता में निहित है, अतः जनता ही सर्वोच्च एवं संप्रभु है। वह जनता जब कोपभवन में बैठ जाये तो तात्पर्य है कि सम्प्रभुता का एक अंश वहाँ बैठा है यानी कि कोई लघुतम किस्म का महानतम व्यक्ति कोपभवन में बैठा है। इस तरह जब जनता ही महान है, तो स्पष्ट है कि प्राचीन और आधुनिक दोनों कालों में महान व्यक्ति ही

कोपभवन में बैठते थे।

प्राचीन युग में फोटोग्राफर तो नहीं थे, चित्रकार अवश्य रहे होंगे। पर लगता है कि चित्रकार कोपभवन में उस समय 'एलाउड' नहीं थे। अन्यथा कैकेयी का कोपभवन का एकाध चित्र देखने को अवश्य मिल जाता। आज जो चित्र मिलते हैं, वे कलाकार की कल्पना पर आश्रित हैं। यदि वे वास्तविक होते, तो आदिकवि इस विषय पर जरूर प्रकाश डालते। आजकल कोपभवन में कुपित व्यक्ति पुलिस और मीडिया को छोड़कर अन्य लोगों का प्रवेश वर्जित ही समझिए। कोपभवन छायाकारों का स्वर्ग है। विधानसभा की गगनचुम्बी चोटियों, जितने शानदार तरीके से कोपभवन से छायाकारों के कैमरे में कैद हो जाती है, अन्य स्थलों से दुर्लभ है।

खेद है कि आप समझ ही गये कि यहाँ किस कोपभवन की चर्चा हो रही है। विधानसभा के गेट नं.-3 के सामने सड़क के दूसरी ओर एक सरकारी कोपभवन है, जहाँ बैठकर सरकार को प्यार किया जा सकता है और गाली भी दी जा सकती है। कोपभवन की तुलना एक मानव शरीर से की जा सकती है। 15-20 वर्ष पहले इसका जन्म हुआ और जन्म होते ही यह बूढ़ा हो गया। यह जवान तब होता है, जब विधानसभा का सत्र चलता है। तब यह इस तरह हुंकार करता है कि मानों किसी ने बजरंगबली को उनके बल की याद दिला दी हो।

लखनऊ में दो कोपभवन हैं। पहला विधानसभा मार्ग पर और दूसरा कलेक्टर का दफ्तर, जबकि उ.प्र. के अन्य जनपदों में सामान्यतः कलेक्टर के दफ्तर के सामने कोपभवन स्थित होता है। वस्तुतः कोपभवन एक अस्थायी अड्डा है, परमानेंट स्थान नहीं, मगर लखनऊ में सुश्री उमालखन पाल अपने 8-10 साल के बच्चे के साथ स्थायी रूप से बरसों तक कोपभवन में जमीं रही। आजकल वे नहीं दिखती। मेरा उनसे निवेदन है कि कृपया भविष्य में कोपभवन का उपयोग अस्थायी रूप से ही करें ताकि आने वाली जनता के लिए मंच साफ रहे।

उत्तरार्ध

धक्का खांय मुजाबर

गांवों की ओर एक कहावत है:

मजा मारैं गाजी मियां

धक्का खांय मुजाबर।

मतलब यह कि तकलीफ छोटा आदमी (मुजाबर) उठाता है, मौज बड़ा आदमी (गाजी मियां) करता हैं। ये कहावत सोलह आना चौकस है। अपने दफ्तर में देख लीजिये। काम कर्मचारी करते हैं, प्रतिष्ठा बास को मिलती है। कर्मचारी जब शिकायत करें, तो कहा जाता है कि भइये, तकिया सिर के नीचे लगाया जाता है, पैरों के नीचे नहीं। कर्मचारी जब सामूहिक हड़ताल पर चले जाते हैं, तो तकिये के कभी-कभी पैरों के नीचे लगे होने का भ्रम होने लगता है।

दफ्तर से बाहर निकलकर देखें, तो भी ये कहावत चौकस लगती है। आम आदमी बाजार में धक्के खाता है, जिसके कारण कुछ चुनिन्दा लोग मजे करते हैं। ये आम आदमी बड़ा विचित्र जीव है। जब हाड़तोड़ मेहनत करके थक जाता है, तब कहावतों का निर्माण कर अपने ऊपर हंसता है, फब्तियां कसता है। इसी क्रम में गाहे बगाहे दारू पी लेता है और जी भरकर गाजी मियां को गालियां देता है। नशा जब उतर जाता है, तब गाजी मियां की दाढ़ी में हाथ डालकर माफी मांग लेता है।

हम भारत के मुजाबर भारत को एक गणतन्त्र के रूप में इसीलिए बनाते हैं कि गाजी मियां को हुकूमत करने का मौका मिल सके। मुजाबरों की खास पहचान है—जाहिल, अनपढ़ और उजड्ड। इनके खून में सदियों से गुलामी समाई हुई है। यदि उन्हें भयभीत कर दिया जाये तो ये सदियों तक अच्छे कर्मचारी, नेक नीयत नागरिक बने रहेंगे। यदि इनके मन से भय निकल जाये तो ये पूर्ववत गंवार और उजड्ड बन जायेंगे। काम निकलते ही

रावण की भाँति दंभी दिखेंगे। मुजाबरों की कई श्रेणियां हैं, छोटा, बड़ा; मंझोल, बड़ा मुजाबर।

बड़ा, मुजाबर और छोटे गाजी में उन्नीस-बीस का ही फर्क होगा। गाजियों के भी कई रूप है, जो वे मुजाबरों की टोली का नेता देखकर बदल लेते हैं। फिलहाल उन्होंने मुजाबरों को कबीलों, मजहबों में तकसीम कर रखा है। इन मुजाबरों की शुद्ध निष्ठा अपने कबीले के प्रति है, जिसका नेतृत्व अलग अलग किस्म के गाजी लोग करते हैं। कबाइली जंग के दौरान यह चरम रूप देखने को मिलता है। कबीले के भीतर कितना भी जूतम-पैजार होती रहे-दूसरे से भिड़ने के वक्त सारा कबीला एक है। ये युद्ध शब्दों से, नखों से, वृक्ष की शाखाओं से, पत्थरों से, नारों से लेकर छूरेबाजी, बम चालन, गोलीबारी, और भारी तोपखाने तक से लड़े जाते हैं।

मुजाबरों पर गिरोह बंद कानून लागू नहीं होता। कानून में यह छूट गाजी मियां की मेहरबानी के कारण है, इसीलिए तो ये उन्हें वोट देते हैं। अपने गिरोह के पूरे वोट पेटी में डालने के वास्ते मुजाबर जमीन आसमान एक कर देते हैं। बूथ पर हल्ला बोलने से लेकर निर्वाचन अधिकारी की हत्या, बक्से पर कब्जा तक कर सकते हैं। इनकी एक ही शर्त है कि कबीले के बाहर गये लोग, कबीले के स्वर्गीय लोग, कबीले के नाबालिग लोग, कबीले की सब औरतें बक्से में अपना वोट जरूर गेर दें।

मुजाबरों का अपना मुल्क, अपना सूबा, अपनी जुबान, अपना कल्चर होता है, यदि इनमें से कुछ भी नहीं, तो भी अपना कौमी घमण्ड, कौमी नारा, कौमी तराना तो होता ही है, शेष को पाने के लिए वे मुठभेड़ करते रहते हैं। इन्हें किसी भी कार्य से परहेज नहीं, सिवाएं इसके कि ये अपना जमीर साफ सुथरा रखें। इनका कहना है कि जब गाजी मियां ही हफ्तों नहीं नहाते तो इन्हें अपने जमीर को गंगाजल से धोने की क्या जरूरत है। इन्हें तभी अफसोस होता है, जब इनके गाजी सड़क पर आ जाये। मुजाबर तो पैदा ही सड़क पर होते हैं, सो ये गाजी मियां के साथ सड़क जाम कर नारा लगाते हैं।

ऊपर कहा गया है कि बड़े मुजाबर, छोटे गाजी में उन्नीस-बीस का ही फर्क होता है। संसार में परिवर्तन यानी ऊर्जा का रूपान्तरण ही एक शाश्वत नियम है, जो इन पर भी लागू होता है। मुजाबर और गाजी मियां

ऊर्जा के ही रूप हैं, सो प्राकृतिक नियमों के तहत अपना कायान्तरण करते रहते हैं। आप गौर से देखें तो पायेंगे कि बड़ा मुजाबर छोटा गाजी बन चुका है और कुछ साल बाद बड़ा गाजी बना है। इसी तरह यदि बड़े गाजी पर खुदा का कहर बरपा हो जाये, तो पांच साल में वह छोटे मुजाबर की शक्ल में नजर आता है। लेकिन यह कायान्तरण तभी होता है, जब मुजाबर कत्ल करके फरार होने के लिए कमर कस ले या फिर गाजी मियां पर खुदा का मार पड़ जाये। अमूमन यह कायान्तरण कम ही होता है, दोनों अपनी खालों के भीतर बने रहते हैं।

क्या आपने कभी मुजाबर को गाजी से मुलाकात करते देखा है। यदि नहीं देखा, तो कोशिश करिये कि देख लें। मुजाबर के मुंह से गाजी के लिए जैसे फूल झड़ते हैं। ऐसा लगता है कि डिक्शनरी के खूबसूरत शब्दों को इसीलिए बनाया गया है कि वह मुजाबर के मुंह से झड़े। मुजाबर तारीफ करता है, 'हुजूर, गरीब परवर, नेकदिल, इन्साफ पसन्द, हर दिल अजीज'।—ये तो सिर्फ सम्बोधन है, कोई फरियाद नहीं। यदि फरियाद होती तो एक पेज लम्बी होती जिसे सुनने के बाद गाजीमियां को अपनी मेहरबानी करनी लाजिम थी। आखिर फरियाद से खुदा का दिल पिघल जाता है, गाज़ी मियां किस खेत की मूली हैं।

मुजाबरों में जाति, क्षेत्र, मजहब, लिंग का भेद है, जो गाजियों में नहीं होता। यह भी एक फर्क है—मुजाबर और गाजी मियां के बीच। लेकिन यह कोई ऐसा फर्क नहीं जो 100 बरस पहले हिन्दुस्तान में नहीं था। पुरानी किताबें पढ़िये, आपको मालूम हो जायेगा कि 1920-40 के बीच भारत के रेलवे स्टेशनों पर दो तरह का पानी मिलता था। 'हिन्दू पानी' चुटैयाधारी पंडिज्जी जनेऊ पहनकर बेचते थे और 'मुस्लिम पानी' दाढ़ी वाले मुल्ला साहब। दोनों किस्म के पानी किसी गाड़ी के स्टेशन पर रूकने के बखत चिल्ला-चिल्ला कर बेचे जाते थे—पी लो 'हिन्दू पानी', अरे पी लो 'मुस्लिम पानी'। भारत में आज ऐसा कुछ भी नहीं होता जिसकी जड़ें भारत के अतीत में न उगाई गई हों। यदि भारत के पिछले इतिहास में सुगन्धित द्रव्य डाले गये होते, तो आज उसके पन्नों से इतनी बदबू क्यों निकलती।

'हिन्दू-पानी' 'मुस्लिम पानी' का सम्बन्ध तो खैर मजहब से है, मुजाबर आपस में जाति का भेद भी कायदे से मानते हैं। मुजाबरों में इन्सान का

मतलब पुरुष से है, औरत साली तो पतुरिया से थोड़ा ही ऊँची है। कुछ मुजाबर पंजाबी बोलते हैं, कुछ बंगाली और कुछ दीगर भाषाएं मगर वे दोनों इतिहास में हिन्दी-उर्दू मुजाबरों से सीनियर माने जाते हैं। इस तरह मुजाबरों के तबेले में लतखोरी ही पहचान है।

यूं तो गाजियों में भी लतखोरी कम नहीं है, मगर उनकी लतखोरी खबरों में नहीं आती। जबकि मुजाबरों की लतखोरी खबरों लायक नहीं होती। इस प्रकार दोनों प्रकार की लतिहुज तबेले में बदस्तूर बिना रूकावट के खेदरहित चलती रहती है। दोनों अपनी प्रेरणा अपने इतिहास में अंकुरित बीजों से पाते हैं। दोनों व्यस्त हैं और इस प्रकार देश का कार्य सुचारू रूप से चल रहा है।

भारत को छोड़कर सारे देशों के समस्त कानूनों को जोड़ लें तो भी संख्या में अकेले भारत के कानून सारे देशों के कानूनों के जोड़ से ज्यादे होंगे। इतने कानूनों के रहते भारतवासी अगर सांस भी लेगा तो किसी न किसी नियम को तोड़ रहा होगा। चूँकि भारतवासी आत्महत्या के शौकीन नहीं होते, इसलिए सांस लेना या कानून तोड़ना लाजिम है। इसके लिए मुजाबरों को दोष देना नाजायज है कि वे सबसे बड़े कानून-तोड़क हैं। कानून तो गाजीमियां भी तोड़ते हैं, मगर वे बड़े आदमी है, इसलिए या तो बड़ा कानून तोड़ते हैं या फिर उसमें संशोधन कराकर अपने मुताबिक कर लेते हैं। मुजाबर छोटा बन्दा है, इसलिए छोटे-छोटे कानून तोड़कर अपनी जिन्दगी बसर कर लेता है।

मुंहनोचवा

वर्ष 2002 में उत्तर भारत में भारी सूखा पड़ा। सूखा पड़ने का मतलब मानसून की वर्षा अच्छी नहीं हुई। किन्तु सरकार कहती है—सूखा पड़ा, देश का मीडिया कहता है, नहीं पड़ा। मीडिया का कहना है कि औसत बारिश पिछले बरसों की औसत बारिश से कुछ ही कम थी, इसलिए सूखा नहीं पड़ा। इस विवाद का सबसे अच्छा जवाब देश के कृषि मंत्री चौधरी अजीत सिंह ने 3 दिसम्बर को चण्डीगढ़ में एग्रोटेक प्रदर्शनी 2002 के समापन समारोह में दिया। चौधरी साहब ने अपनी तकरीर में फर्माया कि जुलाई 2002 में पिछले 127 सालों में सबसे कम बारिश हुई। जुलाई महीना देश में खरीफ की बुवाई का होता है। इस महीने में पर्याप्त बारिश न होना सूखे को निमन्त्रण देना होता है।

कौन सही है, कौन गलत। सरकार सही है या मीडिया सही है। दुनियां में औसत से ही सब कुछ चलता है, मगर इस मामले में औसत ने सारा खेल बिगाड़ दिया। मैं तो कम पढ़ा लिखा आदमी हूँ, आंकड़ों का खेल नहीं जानता। मैं तो गोस्वामी तुलसीदास को जानता हूँ, जिन्होंने एक-जगह लिखा है—

का बरसा जब कृषि सुखाने
समय चूँकि पुनि का पछताने।

इस हिसाब से मैं चौधरी अजीज सिंह को अपना वोट देता हूँ। वैसे भी मैं गांव से तअल्लुक रखता हूँ और जानता हूँ कि अगर जुलाई में बरसा नहीं हुई, तो अगस्त में इन्द्र भगवान के डिस्को डांस का भी काश्तकारों को कोई फायदा नहीं।

अब जब बारिश नहीं हुई तो भारत की 70 फीसदी निराशा में डूबी ग्रामीण आबादी क्या करें। अन्न की हानि, श्रम की हानि, सामने मुँह बाये खड़ा भयावह भविष्य। गांवों में ठीक से बिजली भी नहीं आती कि खेतों

को सींचकर कुछ पैदावार कर लीं जाये। जनता की चरम हताशा ने एक कल्पना को जन्म दिया-मुहनोचवा। इस कल्पना ने अगले डेढ़-दो महीने जनता का इतना मनोरंजन किया कि सूखे से होने वाली हानि की भरपाई हो गयी। इतना सस्ता मनोरंजन मिलना संभव नहीं। मीडिया ने भी इस मनोरंजन का जम कर प्रचार किया।

पहले देखते हैं कि गांव वालों के मुताबिक यह मुंहनोचवा क्या है। कुछ ग्रामीणों के हिसाब से मुंहनोचवा एक जंगली जानवर है, जो रात में खतरनाक तरीके से गश्त करता है और जो भी आदमी सामने पड़ जाये, उसका मंह नोच लेता है, उसे घायल कर देता है। कुछ के मुताबिक मुँहनोचवा एक बड़ा-सा उड़ने वाला कीड़ा है, जिसकी आंखें अंधेरे में रोशनी की लकीर छोड़ती है। मुंह पर हमला करके उसे नोच लेता है। कुछ ने कहा कि मुंहनोचवा एक हिंसक पक्षी है, जिसकी आंखें अंधेरे में चमकती हैं, मुंह नोच कर घायल कर देता है और उड़ जाता है। जितने मुंह, उतनी बातें। मुंहनोचवा न हुआ, राक्षस हो गया। कुछ ने इसे दिल्ली के मंकी-मैन से मिलता-जुलता बताया।

भारत में हर संकट के दौर में कुछ शरारती/मसखरे लोग होते हैं, जो प्रत्येक संकट की कल्पना को साकार करने में लग जाते हैं। इस दौर में ऐसे ही लोगों ने रात में प्लास्टिक की पतंगे उड़ानी शुरू कर दी। हवा में जब पतंग सरसराती थी और कभी दिखती कभी छुप जाती थी, तो मुंहनोचवा का अस्तित्व जैसे साकार हो जाता था। कुछ लोगों ने कंदील के नीचे साईकिल का जलता टायर बांधकर उसे उड़ा दिया। यह उड़ता कंदील हवा के सहारे दूसरे गांवों तक पहुँच जाता था और लोगों को एहसास कराता था कि मुंहनोचवा अफवाह नहीं, हकीकत है। कुछ लोग रात में मुखौटे पहनकर निकलने लगे, ताकि मुंहनोचवा की अकाल-मृत्यु न हो जाये।

संकट के दौर में भारत में इन शरारती/मसखरों के अलावा कुछ सुर्ते, तेज दिमाग, दुःसाहसी, अवसरवादी हरामजादों की भी एक जमात यहाँ हमेशा से पायी जाती है, जो इन संकटों से अपना निजी लाभ ले सकें, उन्हें कैश कर सकें। इन दुःसाहसी लोगों ने मुंहनोचवा के अस्तित्व को अपनी गंभीर वाणी से तसदीक तो किया ही, उसका लाभ भी लिया। मुंहनोचवा के भ्रम में इन्होंने अपने दुश्मन को 'मुंहनोचवा' 'मुंहनोचवा'

चिल्लाकर उसकी पिटाई प्रायोजित करवा दी। भिखारियों को गांव से भगाने में भी मुंहनोचवा ने बड़ा सहयोग दिया। उस समय दिन छिपे लोग घर के बाहर इसलिए नहीं निकलते थे कि कहीं मुंहनोचवा समझकर उनकी पिटाई न हो जाये। लखनऊ में शाम को कुछ कार वाले अपने किसी रिश्तेदार का पता पूंछ रहे थे कि राहगीरों ने मुंहनोचवा समझकर उन्हें पीट दिया। दुकानदार अपनी दुकानें जल्दी बन्द करने लगे।

इन दुःसाहसी लोगों में से कम उम्र के सेक्स-कुंठाग्रस्त लोगों ने मुंहनोचवा का प्रकोप किशोरियों पर करवा दिया। सुल्तानपुर के एक गांव में मुंहनोचवा ने एक किशोरी के मुंह के बजाए स्तनों और यौनांगों पर हमला कर दिया। कहना चाहिए कि उन्हें लगभग चबा ही डाला। महिलाओं विशेषकर कमसिन एवं सुन्दर बालाओं पर मुंहनोचवा के ऐसे खतरनाक तेवर देखते हुए लोगों ने अपनी लड़कियों को दिन छिपे घर से बाहर जाने की पाबन्दी लगा दी। वैसे भी लड़कियों को घर से बाहर जाने की छूट देना कभी भी सुरक्षित नहीं रहा, मुंहनोचवा हजारों साल से किशोरियों की टोह में घूम रहा है, जो आपको हर झाड़ी, सड़क, चौराहों, समन्दर के किनारे मिल जायेगा।

आइये देखो, वैज्ञानिक इस मुंहनोचवा के बारे में क्या कहते हैं। कुछ वैज्ञानिक का कहना है कि सूखे में पानी की कमी के कारण जमीन में दरारें पड़ जाती हैं, जिनमें से अत्यधिक गर्मी के कारण आग के गोले दरारों में से निकलते हैं, जो जनता के खतरनाक भ्रम की सृष्टि करते हैं। कुछ अन्य वैज्ञानिकों का विचार है कि मुंहनोचवा एक बड़ा कीट है जो सूखे के मौसम में ही जन्मता है। यह जब उड़ता है, तो काफी तेज कम्पन होता है। जब यह किसी से टकराता है, तो भारी होने के कारण आवाज करता है। यदि यह किसी मानव के मुख से टकराये, तो निश्चित रूप से इसके पैरों से मुख घायल हो जायेगा। कुछ विद्वानों का मत था कि जल की कमी से कुछ हिंसक पशु मानव बस्तियों में घुस आये हैं, जो यदा कदा किसी मानव से जाने-अनजाने में भिड़ जाते हैं।

आइये देखें कि मीडिया का इस मुंहनोचवा के बारे में क्या कहना है। मीडिया पूरे समय तक मुंहनोचवा से ऐसे प्रेम प्रदर्शित करती रही, गोया मुंहनोचवा उसका बुढ़ापे में पैदा हुआ इकलौता पुत्र हो। मीडिया ने मुंहनोचवा पर बहुत मेहनत की। मुंहनोचवा को कवर करने के लिए अखबारों के दफ्तरों में विशेष सेल की स्थापना की गयी, ताकि इससे

सम्बन्धित कोई खबर छपने से छूट न जायें। इस मुंहनोचवा के शोध करने की फिराक में कई पत्रकारों को गांव वालों ने मुंहनोचवा समझकर पीट दिया। मीडिया ने सभी पक्षों का विवरण छापा। गांव वालों की दहशत एवं दुर्घटनाओं का विवरण, पुलिसवालों की मुस्तैदी का विवरण, वैज्ञानिकों के विचारों का विवरण-इन सब को छापने के बावजूद मुंहनोचवा परमब्रह्म की भाँति अप्राप्य ही रहा।

इस दौरान मुंहनोचवा से पब्लिक की हिफाजत हेतु पुलिस-प्रशासन पूरे तौर पर मुस्तैद रहा। जिस गांव में मुंहनोचवा ने हमला किया, वहाँ की गश्त बढ़ा दी गयी। जहाँ मुंहनोचवा देखा गया था, वहां पुलिस ने सर्च अभियान चलाया। मुंहनोचवा की तलाश अंधेरे में लाठी मारने के बराबर थी, मगर इसके कुछ ठोस परिणाम भी सामने आये। पुलिस ने रात्रि में उड़ने वाली प्लास्टिक की पतंगों की बरामदगी की। साईकिल के जलते टायर में बांधकर उड़ाये जाने वाले कंदीलों को बरामद किया। आकार में मानवीय हथेली के बराबर उड़ने वाले कीड़ों का पता लगाया तथा उन्हें वैज्ञानिकों के सुपुर्द किया। इसके बावजूद मुंहनोचवा का उस समय इतना आतंक था कि कई स्थानों पर इसे लेकर धरना-प्रदर्शन हुए, जनता की पुलिस से झड़पें हुई। डिप्टी कमिश्नरों और पुलिस कप्तानों को ख्वाब में उस समय मुंहनोचवा दिखाई देता था।

आइए शोध करें, कि आखिर ये मुंहनोचवा वास्तव में क्या था, जिसने तकरीबन दो महीने तक ग्रामीण जनता की नींद हराम कर रखी। मैंने देखा कि उस दौर में रात में घर के आधे लोग सोते थे, आधे जागते थे कि कहीं मुंहनोचवा हमला न कर दे। पेड़ पर लोगों ने खाली कनस्तर बांध दिये थे, जिन्हें एक लम्बी डोरी से बांधकर नीचे एक आदमी पकड़कर बैठता था, ताकि सारी रात डोर को हिलाकर कनस्तर खड़काता रहे। सारे गांव में तसला, कनस्तर, थाली पीटी जाती थी, ताकि लोग जगते रहें और मुंहनोचवा दूर रहे। मुंहनोचवा की यह अदा बड़ी प्रसिद्ध थी कि वह शोरगुल से दूर भागता है। घर की लड़कियों को शाम के बाद घर से निकलने की इजाजत नहीं थी, ताकि मुंहनोचवा के मुंह को स्वाद खराब हो जाये। क्योंकि इसी दौर में कुछ मुंहनोचवों के मुंह का स्वाद बदल गया और वे स्तननोचवा बन गये थे। कुल मिलाकर दो महीने ऐसा आपाधापी का आलम था कि गोया रात्रि में देहातों में कर्फ्यू लग गया हो।

आपने देखा होगा कि हर कीट उड़ते समय अपने पंखों से कुछ कम्पन करता है। घरेलू मक्खी के पंख का कम्पन आपको सुनाई नहीं देता मगर यदि एक साथ पांच हजार घरेलू मक्खियां किसी मृत जानवर के शव पर बैठी हों, तो आपको उनके पंखों का समवेत कम्पन "भन्न-भन्न" की आवाज में सुनाई पड़ेगा। भौंरें को देखिए। उसका कड़ा जिस्म और उसके पंखों से निकलती कम्पन की आवाज। किसी कड़े जिस्मवाले कीट के शरीर का आकार यदि आपकी हथेली के बराबर हो जाये तो क्या होगा। इस असाधारण आकार के कीटों को मैंने स्वयं इलाहाबाद जंक्शन के ऊपर लगी हाईमास्ट लाइटों से खेल करते देखा है। कड़े जिस्म वाला ऐसे बड़े आकार का कीट यदि आपके चेहरे से टकरा जाये, तो निश्चित रूप से आप घायल हो जायेंगे, ऐसा मेरा विश्वास है। तब क्या मुंहनोचवा ऐसा ही कोई बड़े आकार का कीट था?

मुझे लगता है कि मुंहनोचवा की अफवाहों में भयप्रद कल्पना अधिक, तथ्य कम थे। तथ्य कम होने के बावजूद मुंहनोचवा की अफवाह, उससे जुड़ी दुर्घटनाओं में सत्य का कुछ अंश जरूर था। तिल को ताड़ बनाकर उसकी छाया के नीचे बैठकर विश्राम करने की प्रवृत्ति हम उत्तर भारतीयों में बहुत ज्यादा है। ऐसे ही इस मुंहनोचवा के तिल का ताड़ बनाया गया, जिसमें समाज के सभी वर्गों ने भरपूर योगदान देकर उसे जीवंत बना दिया। आखिर जब सितम्बर 1996 में शिव परिवार की मूर्तियां, कलैण्डर में छपे चित्र दूध पी सकते हैं तो मुंहनोचवा भारत-पाक युद्ध की शक्ल क्यों नहीं अख्तियार कर सकता। हमारे समाज के मसखरे और दुःसाहसी लोगों ने सूखे से उपजी हताशा से ग्रस्त जनता के दुःस्वप्न में चार चांद जरूर लगा दिये। कोई एक सौ मुकदमें पुलिस थानों में मुंहनोचवा को लेकर दर्ज हुए होंगे।

मुंहनोचवा को लेकर सबसे सधी और स्पष्ट टिप्पणी हमारे पड़ोसी कुमकुम एवं रवि शर्मा की चार वर्षीय पुत्री सोना ने की। डर के बावजूद सोना ने कहा अंकल, मेरी नानी ने कहा है कि मुंहनोचवा कुछ नहीं होता, मुंहनोचवा को किसी ने नहीं देखा लेकिन सारे लोग उससे डरते हैं। मैं तो नहीं डरती।" न डरने का दावा करने वाली सोना को जब उसके घर भेजा गया तो सुरक्षा के दृष्टिकोण से मैं स्वयं उसके घर तक गया, इसलिए नहीं कि सोना को, "मुंहनोचवा से खतरा था बल्कि इसलिए हमारे घर के पड़ोस के गांव में तसले, थाली, नीम के पेड़ से बांधकर कनस्तर बजाये

जा रहे थे जिनकी भयावह आवाज से बच्ची डर न जाये।

जरा गंभीरता से सोचें तो एक क्षण में आंखों के सामने एक चित्र आता है कि कैसे एक मुंहनोचवा आम आदमी के गाल, नाक, कान, सिर, गर्दन चबा रहा है। हिन्दुस्तान में जितने भी गाजी मियां हैं, मुझे तो सब मुजाबरों का मुंह नोचते दिखते हैं। अब किसी आदमी की नाक काट ली, होंठ नोच लिए, आंखें निकाल ली, कान चबा डाले, तब उसका जीवन किस काम का। सूखा समाप्त हुए कई महीने बीत गये, मुंहनोचवा का आतंक समाप्त हो गया, परन्तु क्या वाकई मुंहनोचवा का अस्तित्व समाप्त हो गया। मुझे नहीं लगता। आप गौर से सोचेंगे, तो आपको भी नहीं लगेगा और कोई मुंहनोचवा पब्लिक का चेहरा नोचने को अपने नाखून पैने करता आपको हर गली, मुहल्ले, होटलों, राजधानियों में मिल जायेगा। आप बेशक उसमें भयभीत न हों, आम पब्लिक आज भी उससे भयभीत है, तभी तो उसने व्यंग्य में उसे इतना सुन्दर एवं सार्थक नाम दिया— मुंहनोचवा। "मुंहनोचवा"—व्यक्ति नहीं प्रवृत्ति है। इन्सान मर जाता है, प्रवृत्ति कभी नहीं मरती।

●

दो कौओं की कहानी

हम लोग हिन्दी में जिसे "कौआ" कहते है, उर्दू/पंजाबी जुबान में उसे "कव्वा" कहा एवं लिखा जाता है। इस लेख में दौ कौओं की कहानी कही गयी है। जिसे मौके के मुताबिक हम दो "कव्वों" की कहानी कहेंगे। इस कहानी में कुछ भ्री मजेदार न होता अगर ये दोनों "कव्वे" सरकारी मुलाजिम न होते। चूँकि उत्तर भारत में सरकारी मुलाजिम या नेता ही एवरेस्ट से एक इंच ऊँचा हो सकता है, इसलिए इनकी कहानी मजेदार हो जाती है। हम उत्तर भारतीय दुर्घटनाओं के इतने आदी हो चले हैं कि सामान्य परिस्थितियों में मजा नहीं आता है अब, बल्कि विपरीत और फंसी हुई परिस्थितियों में ही थोड़ा-बहुत मजा आता है।

चूँकि दोनों कव्वे सरकारी नौकर थे, सो उनका एक दफ्तर भी था। दफ्तर नाम को ही जाते थे। दोनों की शासन में अच्छी पकड़ थी, सो बॉस की हिम्मत नहीं थी कि उन्हें दफ्तर समय पर आने के सम्बन्ध में टोक दें। घर पर फोन हो, हाथ में मोबाइल हो, तब दफ्तर जाने का क्या अर्थ। जितने लोग दफ्तर उनसे मिलने अपने काम के बावत आते थे, उन्हें वे मोबाइल पर दफ्तर में ही शाम पाँच बजे मिलने को तय कर लेते थे। शाम को दफ्तर पहुँचकर वे लोगों से वांछित सुविधा शुल्क लेकर उनके काम निपटाते थे। कोई भी फाइलें इन कव्वों ने सुविधा-शुल्क के बगैर नहीं की। दफ्तर आने के बारे में पूछो तो व्यस्त अधिकारी की भाँति संजीदगी से कहेंगे कि दफ्तर में बैठो तो नेता लोगों की भरमार रहती है, फिर लोगों के काम के सिलसिले में भी बगल के दफ्तरों में चक्कर लगाने पड़ते हैं।

शुरू में इन कव्वों को बड़ी दिक्कत आयी कि मोबाइल फोन को अपने जिस्म में कैसे फिट करें। गर्दन में लटका लें, तो उड़ने में दिक्कत आती थी, साथी भी ताना मारते थे कि वे कव्वे होकर मोबाइल फोन रखते थे। एक डाक्टर ने इनकी समस्या का इलाज कर दिया। उसने मोबाइल

इस तरह इनके पंखों में छुपा दिया कि आप ढूँढ़ते रह जाओगे कि ये मोबाइल धारी कव्वे हैं या गैर मोबाइलधारी। चुनांचे मोबाइल के बिना एक तो काम नहीं चलता, दूसरे स्टेटस सिम्बल होने के नाते मोबाइल रखना अनिवार्य था, उन्होंने मोबाइल अपने पंखों में फिट करा लिया।

बहरसूरत, एक दिन कव्वा राजा के सामने इन दोनों की कामचोरी के इल्जाम में पेशी हुई। कव्वे-राजा ने जाहिरा तौर पर इन दोनों को खूब फटकारा, नौकरी से निकाल देने की धमकी दी, मगर कागज पर एक शब्द की वार्निंग भी इशू नहीं की। कुछ दिन दोनों कव्वे दफ्तर टाइम से आये, मगर एक हफ्ते बाद फिर उसी पुराने ढर्रे पर लौट गये। कव्वे-राजा के सामने तो इन्होंने कान पकड़कर माफी मांगी, किन्तु कमरे से बाहर निकलते ही ये जस के तस मटरगश्त बने रहे। बाहर निकलकर इन्होंने कव्वे राजा को जी भरकर कोसा कि हमें डाँटते हैं, मगर जब हम ताजा मरे बैल का मांस अपनी चोंचों में भरकर खून-आलूदा इनके सामने पेश करते हैं, तब ये कव्वे राजा कैसे चपर-चपर डिनर करके, डकार लेकर हमें शबासी देते हैं। इनके लंच और डिनर के लिए तकरीबन रोज हमें दस से बीस मील उड़ना पड़ता है। शाम तक उड़ते-उड़ते थककर चूर हो जाते हैं और ये कव्वे-राजा मुटियाते ऐश करते हैं। अगर ये ज्यादें चूतियायेंगे तो हम उनका लंच/डिनर बंद करा देंगे।

खैर, दोनों कव्वे जानते थे कि गाल कितने भी बजा लों, कब्वें राजा का ये दोनों न तो बाल ढेढ़ा कर सकते हैं, न ही उसका डिनर/लंच बंद कर सकते थे, क्योंकि ऐसा करते ही कव्वा राजा इन्हें मुअत्तल कर देता तथा एक-एक मुकदमा एण्टी करप्शन का दोनों पर दर्ज कराकर जेल भिजवा देता। कव्वे राजा को गाली तो सैकड़ों कव्वे रोज देते हैं क्योंकि प्रजातंत्र में गाली और कुकरहाव की ही तो आजादी है! लेकिन उसके (कव्वे राजा के) हितों पर चोट पड़ंते ही वह सहस्र फण नाग की भाँति फुँकार मारकर उड़ खड़ा होता और आपके जिस्म पर दंशों की गिनती करना मुमकिन नहीं होता।

दोनों कव्वे राजधानी में ही तैनात थे। उनका शगल था कि दफ्तर में हाजिरी भरकर फुदक कर खिड़की की मुंडेर पर बैठ जाते और एक साथ फुर्र से राजधानी के आसमान की गश्त करते। एक दिन ये लोग उड़ते-उड़ते स्वर्ग की विधान सभा के ऊपर पहुँच गये कि इन्हें नीचे से भारी

शोर-शराबा सुनायी दिया। विधान सभा पक्षियों में मात्र कबूतरों के लिए आरक्षित स्थल था, मगर ये दोनों अपनी हेकड़ी और नंगई के दम पर कबूतरों के सिर को ठुनियाते हुए विधान सभा की दर्शक दीर्घा में पहुँच ही गये। यद्यपि कबूतरों को नाराज करना इन्हें महंगा पड़ सकता था, मगर इन्होंने हिम्मत से काम लिया। विधानसभा के कबूतर दरअसल पिशाच आत्माएं हैं। पृथ्वी पर जो आदमी ताजिन्दगी नेतागिरी करता है, अपने चूतड़ों पर पुलिस के डंडे झेलता है, दर्शक दीर्घा से विधान सभा को देखता हुआ सोचता है कि कभी वह भी विधायक बनकर भीतर बैठेगा तथा कागज के गोले बनाकर अध्यक्ष की गंजी चांद पर सटाक से मारेगा, वह यदि अपने जीवन में विधायक न बनकर नरक के भैंसाकुंड पहुँच जाता है, तो शवदाह के तत्काल बाद यमराज उसकी मृत प्रेतात्मा को कबूतर की शक्ल देकर विधान सभा के गलियारों में उसके लिए एक घोंसला आवंटित कर देते हैं। ऐसा दरअसल इसलिए किया जाता है कि जो शख्स अपनी जिन्दगी में विधान सभा में नहीं बैठ पाया और बैठने की ख्वाहिश लिए मर गया, उसे मरने के बाद कम से कम विधान सभा में एक स्थान-छोटा ही सही-दे दिया जाये। दोनों कव्वे यमराज के इस नियम को जानते थे, मगर नौजवान थे, घुस ही तो पड़े विधान सभा में।

दर्शक दीर्घा से इन कव्वों ने जिस नजारे का मुआइना किया, उसे देखकर इनकी तबीयत खुश हो गयी। भीतर लात, घूंसे, मुक्के, डण्डे चल रहे थे। कुछ लोग स्पीकर का माइक, कुर्सी का हत्था, जूता-चप्पल जो कुछ हाथ में था, उसे उठाकर विरोधी पक्ष के ऊपर बलपूर्वक प्रहार कर रहे थे। कुछ प्रतिनिधि चीख रहे थे, कुछ लहुलुहान होकर वेल में आ गिरे थे, कुछ अपनी जान बचाने मेजों के नीचे घुसे थे, कुछ अफरातफरी में अपना हाई ब्लडप्रेशर व हृदयाघात की संभावना के मद्देनजर बेहोश हो चुके थे। "यह तो अक्सर हमारे समाज में होता है" कव्वों ने सोचा। खून देखकर कव्वों के मुंह में पानी आ गया, मगर वे दो कारणों से नीचे बेल तक नहीं पहुँचे।

एक तो नीचे अफरातफरी का माहौल था। सभा-रक्षक तथा सादी वर्दी में पुलिस जनों की काफी आमद नीचे हो चुकी थी, जिस कारण खून का स्वाद लेने हेतु नीचे जाना मुनासिब एवं सुरक्षित नहीं था, दूसरे कबूतरों ने इनके नीचे जाने का सख्त विरोध यह कहते हुए किया कि नीचे जाकर खून का मजा लेना विधान सभा की व्यवस्था में हस्तक्षेप होगा। चूँकि

विधान सभा एक प्रभुत्व सम्पन्न संस्था है, अतः उसकी सम्प्रभुता में दखल देना मेहमानों, वह भी जबरदस्ती के मेहमानों को न केवल शोभा नहीं देता वरन् कानून के खिलाफ भी होगा। लाचार दोनों कव्वे ऊपर से ही नजारा करते रहे, नीचे नहीं आ सके। जब सैकड़ों घायल विधायक स्ट्रेचर पर लदकर अस्पताल चले गये, और विधान भवन खाली हो गया, तब भी कबूतरों ने इन्हें नीचे यह कहकर नीचे नहीं उतरने दिया कि विधान सभा अहिंसा एवं शाकाहार का स्थान है, रक्त का स्वाद लेने की कुचेष्टा करके उसे दूषित करना नैतिकता के विरुद्ध होगा। कबूतरों के इस व्यवहार से दोनों कव्वे इतने क्षुब्ध हो गये कि ये कबूतरों को गाली देकर यह कहते हुए विधान सभा से उड़कर अपने दफ्तर आ गये कि वे अब कभी यहाँ नहीं आयेंगे। लेकिन यह भी सही था कि मुफ्त में मारकुटाई का वह अद्‌भुत दृश्य देखकर उन्हें बहुत मजा आया था।

एक बार की बात है कि दो तीन दिन से दोनों कव्वों को कोई मुर्गी नहीं फंसी। मुर्गी से मतलब हकीकत की मुर्गी से नहीं बल्कि ग्राहक से है। हकीकत की मुर्गी तो उनसे जिस्म में मजबूत होती है, इन्हें उठाकर पटक देती। खैर, जब कोई मुर्गी नहीं फंसी तो उनके पेट में कहावत वाले चूहे कूदने लगे। जाहिर है कि आदतें खराब हो चुकी थीं। घर से बिना नाश्ता कर यह सोचकर निकलते थे, कि दफ्तर चलकर जो मुर्गी फसेगी, नाश्ता करायेगी। दो तीन दिन तक जब मुर्गी हलाल न हुई तो दोनों दफ्तर से उड़ लिए। ऐसे मौकों पर ये दोनों स्वर्ग के राष्ट्रीयराज मार्ग (नेशनल हाइवे) पर उड़ते थे। नेशनल हाइवे पर ट्रक वालों की कृपा से रात में दस-बीस कुत्ते, दो-चार बिल्लियां, सियार टायर से कुचलकर मर जाते हैं। ऐसे ही मरे जानवरों की लाश के ऊपर ये दोनों प्रायः भोग लगाते थे। उस दिन भी किसी कुत्ते की लाश के टोह में दोनों राजमार्ग पर उड़ रहे थे। कई किलोमीटर उड़ने के बाद इन्हें एक लाश दिखाई दी कि ये झटपट नीचे उतर कर उसके करीब पहुंच गये। अब खुदा जाने, उस लाश पर पहले से ही बैठे कव्वे कितने जाहिल और कमीने थे, कि इनके लाश पर बैठते ही इन पर टूट पड़े। इन्हें अपनी चोंच से घायल कर दिया। इन्होंने लाख दुहाई दी सरकार के इकबाल की कि तुम्हें जेल में डलवा देंगे। हथकड़ियां लगवा देंगे, अगर तुम सरकारी आदमी के साथ ऐसा सलूक करोगे मगर उन्होंने एक सुनकर नहीं दी। पैदाइशी हरामी थे साले।

बहरहाल कूट-कूटकर कीमा बना दिया गया अपना सूजा बदन लेकर ये भूखे प्यासे घर की ओर उड़ चले। उड़ने की सामर्थ्य तो इनमें शेष नहीं रह गयी थी, मगर यदि हिम्मत से न उड़ते तो वे मगरूर जाहिल कव्वे इन्हें मार ही डालते। शाम को कांख कूंखकर किसी तरह दफ्तर आये, तभी इनका मोबाइल बजा, "कव्वे-राजा ने याद किया है।" वहाँ भी जाकर इनकी डांट पड़ी। हे भगवान, कितना खराब दिन था वह। कव्वे-राजा ने इनके सूजे हुए जिस्म को देखकर इन्हें उस दिन बख्श दिया और ताकीद की कि आइन्दे अगर इनके काम में ढिलाई दिखाई दी तो चमड़ी उधेड़ दी जायेगी।

अपनी हजारों टोही उड़ानों के दौरान इन्होंने राजभवन, आकाशवाणी, दूरदर्शन, स्वर्गिक इन्दर सभा के पाँच सितारा होटलों की सैर की और यह देखकर दोनों अवाक् रह गये कि आदमी एवं कव्वा, इन दो जीवों की दुनियाओं में उन्नीस-बीस का ही फर्क है। अपने भ्रमण के दौरान दोनों यह तय नहीं कर सके कि इन्सान और गुरिल्ले के क्या वाकई कोई फर्क है। यह बात इन्होंने अपने दफ्तर की एक कड़क जवान खूबसूरत कव्वी से कहीं, तो वह प्यारी सी मुस्कुराहट अपने चेहरे पर लाकर बोली, "आखिर कव्वे हो ना। इन्सान और गुरिल्ले के बीच का फर्क समझाने के लिए तुम्हें अभी कुछ और जन्म लेने होंगे। अरे गुरिल्ले के दांतों, बीसों नखों को दूर से ही देखकर खतरे का एहसास होता है, जिस कारण लोग उससे दूर भागते हैं। जबकि इन्सान के दांत, बीस नख उसकी मुस्कुराहट के पीछे छुपे रहते थे, इस कारण लोग उसके पास अपनी मर्जी से जाकर उसका भोजन बन जाते हैं।" "यह पट्ठी भी कितनी होशियार है, जो कव्वी होकर भी इंसान की तरह सोच सकती है।" कव्वों ने सोचा।

इसी कव्वी को लेकर एक बार उन दोनों में झगड़ा हो गया था। नौबत खून-खराबे की आ गयी थी। दोनों कव्वी पर अपना हक जता रहे थे। कव्वी शादीशुदा थी, मगर दुबली-पतली और बेहद युवा होकर भी अपनी मांग में सिन्दूर न लगाकर कंवारी होने का भ्रम पैदा करती थी। आखिर कव्वी ने समझौता कराया दोनों के बीच। उसने समझाया कि दुनियां में हर चीज की कीमत होती है। यदि वाजिब दाम खर्च नहीं करोगे तो इसी तरह सिर फुटौवल करोगे और खूबसूरत चीज मेल ट्रेन की तरह सरसराती तुम्हारे प्लेटफार्म पर बिना रुके गुजर जायेगी। चुनांचे दोनों को अपनी भूल का एहसास हुआ। दोनों समझ गये कि अच्छी तरह पैकिंग और पॉलिश

किया हुआ कव्वी का कड़क जवान जिस्म पर जो हजार वाट की बिजली दप-दप करती है, उसका दैनिक खर्च ही पांच सौ रूपये के ऊपर है। अगले पांच वर्ष तक दोनों कव्वी पर मेहरवान रहे। कव्वी एक नये घर की मालकिन हो गयी, ओपल एस्ट्रा गाड़ी पर चलने लगी, लाखों रूपये का बैंक बैलेन्स इसी आशनाई के दम पर उसने कर लिया, मगर कव्वों की यह ख्वाहिश पूरी नहीं हो सकी कि पाँच साल उसे बजाने के बाद वह मोटी, थुलथुल, खूसट सी दिखने लगेगी। कव्वी आज भी उसी तरह जवान, सुनहरे परों वाली, बुलबुल सी दिखती है, जैसे वह पाँच वर्ष पहले दिखती थी।

सुअर का बाल

जूते दो तरह के होते हैं—साफ-सुथरे और गंदे। हिन्दुस्तान में इन दोनों तरह के जूतों में कोई फर्क नहीं है, मगर न्यूजीलैण्ड जाते ही यह फर्क सामने आ जाता है, जब हरभजन सिंह को 200 डालर जुर्माना चुकाने के बाद भी एअरपोर्ट पर ही अपने जूते धोने पड़ते हैं। ठीक जूतों की तरह सूअर भी दो तरह के होते हैं—देसी और विदेशी। देसी सूअर गंदे दिखते ही नहीं, गंदा खाते भी हैं, जिन्हें भोजन करते समय देख लेना किसी सजा से कम न होगा। जबकि विदेशी सूअर मक्का खाते हैं, नियंत्रित तापमान में रहते हैं, बिसलेरी पानी पीते होंगे। ऐसा लगता है कि जंगली सूअर, चाहे वे देसी हों या विदेशी, कमोवेश एक ही प्रकार के रहन-सहन के आदी होंगे।

अब जब पालतू सूअरों के खानपान में इतना फर्क है, तब उनके बालों में भी गुणात्मक फर्क जरूर होगा। विदेशी पालतू सूअर के बालों से शायद रंग के ब्रश बनाये जाते होंगे, जिन्हें हाथ में लेकर लियोनार्डो द विंशी विश्वप्रसिद्ध चित्रकार हो गये। मगर भारत में सूअर के बाल के ब्रश बनते हैं या नहीं, मैं नहीं जानता। घोड़े की पूँछ के बाल के ब्रश बनते तो मैंने सुना है, भेड़ के बाल से सर्दियों के कपड़ों के लिए ऊन बनते भी सुना है, लेकिन सूअर के बाल का क्या उपयोग यहाँ होता है, मैं नहीं जानता।

सिर्फ एक ही उपयोग सूअर के बाल का मैंने सुना है, भारत में, यह उपयोग भी बाल का नहीं, बाल के अक्स का है। वह उपयोग यह है कि बाज लोग की आंखों में सूअर के बाल का अक्स दिखाई देता है। तब ये

लोग अन्य सामान्य लोगों से भिन्न हो जाते हैं। जिन लोगों की आंख में सूअर का बाल उग आता है, वे असाधारण हो जाते हैं एवं देवताओं की कोटि में आ जाते हैं। मैं तो यहाँ तक कहूँगा कि यदि आप महान बनना चाहते हैं तो सूअर की पीठ से एक बाल उखेड़कर अपनी आंखों में रख लीजिए, आप इतिहास के नागरिक हो जायेंगे। चूंकि महान ल ों से आम जन ईर्ष्या करने के कारण उसे हिकारत की नजर से देखते ह, इस कारण आप सुअर के बाल से दहशत मत खाईये। क्या फर्क पड़ता है, अगर क्षुद्र लोग आपको हिकारत की नजर से देखें।

आइए हम इस का लेखा-जोखा करें कि सूअर के बाल का अक्स किसी शख्श की आंखों में पड़ते ही वह कैसे, कितना, किस तरह बदल जाता है। आप माने या न माने, लेकिन यह हकीकत है कि सुअर के बाल का कारनामा देखने के बाद आप निश्चित रूप से सुन्दर नैचुरल चीजों पर भरोसा करने लगेंगे। भूत-पिशाच चाहे हों, न हों, लेकिन सूअर के बाल का इतना असर है कि आपकी आंखों में इसका अक्स पड़ते ही आप के व्यवहार में इतना परिवर्तन आ जाता है कि मानों आप अपनी आत्मा के नहीं, किसी पिशाच के निर्देशों पर अमल कर रहे हैं। मैं तो महज सूअर के बाल के मामले में ही अंधविश्वासी हूँ, अन्यथा मैं भूत, प्रेत नहीं मानता।

किसी देसी सूअर को गौर से देखें, खासकर मादा सुअर को। यह केवल आपको भोजन करती दिखाई देगी। अपने थूथन को नदी, नाले, पहाड़, पठार, जंगल की जड़ों में डालकर यह अपने भोजन के लिए सब कुछ उलट-पुलट देती है। सूअर के बाल का अक्स आंखों पर पड़ते ही कोई इंसान इसी तरह व्यवहार करता है। अपने भोजन के लिए वह किसी भी व्यवस्था को उलट-पलट देगा एवं उसे मादरजात नंगा कर देगा। सब कुछ उखाड़-पछाड़ यह बिना किसी भाव को मुख पर लाये करेगा। ऐसा वह कैसी भी शर्म, तौहीन, आत्मग्लानि, नैतिक बोध के बिना करता है। ऐसा करते समय उसके चेहरे पर दिखती निस्पृहता, भावहीनता उसे किसी उच्च कोटि के कैवल्य, तथता प्राप्त संयमित ऋषि के तुल्य बनाती है, जो अन्ततः उस व्यक्ति की महानता का प्रथम सोपान होता है।

भोजन के बाद मादा सूअर तृप्ति से डकराती है और निःसंकोच किसी की झोपड़ी, किसी की दीवार, किसी वृक्ष या पृथ्वी से अपना जिस्म मदमस्त होकर रगड़ती है। सूअर के बाल का अक्स पड़ते ही महान हो

चुका आदमी अपना शरीर किसी की छाया में रखकर आनंदित होता है, कहीं घर्षित करता है, कहीं डकराता है। यह सब महानता के विभिन्न प्रदर्शन के रूप हैं। ऐसे समय आम आदमी से उम्मीद की जाती है कि वह ऐसे शख्स को सलाम करें, उसका कुशलक्षेम पूछें और उसके लिए दुआ करें।

पेट की भूख मिटा लेने के बाद मादा सूअर के जिस्म को भूख लगती है। वैसे बात भी सही है कि खाली पेट इश्क नहीं होता, भरपेट आदमी ही मुहब्बत कर सकता है। ऐसी स्थिति में सूअर अपने थूथन के सामने की सृष्टि में किसी नर सूअर की तलाश करती है। वह केवल नर चाहती है, किसी बालक या परिपक्व बलिष्ट सूअर में ऐसे कार्यों के लिए कोई अन्तर नहीं करती। कम उम्र के नर से प्रणय याचना में उसे कोई शर्म नहीं। वह उसको सुविधा देती हुई प्रेरित करेगी कि वह उसको भरसक वह जकड़ लें। यदि कमसिन नर ऐसा करने में असमर्थ हुआ, तो वह उसे उठाकर जमीन पर पटक देगी और फिर किसी अन्य बलिष्ट की खोज में जुट जायेगी। इस समय केवल उसका लक्ष्य केवल 6-7 नरों की एक टोली की खोज है। सूअर का अक्स आंखों में पड़ते ही महान आदमी महानतम बनने की ओर अग्रसर हो जाता है। वह अपनी संतति की समृद्धि के लिए ऐसे बेवकूफ लोगों की टोली खोजती है जो उसके उदर का आकार बढ़ा सकें, उसके बैंक एकाउन्ट में ज्यादे से ज्यादे पूँजी जमा कर सके। इस समय उसे कोई बन्धन नहीं, वह पूर्णतः जाति, धर्म, क्षेत्र से स्वतंत्र एक सम्प्रभु पंथ निरपेक्ष महान व्यक्ति है, जो अपने परिवार की समृद्धि के लिए कुछ भी कर सकता है। ऐसा करना उसकी प्राकृतिक बाध्यता है, इसमें शर्म, हया, ग्लानि का कोई दखल नहीं।

प्रसव के बाद अपने दस-बारह बच्चों को देखने की फुर्सत सूअर को नहीं होती। सूअर के बच्चे छोटा आकार होने के बावजूद पैदा होते ही भोजन की तलाश में लग जाते हैं, जबकि मादा सूअर अपने भारी जबड़ों को लेकर नदी, नाले, पहाड़, पठार, जंगल की जड़ों को खोदकर उनमें मट्ठा डालने निकल पड़ती है। पर्याप्त खाने-पीने के बाद वह डकराती हुई जमीन पर, किसी के दीवार की छाया में सुस्ताती है, बेशक उसके बच्चे उसके ऊपर कूदते रहें, उसे परवाह नहीं। उसे तो इतनी परवाह है कि उसके संसार में उसकी सारी जरूरतों की तत्काल आपूर्ति हो जाये। ठीक ऐसा ही कोई महान देसी आदमी करता है, जब उसकी आंखों के बालों में

एक अतिरिक्त बाल सुअर का उग आता है।

सूअर के गोश्त के लिए उसके स्वामी को किसी मोटे ताजे सूअर की जरूरत होती है, तब वह घुरघुराती हुई दूर भाग जाती है, मानो कह रही हो कि यदि गोश्त ही चाहिए तो किसी नर को पकड़ो। मैं तो भविष्य में तुझे और बच्चे दूंगी। यदि बड़ा नर नहीं मिल रहा है, तो मेरे चार-छह छोटे बच्चों को मार लो, तेरा काम हो जायेगा। लेकिन मुझे हाथ न लगाना, क्योंकि मादा की हत्या करना हिन्दुस्तान में नैतिक एवं सामाजिक रूप से गलत एवं शर्मनाक है। ऐन यही आचरण वह महान पुरुष करता है, जिसकी आंखों में सूअर का बाल जम जाता है। वह मुसीबत के सामने दुहाई देता है, हा-हा खाता है। चीखता है, चिल्लाता है और यदि तब भी उसकी गर्दन नहीं छूटती है, तो नंगा होकर यह दिखाता है कि देखो, मैं मादा हूँ, मुझे मारना भारत में नैतिक रूप से गलत है। मेरी चाल-ढाल जरूर पुरुषों की सी है, किन्तु वस्तुतः मैं मादा हूँ। मादा पर हाथ नहीं उठाते। तुम चाहो तो मेरे कुछ बच्चे ले लो, मुझे छोड़ो।

ऐसे ही भारत की महानता में दोहरापन थोड़े ही छिपा है। इस दोहरेपन ने हजार सालों में इतनी गहरी जड़ें जमा ली हैं कि अब वह संस्कार का भाग हो गया है और काल के जटिल सघन क्षणों में यह वीरता, यह ऐश्वर्य, यह दंभ एक क्षण में खंडित हो जाता है। महानता का आवरण हट जाता है और हमारे सामने एक निरीह मिमियाती भेंड़ सा, संस्कारहीन, ओछा आदमी खड़ा दिखाई देता है, जो कभी पूज्य था, महान था, ऋषि तुल्य था। उसका यह कायान्तरण उस सूअर के बाल ने कर दिया था, जिसका अक्स उसकी आंखों में पड़ रहा था। अब उसकी आंखों से सूअर का बाल नदारत था और वह एक सामान्य मनुष्य बन चुका था।

मैं नहीं जानता कि विदेशी सूअर के बालों का अक्स आंखों में पड़ने पर वहां के मानव की क्या स्थिति होती है। लेकिन यहाँ सूअर के बाल का असर किसी पिशाच से कमतर नहीं है। अच्छा भला आदमी महानता के मद में अपने बाल नोचने लगता है। अपना भूत-वर्तमान-भविष्य सब कुछ भूल जाता है। यह सूअर का बाल इतना तेजस्वी है कि बड़े-बड़े विद्वान जब इससे मुक्ति पाते हैं, तब महसूस करते हैं कि अरे, मैं कितना पाखंडी

जीवन जीता रहा हूँ। अब तक जो बड़े-बड़े कान मैं हिलाता रहा था, वे मेरे नहीं किसी विशालकाय सूअर के थे, खूटे जैसे मोटे-मोटे बाल जो शान से आम जन की उपेक्षा करते मेरी पीठ लहरा रहे थे, वे मेरे नहीं, पिशाच के थे।

लेकिन अक्सर ऐसा होता नहीं है कि किसी महान सूअर का कायान्तरण सामान्य मानव में हो जाये। वह अपने सूअरता के साथ, अपनी निष्ठा एवं महानता का जीवन जी लेते हैं तथा आने वाली नस्लों को यह संदेश देते हुए मर जाता है कि भाईयों! सूअर के बाल के अक्स से घबराने, डरने की कोई जरूरत नहीं, यह महानता की ओर ले जाने वाला शार्ट सर्किट है, जो आपको 'आउट आफ दि वे' महान बना सकता है तथा 'आऊट आफ टर्न' ऐसी कतार में खड़ा कर सकता है, जहाँ आज तक विशेषाधिकार सम्पन्न लोग ही खड़े होते रहे हैं। साथियों, यह भारत के साइबर-विकास का युग है। सूअर इतना गन्दा जानवर नहीं, जितना भारत के ग्रामीण उसे समझते हैं। विदेशों के सूअरों को देखो, जो मक्का खाकर बिसलेरी का पानी पीते हैं। वस्तुतः सूअर जानवर नहीं, एक प्रवृत्ति है, जो मानव के भीतर एक मौलिक बदलाव को प्रेरित करती है। आम तौर पर आदमी में तीन चीजें होती है, दिल, दिमाग और पेट। वे लोग पागल थे, जो इनमें संतुलन की बातें करते थे। साइबर-विकास के इस जमाने में दिल की तकरीबन जरूरत ही नहीं रही। केवल दिमाग और पेट ही मुख्य है। भावनाहीन होकर अनवरत अपने पेट को संतुष्ट करो, दिमाग का इस्तेमाल केवल इतना है कि पेट भरने के नये तरीकों को ईजाद किया जाये।

अब मैं भी मुतमइन हूँ कि ऊपर की लाइनों में मरने वाले महान व्यक्ति ने जो संदेश दिया है, बिल्कुल मुनासिब है। गुरू गौतम भी कहते थे कि समस्त दुखों का मूल अज्ञान है, जब आपके दिमाग में साइबर ज्ञान का भंडार है, तब दुख का क्या मतलब। इसके अलावा गुरु गौतम यह भी कहते थे कि प्रेम से व्यक्ति को दुख ही होता है। प्रेम दिल का विषय है, दिल को परे कर दो, दुःख नहीं होगा। पेट की परिभाषा में शिशन और उदर आते हैं, दोनों भरे हो और भविष्य में भरने की परियोजनाएं आपका दिमाग बना रहा हो, तब आपके जीवन में दुःख की छाया तक नहीं पड़ेगी और आप अर्हत्व को प्राप्त हो जायेंगे। शर्त केवल इतनी है कि आप ग्रामीणों के बहकावे में न आकर सूअर के बाल का अक्स अपनी आंखों पर पड़ने दें।

जिन लोगों ने सूअर के बाल का अक्स अपनी आंखों में उगाया, वह नेता हो, नौकर हो, माफिया हो या जनसाधारण, महानता से वह बच नहीं सकता। अन्ततः उसे अर्हत्व की प्राप्ति होकर रहेगी। वह अपनी साधारणता से ऊपर उठकर अनन्य साधारण बन जाता है। धिक्कार है उन ग्रामीणों को, जो किसी को हिकारत से देखकर कहते हैं कि उल्लू का चोद्दा, तेरी आंखों में कुछ दिन से सूअर का बाल आ गया है, तुझे कोई सही चीज नहीं दिखती। मैं लानत भेजता हूँ ऐसे लोगों पर, जिन्होंने सूअर की प्रवृत्ति का महत्त्व नहीं समझा।

●

निजी सचिव

इतिहास में पहली बार ऐसा हुआ कि स्वर्ग में एक लम्बे जनतांत्रिक आन्दोलन के बाद यहाँ के स्वयंभू राष्ट्रपति महादेव शंकर जी चुनाव को राजी हो गये। जनतन्त्र के लिए यहाँ के लोगों ने एक लम्बा संघर्ष किया था। लोगों ने धरना दिया, प्रदर्शन किया, गिरफ्तार हुए, लाठी खाई, गोली चली, नरक भेजे गये मगर लोगों में जनतन्त्र की मशाल को बुझने नहीं दिया। आखिरकार भोले बाबा इस रोज-रोज की कुत्ता कढेरन से तंग आ गये। इस कटाजुज्झ से निजात पाने का एक ही तरीका था—चुनाव की घोषणा। महादेव ने अपने मंत्रिपरिषद की बैठक बुलाकर इस मसले पर लम्बा विचार विमर्श किया और फिर दूरदर्शन पर दर्शन देते बखत उन्होंने चुनावों का ऐलान कर दिया।

चुनाव तो स्वर्ग में पहले भी हुए थे, मगर उनमें वयस्क मताधिकार जैसा खुलापन नहीं था। पहले के चुनाव में वे लोग मतदाता होते थे, जो कम से कम ग्रेजुएट हों, जिनके दो से ज्यादे बच्चे न हुए हों, जिन्होंने दो बरस का अनिवार्य सैनिक प्रशिक्षण लिया हो तथा कम से कम दो बरस सेना में सेवा की हो। उनके लिए प्रति वर्ष एक निरक्षर व्यक्ति को साक्षर करना तथा मोहल्ले की सफाई, शहर का ट्रैफिक-जाम, मेला, दशहरा, क्राइसिस मैनेजमेंट के कामों में भाग लेना अनिवार्य था। उनका चाल-चलन संदेह के ऊपर था तथा वे किसी अपराध में वांछित न थे। चूँकि प्रत्याशी का मतदाता होना जरूरी होता है, इस नाते प्रत्याशी एवं विधायकों का स्तर बहुत ऊँचा था।

पुराण पंथियों ने स्वर्ग-नरक के बारे में भाँति-भाँति की बातें करके बहुत घपला कर दिया है। स्वर्ग एक देश जैसा है, जहाँ हमारा मानस निवास करता है। दूसरे शब्दों में यह एक मानसिक देश है। जहाँ केवल सच्चाई

का शासन है। जो चरित्र अच्छे नहीं होते हैं, वे निरपवाद रूप से नरक में रहते हैं। नरक स्वर्ग की जेल जैसी है, बल्कि यूँ कहना चाहिए कि नरक स्वर्ग की जेल है जहाँ अपराधी का मानस यातनामयी शरण पाता है। जो जितना बड़ा अपराधी है,वह यहाँ उतनी ही यातना पाता है। यदि मानस अपराध से मुक्त निर्मल हृदय वाला करूणायुक्त हो जाता है, वह स्वमेव नरक से स्वर्ग में प्रवेश कर जाता है

चुनांचे, चुनावों की घोषणा के साथ ही स्वर्ग में खलबली मच गयी। चूँकि इसमें सभी को मताधिकार था, सो मतदाता सूची में नाम बढ़वाने वाले लोगों की लम्बी-लम्बी लाइनें लग गयीं। स्वर्ग और नरक के वे सब प्राणी इन लाइनों में खड़े थे, जो सीमित मताधिकार वाली मतदातासूची में वोटर नहीं थे। पागल, गीतकार, कलाकार, युद्धोन्मादी, फसादी, दंगाई, हत्यारे, रंगबाज, गुंडे, माफिया, कैदी, औरतें, आन्दोलनकारी, नेता, कसाई, हज्जाम, मेहतर, पंडे, राजा, बनिये-जिधर नजर दौड़ाइए, लम्बी-लम्बी कतारों में खड़े लोग मतदाता सूचियों में अपना नाम लिखवाते दिखाई दे रहे थे। महीनों यह जमघट लगा रहा। खैर, किसी तरह मतदाता सूचियां बन गयीं, प्रकाशित हो गयी और आपत्तियाँ माँग ली गयीं।

अब एक नया खेल शुरू हो गया। चित्रगुप्त जी का दिन का चैन, रात की नींद हराम हो गयी। लाखों की तादाद में आपत्तियाँ आयीं। दस्ती, फोन, फैक्स, ई-मेल तक से महीनों आपत्तियों का तांता लगा रहा। एक से एक छटी हुई आपत्तियां चित्रगुप्त के सामने रखी गयी। एक ने लिखा कि अमुक सज्जन के अपने जीवन में पुत्रवधू से अवैध संबंध रहे हैं। अपनी पतोहू से इन्होंने एक लड़का भी पैदा कर लिया था, जब तब यह तय न हो जाये की वह लड़का इनका पुत्र है या पौत्र, तब तक इन्हें मतदाता सूची से बाहर रखा जाये। एक आपत्ति में था कि अमुक साहब अपनी माँ की शादी में साथ आये थे, इसलिए इनकी बल्दियत पर गौर करके इनके वास्तविक पिता का नाम लिखा जाये ताकि वर्तमान पिता का नाम बल्दियत में देकर ये उसके उत्तराधिकारी न बन सके।

एक जने ने हलफनामा देकर आरोप लगाया कि उनका पड़ोसी पैदायशी गुंडा है। इसने धरती पर रंगदारी वसूली, ठेकेदारी के काम में इसके ऊपर 25 से ऊपर जरायम के मुकदमें दर्ज हुए थे। नकली दवा के कारखाने को चलाने में इसे जेल हुई। यह मादक पदार्थ और सोने की तस्करी में लिप्त था। कारगिल की घुसपैठ के बारे में इसे पता था, मगर

इसने सरकार को समय पर इत्तिला नहीं की। अपनी बेवा भौजाई को अपने घर में डाल लिया है। यदि इसे मतदाता बना लिया गया, तो यह प्रधानमंत्री बनने का प्रयास जरूर करेगा और फिर स्वर्ग को किसी विदेशी ताकत के साथ सांठ-गांठ करके, उसे अन्तर्राष्ट्रीय बाजार में नीलाम करवा देगा।

एक आपत्ति में सरकार से मांग की गयी कि चुनाव कराने में स्वर्ग के करोड़ों रूपयों को चौपट किये जाने की कोई जरूरत नहीं है। नरक के चुनिन्दा नुमाइंदों को यदि महादेव जी अपने मंत्रिपरिषद के अगले विस्तार में सम्मिलित कर लें, तो सारे आन्दोलन स्वतः समाप्त हो जायेंगे। शर्त केवल इतनी है कि जेल (नरक) के नुमाइंदें किसी भी हालत में कुल प्रतिनिधियों के एक बटा तीन से कम न हों। इसके लिए यदि सरकार चाहे तो वार्ता भी की जा सकती है। आपत्तिकर्ता ने वार्ताकारों की एक फेहरिस्त भी अपनी चिट्ठी के साथ नत्थी करके भेज दी । उसका कहना था कि जब प्रजातंत्र में सब बराबर हैं तो जेल (नरक) के लोगों से बात क्यों नहीं की जा सकती। चूँकि वर्तमान चुनाव व्यवस्था में नरक में लोग मतदाता नहीं हैं, इसलिए जनतंत्र की मांग को लेकर यह आंदोलन छेड़ा गया है।

लाखों आपत्तियों को देखकर चित्रगुप्त जी ने अपना माथा ठोंक लिया। दो साल तक आपत्तियों का निराकरण कराते रहे, तब जाकर, अंतिम मतदाता सूची का प्रकाशन किया गया। दोषसिद्ध, फरार अपराधी, मुल्जिमान को छोड़कर शेष सभी स्वर्गवासी मतदाता बना दिये गये। सीमित मताधिकार के समय चुनाव आयोग की जरूरत नहीं थी, किन्तु इस व्यापक आधार वाले चुनाव हेतु एक आयोग का गठन किया गया, जिसने मतदाताओं के रुझान प्रकाशित करने, दारू पिलाने, पैसा देने, बूथ कैप्चर करने पर प्रतिबंध लगा दिया तथा खर्चे का हिसाब देने की व्यवस्था की।

महंगाई का जमाना देखकर कलाकार, गीतकार, बुद्धिजीवी चुनाव से हट गये और स्वतंत्र और निष्पक्ष चुनाव दो चरणों में सम्पन्न हुआ। कुल 115 लोगों की जानें गयीं, ढ़ाई सैकड़ा घायल हुए, मगर जनता का लोकतंत्र में विश्वास और ज्यादे बढ़ गया। शराब की नदियां बह गयी स्वर्ग में, इन्दरसभा की अप्सराओं ने कितने नौजवानों के ठंडे बिस्तरों में आग सुलगाई, लाखों रुपया महज प्रचार सामग्री, कट आउटों पर उड़ गया। स्वर्ग का वातावरण एकदम से गरमा गया, जब एक साथ 40-40

हेलीकाप्टर प्रचार हेतु नेताओं को लेकर एक शहर से दूसरे शहर घूमा करते थे। जाहिल, अनपढ़, माफिया, डकैत, हत्यारे, उन्मादी सब इस होड़ में शामिल थे कि कैसे स्वर्ग की एक गद्दी पर अपनी दावेदारी कर सके।

नये मंत्रिपरिषद के शपथ-ग्रहण के बाद भी आप नहीं समझे पाये होंगे कि इस चुनाव से निजी सचिव का क्या मतलब। मतलब है जनाब, जरा धीरज रखिए। हुआ यूँ कि नये मंत्रिपरिषद के सदस्य कुश्ती, फायरिंग, दंगा-फसाद, डकैती, लूटमार का प्रशिक्षण तो पाये हुए थे, किन्तु जाहिल होने की वजह से मंत्रालय में ठीक से काम नहीं कर पा रहे थे। दफ्तर में आने से घबराते थे तथा कुर्सी पर घंटों फाइलें देखने में उनको चक्कर आता था। उनके निजी सचिवों ने देखा कि अब तो गयी भैंस पानी में। लगता है कि नये राज्य में लुटिया डूब गयी। ये लोग धारा सभा में तो खूब बोलते हैं, कुर्ते की बाहें ऊपर सरकाते हैं, दफ्तर में आते ही निर्जीव हो जाते हैं। तब निजी सचिव ने धीरे-धीरे स्थितियों को अपने नियंत्रण में लेने का हौसला जुटाया।

उन्होंने समझाया कि फाइलों से डरना बेकार है। फाइल तो दलिया जैसे पका पकाया हल्का भोजन है, जो बीमार आदमी भी खा सकता है। आप तो मालिक है, फाइलों का काम हम पर छोड़कर आप विभागीय प्रमुखों को जमकर बैठकों में हड़काइयें, रोज फोन पर डांटिये। उनके अधीनस्थों को अपने दफ्तर में तलब करिये। उनकी क्लास लीजिये। हम ऐसा नोट बना देंगें, जिसका जवाब देने के बजाय अफसर पतलून में मूत लेना पसन्द करेगा। आप बस भौहों में गांठ डाले रहिए। किसी परिचित मातहत को पहचान कर भी उसे न पहचानने कर अभिनय करके घूरिये। शांत रहिए। बस कभी-कभी दहाड़ दीजिये। आपका हर फरमान पूरा होगा।

दहाड़ने की बात सुनकर साहब का कायांतरण हो गया। उन्हें लगा कि वे तकरीबन एक शेर हो गये हैं, जो किसी चूजे की गर्दन अपने पंजों में दबाए हुए भींच रहे हैं। उन्हें लगा कि उनके हाथ के नाखूनों में कुछ सनसनाहट हो रही है, धीरे-धीरे उनका हाथ पंजे में बदल गया। उनके कुर्ते के ऊपर पीठ की तरफ घने, मुलायम, सुनहरे अयाल उग आये हैं। उनकी स्वांस चलने लगी और वे अब चूजे को उसकी सजा देकर ही छोड़ेंगे।

"सर-सर" आप टेबिल लैंप को क्यों मरोड़ रहे हैं।" पी.एस. (निजीसचिव या पर्सनल सेक्रेटरी) बोला। साहब धीरे-धीरे शांत होने लगा।

उन्हें लगा कि उनका पी.एस. वाकई बहुत बुद्धिमान, होनहार व्यक्ति है, जो एक निर्जीव मांस के लोथड़े में भी जान फूँक सकता है। उन्होंने उसकी जोर से पीठ ठोंकी। दुबले पतले पी.एस. को अपनी स्पाइनल कार्ड हिलती महसूस हुई। नेताजी ने तय कर लिया कि वे भविष्य में भी इसे ही पी.एस. रखेंगे। हम तो पी.एस. की इस करामात को पहले से जानते हैं। तभी तो हमारे कुछ दोस्त पी.एस. को प्रेरणा स्रोत कहते हैं।

वह पी.एस. ही क्या, जो मुर्दे में जान न डाल दे। वह नेता ही क्या जो जीवित व्यक्ति को मरोड़कर मृतप्राय न कर दे। एक मरे को जिलाता है, दूसरा जीवित को दण्ड देता है। बॉस ने मारा, हमने जिलाया। जन्म-मृत्यु के इस कालचक्र के बीच पी.एस. नौकरी करता है। यदि पी.एस. न होता, तो दुनियां लाशों से पटी पड़ी होती। इसी कारण पी.एस. को जनतन्त्र की रीढ़ कहा जा सकता है। मजाक की बात और है, जब उसे प्रेरणा स्रोत कहते हैं। महादेव का गणतन्त्र जो निर्जीव हो चला था, एक कुशल पी.एस. के हाथ लगाते ही दहाड़ने लगा। हम तो इतना ही कहेंगे, यदि अच्छा पी.एस. नहीं तो जीवन नहीं।

●

कानपुर की वह पागल औरत

पागल दुनियाँ में कहां नहीं होते। कानपुर कोई अपवाद थोड़े ही है कि पचास लाख की भारी भीड़ में पचास पागल न मिल जायें। अब चूँकि समानता और स्वतंत्रता का युग है, सो आदमियों के साथ औरतें भी पागल होने लगीं, इसमें ताज्जुब कैसा। हम तो कानपुर के वाशिन्दें कभी नहीं रहे, हां, जब इलाहाबाद पढ़ने जाते थे, तो कानपुर सेन्ट्रल रेलवे स्टेशन पर ट्रेन बदलने के लिए जरूर घंटे-दो-घंटे रूकना पड़ता था। स्टेशन पर ही हमारी उस पागल औरत से मुलाकात हुई।

अब ये मुलाकात ऐसी नहीं थी कि पास बैठकर, गपशप की जा सके। मैं देखता था कि वह पागल रेलवे प्लेटफार्म पर खाने पीने का सामान बटोरती रहती थी। उसके थैले में और भी न जाने क्या अल्लम-गल्लम भरा रहता था, लेकिन रेलवे स्टेशन पर यह सामान कोई खतरे वाला नहीं था। रेलवे स्टेशन पर तो मुसाफिरों का आना जाना रहता है, उनके साथ बेशक बच्चे भी होते हैं, लेकिन वे स्वतन्त्र न होकर गार्जियन के साथ होते हैं। लिहाजा पागल को पत्थर मारने की आजादी उन्हें नहीं होती थी। संभवतः इसी कारण वह पागल औरत बस्तियों में न जाकर रेलवे स्टेशन पर अधिक दिखती थी।

कुछ महीनों बाद हमने देखा कि पागल का पेट बढ़ा हुआ है, वह गर्भवती है। या खुदा, इस गरीब से किसी को क्या मतलब। अरसे पहले एक खुदाई मिशन के कुछ लोगों ने मेरे सामने दावा किया था कि अपने मिशन में वे आंसुओं से बच्चे पैदा करते हैं। मैंने उसी समय प्रतिवाद किया था कि मान्यवर बच्चे पैदा करने का दुनियां में एक ही आदिम तरीका है, और इस तरीके में आसुओं की कोई भूमिका नहीं होती। वे लोग मेरी बात से नाराज होकर उठकर चले गये। मेरी बला से। मैं किसी की

तर्कहीन और अवैधानिक बात नहीं सुन सकता।

विभिन्न धर्मों के पौराणिक आख्यानों के प्रति अपने सम्मान के बावजूद, मैं यह कभी स्वीकार नहीं कर सकता कि कोई बच्चा घड़े से, कान से, मछली के पेट से या सरकण्डे पर पैदा हो सकता है। पौराणिक आख्यानों के प्रति मेरे सम्मान का कारण वह ज्ञान है, जो वह हमें तत्कालीन संस्कृति को समझने में सहायता करता है। इन आख्यानों से तत्कालीन लोगों के रहन-सहन, आचार-विचार, नियम-उपनियम और उनके लेखकों की गहराई का पता चलता है। लेकिन इस पागल औरत के बारे में क्या कहें, जो अनचाहा गर्भ धारण किये पृथ्वी पर प्रेतात्मा सी भटक रही है।

यह पागल औरत किसी की पालतू गाय भी नहीं हो सकती, जो वह सुबह दूध लेकर शहर में छुट्टा छोड़ देता है और शाम को जब वे पेट भरकर घर पहुँचती है तो पुनः दूध निकालकर छोड़ देता है। साल में एक बच्चा देती है, जो बछड़ा हुआ, तो इसे सड़कों पर छोड़कर पुण्य कमा लें और यदि बछिया हुई, तो आपकी गोशाला में एक नई गाय का इजाफा कर देगी और सुबह शाम आप उसके दर्शन करके परम् धार्मिक व्यक्ति का तमगा भी हासिल कर लेंगे। गाय को तो कोई दूध के लालच में पालता है, इस पागल औरत से किसी का क्या मतलब। यदि मतलब नहीं तो यह गर्भवती कैसे हो गयी। पहले से कह चुका हूँ कि गर्भाधान के पीछे मैं किसी पौराणिक तर्क से सहमत नहीं। इसके गर्भ के पीछे अवश्य ही कोई इंसानी फितरत है, किसकी?

सोचते-सोचते दिमाग भन्ना गया, मगर कोई निष्कर्ष नहीं निकाल सका। इसका दिमाग भले ही वाजिब काम नहीं कर रहा है, जिस्म तो ठीक से काम कर ही रहा है। यदि किसी सही वक्त पर किसी पुरुष से मिलन हुआ हो, तो यह सब होना स्वाभाविक है। लेकिन कोई किस तरह प्रेत की भाँति अनियंत्रित विचरण कर रही इस पागल औरत से संभोग कर पाया होगा? और वह कितना गैर-जिम्मेदार शख्स होगा जो इस गरीब को, जो खुदा के कहर से वैसे भी एक विकलांग जीवन जी रही है, एक अनचाहा गर्भ देकर ठाठ से पर्दे के पीछे छिपकर अपने कौशल पर, अपनी मर्दानगी पर गर्व कर रहा होगा। अब ये औरत कैसे इस बच्चे का प्रसव करेगी। कौन इसे अस्पताल पहुँचायेगा। कैसे इस गरीब को, प्रसव के दिनों में पौष्टिक भोजन मिलेगा।

बहरहाल अखबार में पढ़ा कि किसी मोहल्ले में अपने विचरण के दौरान इस पागल औरत को प्रसव पीड़ा हुई। इन्सान के बच्चे को जन्म देना मजाक नहीं होता, वह पेट फाड़कर बाहर आता है। इस दौरान औरत को, जो तकलीफें होती हैं, वह उस पीड़ा से सौ गुनी अधिक होती बतायी जाती है, यदि कोई डण्डे के एक ही जबरदस्त प्रहार से आपका घुटना फोड़ कर आपको पीड़ा पहुँचाए। जाहिर है कि प्रसव के दौरान उस महिला का कुछ क्षणों के लिए अपना पागलपन भूल गया होगा। पीड़ा में वह चिल्लाने लगी और भूमि पर गिरकर छटपटाने लगी। पड़ोस की कुछ महिलाओं ने देखते ही समझ लिया कि माजरा क्या है? उन्होंने आनन-फानन उस पागल के गिर्द चादरें तानकर उसकी लज्जा/पीड़ा को सार्वजनिक होने से बचाया तथा उसके सुरक्षित प्रसव करने में मदद की। उसने बेटा जना था।

हमारे अधिकतर पुरुष कितने मगरूर और कमीने हो गये हैं कि सड़क पर पड़े, किसी संकटग्रस्त आदमी को देखकर बेगैरत बनकर पास से निकल जायेंगे। मगर इस देश की औरतें ऐसी नहीं हैं। किसी संकटग्रस्त नारी को देखकर, दूसरी राहगीर औरत यूँ मुँह फेरकर नहीं जा सकती। भला हो उन औरतों का जिन्होंने उसका न केवल प्रसव कराया बल्कि उसको ऐसे वक्त पर दी जाने वाली जरूरी दवा तथा इन्जेक्शन भी दिलाये। रातभर पागल वहीं बगल में अस्थायी निवास में रही। उस अनजाने, बेगैरत, गैर जिम्मेदार शख्स का बच्चा स्वस्थ था, जो किसी गुरिल्ले की भाँति किसी गली के मोड़ पर फिर किसी पागल औरत का इन्तजार कर रहा होगा, जिसे वह दो-चार रोटी के लालच में पास के खण्डहर या पड़ोसी के वीरान गैरेज में ले जाकर अपनी कुंठा को द्रवित कर सके।

वह औरत वस्तुतः पागल थी। बच्चे को उसने दूध नहीं पिलाया। भोर में वह बच्चे को छोड़कर फिर अपने अनियंत्रित विचरण पर निकल गयी। बच्चे को एक निःसंतान पड़ोसी ने पुलिस को इत्तिला देकर पाल लिया। इस दम्पति के शादी के बीस साल हो चुके थे, कोई औलाद न थी। नामर्द रोगियों, गुप्त रोगियों, पेशाब रोगियों को दवा बांटते फिरते कितने ही वैद्य, हकीमों से उसने इलाज कराया। ओझा से झाडफूँक कराई, मगर बीबी का पांव भारी न हुआ। पागल औरत के प्रसव को ईश्वर की कृपा समझकर उन्होंने उस बच्चे को अपने घर रख लिया। बाद में किसी निःसंतान करोड़पति से उसका लम्बा विवाद चला। पुलिस भी पैसे वाले को बच्चा

दिलाना चाहती थी, मगर कालोनी वालों ने थाने पर जाम लगाकर बच्चा नहीं देने दिया। आज रामदयाल ही उस बच्चे के पिता हैं, जो अब किशोर हो गया होगा।

भाई कमाल हो गया। मैं तो समझता था कि पौराणिक युग समाप्त हो गया, लेकिन नहीं, यह आज भी जारी है। इस घटना को पौराणिक लेखक के तौर पर मैं यह लिखता कि रामदयाल ने एक दिन प्रातः काल आँखें खोली, अपने घर के बाहर आये। सूर्य निकला ही था। रामदयाल ने उन्हें प्रणाम किया और उनकी स्तुति की।

विश्वानि देव सवितुरदुरितान् परासुव यद् भद्रम तन्नासुव

इसके बाद बाबू रामदयाल जी ने परम्परा के मुताबिक भूमि को प्रणाम किया। प्रणाम करते ही एक शिशु भूमि से निकलकर पृथ्वी की ऊपरी सतह पर आ गया। प्रभु की लीला देखकर रामदयाल जी ने उसे भूमि से उठाकर अपनी गोद में ले लिया। बाद में यह बालक सूर्य के समान तेजस्वी, पृथ्वी की भाँति गंभीर, रामदयाल की भाँति सदाचारी तो दिखाना ही पड़ेगा।

मेरे पास मात्र इतना ही ज्ञान था कि प्राचीन भारत में दूध, घी की नदियाँ बहती थीं। प्राचीन आख्यानों को गौर से पढ़ें तो लगता है कि उन दिनों स्वच्छन्द रमण की भी परम्परा रही होगी। जभी तो किसी भी कुमारी की कोख या विवाहिता की विवाहेतर कोख जब तब हरी हो जाती थी और लेखक कहता था कि समुद्र की लहरों से, मछली के पेट से, चील के घोंसले से अमुक बालक मिला जो बाद में कितना धर्मात्मा, दानवीर, लोकप्रसिद्ध धनुर्धर निकला। यह तो अभी कुछ वर्ष पहले श्रीयुत् श्रीलाल शुक्ल के रागदरबारी को पढ़कर मुझे ज्ञात हुआ कि प्राचीन काल में ही नहीं, आजकल भी भारत में वीर्य की नदियाँ बहती हैं, जिसका ताजा उदाहरण उस पागल औरत का वह बच्चा है, जिसे बाबू रामदयाल जी बड़े प्रेम से पाल रहे हैं।

रामदयाल जी भारत की नदियों की इस प्रवृत्ति से वाकिफ नहीं होंगे, जभी तो पिछले बीस साल से झख मार रहे हैं और एक शिशु को गोद लेने हेतु यतीमखानों की खाक छान रहे हैं। अब बाबू रामदयाल भारतीय नदियों के जल का प्रभाव देख चुके हैं, तभी तो गाइनोज को, वीर्य बैंकों को, किराये की कोख को, जनसंख्या नियंत्रण को, अनाथालयों को,

टेस्टट्यूब बेबी को लानत भेजते हैं। अरे जहाँ वीर्य नदियों में बहता हो, वहाँ ये कम्बखत डाक्टर वीर्य बैंक की स्थापना करेंगे, हिंजड़े कहीं के। जब अपना ही देश इतना प्रगतिशील है, तब ये सब अमेरिका की नकल करके परखनली में बच्चा बनायेंगे। साले चूतिया बनाने को एक रामदयाल ही बचे हैं क्या? अरे मकान का किराया तक नहीं देते हैं तो कोख का किराया कौन देगा। दिखता नहीं इन पागल डाक्टरों को कि वह पागल औरत ऐसी किराये की कोख थी या नहीं, जिसका किराया कभी भी चुकता नहीं किया जाना है।

बाबू रामदयाल का चिकित्सा विज्ञान की प्रगति से विश्वास पूरी तरह से उठ चुका है। वे कहते हैं कि ये सब डाक्टर भोले-भाले भारतीयों को गधा समझकर उन्हें बरगलाते हैं और रुपया खींचते है। प्रसूति का काम करने वाली किसी भी डाक्टरानी का नर्सिंग होम एक करोड़ रुपये से कम का नहीं होगा। मैं तो सबको देख चुका। आजमा चुका। ईश्वर और थाने पर धरना/प्रदर्शन के अलावा मुझे किसी पर भरोसा नहीं। ईश्वर पर भरोसा रखो, सब ठीक हो जायेगा। उसके घर देर है, अन्धेर नहीं, मैं बाबू साहब की बात से पूरा सहमत हूँ।

मैं सहमत नहीं तो उस बेगैरत गैरजिम्मेदार, सेक्सग्रस्त कुंठित, गुरिल्ला, प्रवृत्ति से जिसने उस पागल औरत को किसी निर्जन स्थान में मुर्गी की भाँति दबोचकर अपनी हवस का शिकार बनाया। यह विकृत-सेक्स-प्रवृत्ति एक बीमारी की भाँति हमारे यहाँ व्याप्त हैं। इसमें यदि एड्स का इजाफा और कर दें तो जो तस्वीर उभरती है, अत्यन्त भयावह है। इस कुंठा, इस विकृत सेक्सप्रवृत्ति के दो सरलतम कारण है। एक तो यह इंसानी फितरत के कारण है, जिसके मूल में यह भाव है कि इन्सान के भीतर छुपे गुरिल्ले की मूल प्रवृत्तियाँ कभी नहीं बदलतीं, केवल छिपी रहकर उसके सभ्य होने का संकेत भर करती हैं, जो मौका पाकर पूरी शिद्दत से नुमायां हो जाती है। दूसरा कारण यह है कि बेसिक इन्सिटिंक्ट होने के बावजूद हमारे समाज की वर्जनाओं का उस पर पाखंडी लबादा जिसके कारण स्त्री पुरुष के स्वच्छन्द वैयक्तिक धरातल पर उन्मुक्त मिलन के अवसर इस भू-भाग में अत्यधिक सीमित हो गये।

कुंठित सेक्स की समस्या को हविश कहा जा सकता है। इस हविश में इन्सानी मस्तिष्क में कोई विचार नहीं होता, सिवाय एक जनाना जिस्म के। मैं व्यक्तिगत रूप से कई ऐसे लोगों को जानता हूँ जो हूबहू कार्पोरेशन के

सांड की तरह व्यवहार करते हैं। उनके सामने पद, मर्यादा या, मानवीय गरिमा नहीं, प्रश्न केवल जनाना जिस्म की नफरी बढ़ाने का है, ताकि वे अपने बीमार मस्तिष्क को यह बता सकें कि कल तक उन्होंने नौ सौ पांच औरतों का मान मर्दित किया है, उसे पददलित किया है। उनके फेहरिस्त में उनकी बहनें, चाचियां, काल गर्ल्स, बाजारू औरतें, दफ्तर की अधीनस्थ महिला कार्मिक के अलावा राह चलती पागल औरत भी हो सकती है। ऐसे लोगों के बारे में आप भी जानते होंगे, लेकिन इस पाखण्डी समाज की वर्जना आपको बोलने नहीं देगी।

इस गुरिल्ला प्रवृत्ति का एक आयाम और भी है। समाज में सब पुरुष विवाहित नहीं हो पाते। यूँ भी भारत में 1000 पुरुषों के बीच 921 महिलायें ही रह गयी हैं। जो नाना कारणों से अनेक पुरुष अविवाहित रह जाते हैं, उनमें से कम लोग साधु-सन्तों की सेवा में जा पाते हैं, ज्यादेतर लोग समाज में ही रहते हैं। आध्यात्मिक वे हैं नहीं। जब उनके शरीर की भूख किसी जनाना जिस्म की माँग करती है तो वे क्या करें। इनमें से कुछ बंदे अवैध रूप से संचालित रेडलाइट एरिया में अपनी भूख शांत कर लेते हैं, लेकिन सभी बंदे इतने होशियार नहीं होते। समाज में इसी कारण पशुमैथुन, गुदामैथुन, हस्तमैथुन, प्रचलित है। ऐसी परिस्थिति का व्हाक्ति, यदि मुनासिब मौका हाथ में लग जाये, तो क्या नहीं कर गुजरेगा। अब भले ही शिकार कानपुर की वह पागल औरत हो या स्कूल जाती पड़ोसी की बालिका।

यह महज एक आंकलन है। गुरिल्ला प्रवृत्ति हर वर्ग, समुदाय में है। वह रेलवे-कुली हो, कबाड़ी, दुकानदार हो, हम आप हों या कोई पाखण्डी इज्जतदार हो, इंसान की सेक्स प्रवृत्ति और सरकारी मुलाजिम की इन्ट्रीग्रिटी कब बदल जाये, कुछ पता नहीं चलता। हम तो इतना ही कह सकते हैं कि खुदा का शुक्र है कि उसने ऐसी पागल औरत बनायी जो इन्सान के भीतर छुपे गुरिल्ले के क्रोध को ठंडा करके बाबू रामदयाल को जीने का एक आधार उपलब्ध कराती है, ईश्वर में उनकी श्रद्धा और विश्वास को मजबूत करती है और थाने पर लगातार धरना प्रदर्शन चालू रखती है। यह पागल औरत तो इन्सान बनाने की एक मोबाइल फैक्ट्री है।

●

नौवां आश्चर्य

इस छोटी सी दुनियां में आज तक बड़े-बड़े विद्वान जन्म ले चुके हैं, हम जिनके पैरों की धूल के बराबर भी नहीं हैं। इन विद्वानों ने एक राय होकर दुनियाँ में 8 आश्चर्यजनक वस्तुएँ गिनाई हैं। हमें भी ठीक से नहीं मालूम कि ये 8 वस्तुएँ क्या हैं। वैसे 8 पुराने आश्चर्य हैं, 8 नये आश्चर्य भी हो गये हैं। इस तरह कुल मिलाकर बड़े-बड़े विद्वान 16 आश्चर्य गिनाते हैं। मगर हमारी बुद्धि तो इतनी छोटी है कि हमें हर चीज आश्चर्य ही दिखती है। हमारे हिसाब से दुनियां में हजारों आश्चर्य हैं। इन हजारों आश्चर्यों में सबसे ताजा आश्चर्य तो मध्य प्रदेश का हाल ही में विधुर हुआ वह युवक है जो अपने स्तनों से अपने बच्चे को दूध पिलाकर उसकी भूख शांत करता है। इसी तरह सिर जुड़े बच्चे, बिना नर के अण्डे देती मादा भी हमें आश्चर्य में डाल देती है। लेकिन यह सब आश्चर्य भी हमारे नौवें आश्चर्य का स्थान नहीं ग्रहण कर पाये।

हमें सबसे ज्यादे आश्चर्यजनक अंतरिक्ष लगता है। अंतरिक्ष में स्थित तारे, सूर्य, चांद, पृथ्वी, आकाश, समन्दर, मिट्टी की खुशबू, ताजे गुड़ की महक, फूल, भौरें, अबोध शिशु, गर्भवती औरत, मानवीय गरिमा-सब कुछ मुझे आश्चर्य जनक लगता है। मुझे ताज्जुब होता है कि कैसे हमारी नई पीढ़ी के कवि अकविता लिख पाते होंगे, और यदि अकविता लिखते हैं, तो अकवि क्यों नहीं कहे जाते। मैं नहीं समझ पाता कि हमारे रहनुमा किस बात की रहनुमाई करते हैं। मुझे आश्चर्य है कि कैसे एक क्षेत्रीय अल्पमत नेता अन्तर्राष्ट्रीय स्तर की राजनीति पर बेबाकी से अपने विचार करता है। कैसे हाई स्कूल फेल एक आदमी डी.लिट्. के डिग्रीधारी किसी शख़्श के मुंह पर थप्पड़ लगाता है। कैसे समाज अपने किशोर पुत्र/पुत्रियों को यौन

वर्जनाओं के रस्सी से बांधकर विवाह तक उन्हें पृथक बाड़े में रखकर कुंठित एवं क्षुब्ध बनाए रखने अपराध में संलिप्त रहा है। लेकिन यह सब भी मेरा नवां आश्चर्य नहीं है।

नवें आश्चर्य को पढ़ने के पहले मुझे आपको स्वर्गवासी बनाना होगा। घबराए नहीं, स्वर्गवासी होने के लिए स्वर्ग जाने की जरूरत नहीं, महसूस करने की जरूरत है। लीजिये, मैं स्वर्ग हाजिर करता हूँ। स्वर्ग भी हमारे-तुम्हारे मुल्क जैसा एक बिना राष्ट्रीयता की भावना वाला मुल्क है। यह इस पृथ्वी पर ही है, जहाँ यह स्वर्ग और नरक दो खण्डों में बसा है। दोनों खण्डों को संक्षेप में स्वर्ग ही कहते हैं। स्वर्ग में भी हमारे देश जैसे कई धनलोलुप, सत्यपिपासु, इच्छाधारी, जाहिल और बेगैरत नागरिक निवास करते हैं। इनका एक मात्र काम अपने से कम समर्थ लोगों के खून को पीना है।

स्वर्ग के राष्ट्राध्यक्ष माननीय देवाधिदेव शंकर हैं। वजीरे आजम का जिम्मा यमराज के पास है। प्रत्येक व्यक्ति ब्रह्मा है, जिस पर अपनी व्यक्तिगत सृष्टि का जिम्मा है, जिसे वह पूरी शिद्दत से एक वित्तीय वर्ष में पूरा कर लेता है तथा विष्णु का काम सरकार करती है, जो यहाँ की जाहिल आबादी को तालीम दिलाने से लेकर, रोजगार, उद्योग-धंधे, नौकरी की व्यवस्था करती है। देवाधिदेव केवल कौमी तराना गाते हैं, दंगे के माध्यम से निकले रक्त के वास्तविक रंग की जांच करते हैं, मोटरकारों से दुर्घटनाओं की संभावना उत्पन्न कर राष्ट्रीय पारिवारिक सहायता योजना की पेशकश करते हैं तथा रेलवे के कमजोर पुलों पर सवारी गाड़ी के एक्सीडेंट के बाद उनकी मरम्मत कराते हैं। वैसे ज्यादेतर समय वे खाली रहते हैं तथा भांग पीते हैं।

स्वर्गराज में ढेरों सरकारी विभाग हैं। यहां वित्तीय वर्ष 01 जनवरी से 31 दिसम्बर तक का होता है। जो सरकारी विभाग यमराज जी को बजट का 10% भुगतान कर देता है, उसे वित्तीय स्वीकृतियां जनवरी मास में या बड़ी हद फरवरी के शुरू तक जारी हो जाती है, मगर जिन विभागों के अधिकारी मगरूर व शोहदे किस्म के हैं, वे इस 10% का भुगतान नहीं करते हैं, उनकी वित्तीय स्वीकृतियां यमराज कार्यालय के बाबू जारी ही नहीं करते। बजट की चौथी त्रैमासिक समीक्षा में जब यह तथ्य प्रकाश में आया तो माननीय यमराज सख्त नाखुश हुए। उन्होंने अपने दफ्तर के मुलाजिमों

को सरेआम जलील किया, सारा स्टाफ हड़काया गया, मगर विभागीय वित्तीय स्वीकृतियां फिर भी नवम्बर के अंत तक जारी नहीं हो सकीं।

यहीं से मेरे नवें आश्चर्य का शुभारम्भ होता है। मुझे आश्चर्य है, उन दुष्ट, लम्पट, कुचाली और अनुशासनहीन विभागीय अधिकारियों की कार्यपद्धति पर कि मुख्यालय के स्पष्ट संकेत के बावजूद उन्होंने राजधानी जाकर उन बाबुओं से मिलना तो दूर, सलाम करना तक गवारा नहीं किया, जिनके स्तर पर वांछित स्वीकृतियां 10 फीसदी चन्दे के अभाव में लम्बित पड़ी थी। अरे, चंदा दो, न दो, मिलने-जुलने में क्या जाता है। माना कि आप सत्य हरिश्चन्द्र के नाती हैं। मगर मुख्यालय से सम्पर्क न करके अनुशासनहीनता क्यों की। यह तो हम भी मानते हैं कि हर गाय दूध नहीं देती। कुछ दूध देती हैं, कुछ गर्भवती होती हैं, कुछ दूध सुखा चुकी हैं, कुछ वृद्धावस्था के कारण सर्वथा अयोग्य होती है। लेकिन मेरे भाई, मिलने जुलने में क्या बुराई है। ऐसे सरकारी मुलाजिम को सजा मिलनी ही चाहिए।

मुख्यालय के बाबू भी तड़े बैठे थे कि मत जाओ बेटा राजधानी। अबकी बार तुम्हें ऐसा मजा चखायेगें कि तुम्हारे बाप-दादे तक हमारी बुद्धि का लोहा न मान गये, तो हमारा नाम भी बाबू हरदयाल नहीं। 15 दिसम्बर बीत गया मगर वित्तीय स्वीकृतियां जारी करवाने हेतु मुख्यालय को एक अनुस्मारक तक नहीं लिखा। उन्होंने सोचा कि मत जारी करो वित्तीय स्वीकृतियां। जब काम पूछोगे तब कहेंगे कि काम बिना पैसे के कैसे करा लें। चुनांचे बड़े दिन की छुट्टी आ गयी। बच्चों की छह सात रोज की छुट्टियां हो गयी। इन्जीनियर ने मुख्यालय दरख्वास्त लगाई कि 31 दिसम्बर तक की छुट्टी दे दी जाये, कोई जवाब नहीं मिला। 29 दिसम्बर की शाम को हेड आफिस से फोन आया कि अपना फैक्स खोल लो, एक आवश्यक मैसेज भेजना है।

मेरा नौवां आश्चर्य फैक्स से निकला 29 दिसम्बर का वह संदेश है, जिसमें मुख्यालय ने अपने विभागीय अधिकारी को एक करोड़ सत्तर लाख रु. की वित्तीय स्वीकृत निर्गत करते हुए यह निर्देश दिया कि विभाग द्वारा स्वीकृत विभिन्न योजनाओं को विभागीय शर्तों एवं नियमों के अन्तर्गत इसी वित्तीय वर्ष में पूर्ण कराते हुए पहली जनवरी को उपरोक्त धनराशि का उपयोगिता प्रमाण-पत्र मुख्यालय फैक्स द्वारा प्रेषित किया जाये। इस संदेश

में यह ताकीद भी की गयी कि निर्माण कार्य की गुणवत्ता का सर्वोच्च स्तर बनाए रखा जाये तथा वांछित कार्य समय पर पूरा कर लिया जाये अन्यथा विभागीय कार्यवाही के लिए तैयार रहा जाये।

विभागीय अधिकारी की आंख में डन्डा करने में मुख्यालय ने कोई कसर नहीं छोड़ी, मगर उसने तो जैसे हुक्मउदूली करने की ठान रखी थी। तत्काल उस धन का आहरण कराकर विभागीय नियमों के तहत सुरक्षित जमा करा दिया तथा इसी दिन मुख्यालय फैक्स भेजा कि वर्तमान वित्तीय वर्ष में अब कुल ढाई दिन बचा है जबकि वांछित योजनाओं के पूरा होने में विभागीय नियमों के तहत 4 महीने लगते हैं। अतः इस वित्तीय वर्ष में उक्त कार्य का पूर्ण करा पाना मुमकिन नहीं है। धनराशि का आहरण कर लिया गया है। अगले वर्ष मई तक उक्त कार्य पूरे हो जायेंगे, तभी उपयोगिता प्रमाणपत्र भेजा जा पाना सम्भव होगा।

देखा आपने हुकुम-उदूली की इन्तिहां। यही नवां आश्चर्य है कि मातहत बास के आदेश का पालन न करके उससे जिरह कर रहा है। रिपोर्ट यमराज के सामने इस टीप के साथ रखी गयी कि ऐसे ओछे किस्म के विभागीय अधिकारी को तत्काल ऐसे डिवीजन में भेज दिया जाय, जहाँ कोई काम न हो। चुनांचे यमराज ने इस मुंहजोर अधिकारी का तुरन्त स्थानान्तरण कर दिया। मैं तो इसे यमराज की कृपा कहूंगा कि उन्होंने ऐसे घटिया अधिकारी का तबादला ही किया, कुछ और नुकसान नहीं किया। भला बताइये, इन्जीनियर जैसे बड़े पद पर बैठकर, जो आदमी गणित के साधारण नियम कानून भूल गया, उसे आप अहमक ही तो कहेंगे।

अब देखिये ना, एक काम पर आप दस मजदूर लगाते हैं, तो वह काम दो दिन में होता है। यदि मजदूरों की संख्या दो गुनी कर दें तो वह काम एक दिन में ही हो जायेगा। मान लीजिये एक सड़क चालीस मजदूर मिलकर चार महीने में बनाते हैं, अगर उसी सड़क पर सत्तर लाख मजदूर उतार दिये जाये तो वह एक मिनट से कम समय में नहीं बन सकती क्या? फिर मुख्यालय ने एक मिनट का टाइम नहीं पूरे ढ़ाई दिन का वक्त दिया था जो केवल एक हजार नौ सौ बीस मजदूर कर सकते थे। चलो ढ़ाई दिन के बजाय आप पांच दिन में नौ सौ साठ मजदूरों से करा देते, हां लेकिन 01 जनवरी को उपयोगिता प्रमाण-पत्र भेज देते। कौन उपयोगिता प्रमाण-पत्र पाते ही न्यू ईयर के जश्न को छोड़कर जांच करने निकल पड़ता। लेकिन जिस विभागीय अधिकारी को काम करना ही नहीं, उसे

आप किसी तर्क से समझा ही नहीं सकते।

मेरा नवां आश्चर्य यही है, मातहतों में बढ़ती हुक्मउदूली की आदत। ऐसे मातहत जब सजा पा जाते हैं तो लगते हैं चिल्लाने। कुक्कुरों की तरह भूंखने लगते हैं। उच्च न्यायालय में चिचियाने लगते हैं कि देखो मेरे साथ नाइन्साफी हो रही है। अरे भाई आप भी तो अपना व्यवहार सुधारिये। माना कि ढ़ाई दिन में विभागीय काम नहीं हो सकता था, फिर भी जवाब में जूता सा मारने की क्या जरूरत थी। नरम लफ्ज़ों में भी तो वही बात कही जा सकती थी। मुझे ताज्जुब तो इसी बात का है कि ज्ञान बघारने वाले ये नकारा अफसर आज तक नौकरी कैसे कर रहे हैं।

●

ऊँची दुकान

अंग्रेजी पढ़ने, बोलने वाले बंदों को तो हिन्दी पढ़ना ही नहीं चाहिए, बल्कि मैं तो यहाँ तक कहूँगा कि हिन्दी बोलने वाले को भी हिन्दी नहीं पढ़ना चाहिए। आखिर नेटिव लैंग्वेज में अच्छा पढ़ने लायक है ही क्या।हिन्दी की कहावतें ऐसे भद्दे और भोंड़े तरीके से कही गयी है कि गोया ये कहावतें न होकर किसी जोकर की ड्रेस मालूम पड़ती है। ऐसी कमियों के कारण ही तो कोई स्वस्थचित्त मनुष्य हिन्दी नहीं पढ़ता। अब देखिए ना, ऊँची दुकान-फीके पकवान में, "ऊँची दुकान" का क्या अर्थ निकलता है।

जब मैंने बचपन में इस कहावत को पढ़ा था, तब मुझे लगा कि ऊँची दुकान का मतलब ऐसी दुकान है या हो सकती है जो टीले पर बनी हो तथा जहाँ के पकवान फीकें हों। अब देखिए, ये हिन्दी भाषी कितने भुक्खड़ हैं कि दुकान देखते ही इन्हें खाने का ख्याल आया। ऐसी भी दुकानें होती हैं, जहाँ साड़ी, ब्लाउज, पेटीकोट, कन्डोम और एड्स बिकता हो। लेकिन नहीं, इन्होंने तो दुकान देखी नहीं कि इनके पेट में लगे चूहे कूदने। इन हिन्दी कवियों की हर प्रेरणा के पीछे एक ही तर्क है—भूख। इन्हें दुकान पर बैठी दुकानदारिन के सौन्दर्य में कोई अभिरुचि नहीं, इन्हें तो बस पकवान चाहिए। घामड़ कहीं के।

किसी मकान के प्रथम तल पर स्थित दुकान को भी ऊँची दुकान कहा जा सकता है। लेकिन ऐसी दुकानों पर पकवान क्योंकर मिलेंगे। पकवान तो ग्राउण्ड फ्लोर या बेसमेण्ट में बनी दुकानों पर ही अक्सर मिलते हैं। अगर फर्स्ट फ्लोर पर भी दुकान हुई, तो क्या इससे उसके पकवान फीके हो जायेंगे। भला ऊँचाई का शक्कर की कमी-बेसी से क्या मतलब।

शक्कर हवा तो है नहीं कि जितनी ऊँचाई पर आप उठते जायेंगे, हवा विरल या कमतर होती जायेगी। शक्कर तो शक्कर है जनाब, जो हिन्दी कवियों को बेहद पसन्द है। इसे फीका करने की तो कोई सोच भी नहीं सकता।

यह तो मुझे बिल्कुल समझ में नहीं आता कि ऊँचे कद के किसी व्यक्ति की दुकान को "ऊँची दुकान" कहा जाये। इस तर्क से तो किसी बौने की दुकान को क्या बौनी दुकान कहा जायेगा? चौक में मैंने एक इश्तिहार तो पढ़ा है कि छोटे भाई की छोटी दुकान, लेकिन यहाँ छोटे भाई उसके स्वामी का नाम है, उसके कद की पहचान नहीं। अपने बचपन को मैंने इस कहावत का सही अर्थ ढूंढने में कुर्बान कर दिया, लेकिन समझ नहीं सका कि ऊँची दुकान का क्या मतलब है?

बांदा में किसी सयाने ने मुझे बताया कि इसी से मिलती जुलती एक कहावत हिन्दी में और है—नाम बड़े और दर्शन छोटे। लाहौल बिला कूबत। छी, छी। हिन्दी पढ़ना तो व्यभिचार करने से कम नहीं है। अभी तक "ऊँची दुकान" का फाटक तो खोल नहीं पाये थे, दर्शन किसका करें। इन हिन्दी वालों ने कभी कोई कायदे की बात ही नहीं कही। जब देखो अंट-शंट बकते हैं। तिस पर अपने को इतना बड़ा तुर्रम खां समझते हैं कि एक साहब कालिदास को भारत का शैक्सपीयर कहे जाने को कौम की बेइज्जती मानते हुए शैक्सपीयर को इंग्लैण्ड का कालिदास कहते थे। तरस आता है कि इनकी अक्ल पर, जो ये नहीं समझ पाये कि कालिदास को भारत का शैक्सपीयर कहकर किसी ने कालिदास को इज्जत बख्शी है। ये तो शैक्सपीयर की स्पैलिंग तक सही नहीं बता पायेंगे, चले हैं शैक्सपीयर को इंग्लैण्ड का कालिदास कहने।

भारतीयों को यह दावा करते तनिक भी लज्जा नहीं आती कि उनके यहाँ हिन्दी में बड़े-बड़े विद्वान हुए हैं। मेरे गाँव में एक टीचर हिन्दी का सबक पढ़ा रहे थे, जिसमें एक लफ़्ज आया-निर्माता। बच्चों ने इसका अर्थ पूँछा तो टीचर का मस्तक चकरा गया। माथे पर लटक रहे बालों के पेंचक पर आये पसीने का पोंछकर उन्होंने इस लफ्ज "निर्माता" पर फिर से गौर किया। दस मिनट बाद कब्ज के रोगी की भाँति इस लफ्ज का मतलब उगलकर उन्होंने बड़ी मुश्किल से अपनी हाजत रफा की—निर्माता मतलब बिना माता। भला आप ही कहिए, हिन्दी के ऐसे विद्वान "ऊँची दुकान"

का क्या अर्थ बतायेंगे। निश्चित रूप से वे यही कहेंगे कि चन्द्रमा पर स्थित दुकान। चूँकि चन्द्रमा पर गुड़ या शक्कर पैदा नहीं होती है, इसीलिए वहाँ फीके पकवान बनाये जाते हैं।

लेकिन मरता क्या न करता। जब मैं "ऊँची दुकान" का ताला नहीं खोल पाया तो किसी से तो उसकी चाभी मांगनी ही थी, भले ही वह विद्वान हो या बछिया का ताऊ। डर तो लग रहा था कि कहीं किसी हिन्दी के विद्वान से भिड़कर कुछ ऊँच-नीच न कर बैठूँ। यहाँ तो लोग सीधी बात को भी उलटकर कहते हैं, तभी तो अंग्रेजीदां उत्तर प्रदेश को उलटा प्रदेश कहते हैं क्योंकि दोनों को ही यू.पी. लिखा जा सकता है। एक विद्वान यहाँ कबीर करके हुए हैं जिन्होंने लिखा :—

बैल बिआइ गाइ भई बांझ
बछड़ा दूहे सुबहे सांझ।

हो गयी अल्ला हाफिज। गाय तो बांझ हो गयी, बैल ने बच्चा दिया, बछड़ा दूध देने लगा। धन्न करतार। अगर ऐसे ही सौ-पचास विद्वान और हो जाते तो शैक्सपीयर को इंग्लैण्ड छोड़कर चन्द्रमा पर जाना पड़ता। हिम्मत तो नहीं पड़ रही थी,मगर मेंने एक विद्वान से पूछ ही लिया कि जनाब ऊँची दुकान, फीके पकवान के क्या मानी है।

उन्होंने मानस का एक उद्धहरण सुनाया :—

ऊँच निवास नीच करतूती
देख न सकइ पराई विभूति।

लो, हो गई जै श्रीराम। अरे, हमें तो खड़ी बोली हिन्दी तक जब ठीक से नहीं आती है, तभी तो तुम्हारे पास ऊँची दुकान का ताला खुलवाने आये थे, अब रामचरित मानस की पश्चिमीकृत अवधी की कुंज गलियों में आम्रवन की छांव में नृत्य करती राधिके की करधनी के पीछे छुपी नाभि को कैसे खोजें प्रभुवर। आपने तो हमारे हिन्दी के अल्प ज्ञान का जनाजा निकाल दिया है। हम तो काने ही खुश थे, आपने नेत्र सही करने को आश्वासन देकर दूसरी भी फोड़ दी । मेरे लिए तो जैसे रामायण की चौपाई, वैसे फारसी की शायरी। मेरे मौला, मैं क्या करूँ।

बात ताज्जुब की जरूर है मगर मेरे महल्ले में एक सरदार जी हिन्दी के टीचर थे। कायदे से सरदार जी को पंजाबी का टीचर होना चाहिए था,

मगर वे हिन्दी पढ़ाते थे। मैंने सोचा कि हिन्दी वाले से इसका अर्थ पूंछने में शर्म लगती है कि इतनी छोटी बात का अर्थ इसे नहीं मालूम। सरदार से काहे की शर्म, अपने जानने वाले भी थे। एक दिन सुबह दस बजे, उनके घर पहुँचकर हमने कालवेल दबा दी। हमें मालूम था कि सरदार जी के बच्चे कान्वेन्ट में पढ़ते हैं और सवेरे ठीक 8 बजे अंग्रेजी टाइम से स्कूल चले जाते हैं जबकि सरदार जी हिन्दी स्कूल में पढ़ाते हैं और साढ़े दस बजे घर से निकालकर ग्यारह बजे स्कूल पहुँचते है। कालबेल भीतर कहीं बजी नहीं। सोचा कहीं बिजली न चली गयी हो, सो ड्राइंग रूम के दरवाजे को धक्का दिया। दरवाजा नि;शब्द खुल गया और मैं भीतर प्रवेश कर गया। चूंकि बिजली नहीं थी, सो ड्राइंग रूम में नीम अंधेरा था।

जब आंखें ड्राइंगरूम की अभ्यस्त हो गयी तो मैंने देखा कि सरदार जी मेरे पास ही खड़े किसी जरूरी काम में मशगूल हैं, मैं गलत समय उनके घर आ गया था। मैं जाने के लिए मुड़ा ही था कि सरदार जी की निगाह मुझ पर पड़ गयी। सरदार ने तत्काल अपने से आलिंगनबद्ध सरदारनी को अपनी छाती से अलग हटाया और मुझे आग्नेय-नेत्रों से देखने लगे। "ऊँची दुकान" जैसे ऊँचे सरदार ने मेरा कालर पकड़कर अपनी ओर खींचा "ओए की गल ये।" मैं घिघियाया, सरदारनी भी सिटपिटाई सी बगल में खड़ी थीं, "सरदारजी, ऊँची दुकान फीके पकवान का की मतलब है।" मैं डर के मारे, थोड़ी-थोड़ी पंजाबी बोलने लगा कि हो सकता है, सरदार मुझे भाई न सही भाषाभाई समझकर ही छोड दें। "ओये, मैनू पुच्छे बगैर तुस्सी साडे इलाके बिच आने दी जुर्रत कैसे की ती।" यह कहकर सरदार ने एक दुहत्थड़ मेरे दोनों कंधों पर जमाया। मैं गिर पड़ा, मुझे लगा कि मेरी सियावर रामचन्द्र की जै" हो गयी। सरदारनी कामातुर सरदार जी को भीतर खींचले गयीं। बाद में किसी सुर्ते आदमी ने मुझे सलाह दी कि सरदार से बारह बजे के पहले मिलने की हिमाकत तुमने क्यों की।

उस दिन तो मरते-मरते बचे। यह ऊँची दुकान जैसे दुकान न होकर लैला का टेढ़ा आंगन हो गया, जिसमें नाच न आने के बावजूद मैंने मजनू की भाँति नाचने की कसम खा ली थी। चुनांचे इलाहाबाद में हिन्दी के एक गुरुजी ने बताया कि इसका अर्थ है—ऊँचे स्तर का दावा करने वाले का निम्न स्तर का निष्पादन, उन्होंने उदाहरण भी दिया कि देखो, इलाहाबाद

यूनिवर्सिटी की बिल्डिंग तो अच्छी बन गयी मगर उसके शिक्षा का स्तर गिर गया। जैसे किसी होटल का नाम नियोन लाइट में झिलमिला रहा है और वह तुम्हें जली हुई चपातियां खिला दे। जैसे कोई पतुरियां भरतनाट्यम में प्रवीणता का दावा करें। जैसे—कोई नगर वधू कुल वधू होने का दावा करें। मैं सोचने लगा कि ऊँची दुकान के उदाहरण सरकारी मुलाजमों में भी मिल सकते है? क्या ऊँचे ओहदे का अफ़सर गैस की भाँति रंगहीन, गंधहीन, स्वादहीन होगा, तब फीका पकवान कहलायेगा।

मुझे याद है कि महाशिवरात्रि का दिन था वह, जब गुरुजी ने मुझे यह सब बताया था। दिन भर मैं उनके इस अर्थ को गुनता रहा। शाम को हास्टेल के लड़कों ने एक ड्रम भांग घोली और सभी को चार-चार गिलास पिला दी। एक गिलास पीते ही बिना माइक्रोस्कोप के दिन में तारे दिखने लगे। चार गिलास पीकर पास के लक्ष्मी सिनेमा में निःशुल्क फिल्म देखने की ठहरी। कार्पोरेशन के सांड की तरहं झूमते, डकराते कोई एक दर्जन लड़के दरबान को धक्का देकर सिनेमा के थर्ड क्लास में सबसे आगे बैठ गये।

फिल्म में एक इच्छाधारी नागिन दिखाई गयी थी जो कभी औरत बन जाती है, कभी नागिन मगर शीशे में रीना राय का प्रतिबिम्ब नागिन ही नजर आता है। भंग की तरंग में मुझे लगा कि "ऊँची दुकान फीके पकवान" का एक भी सही उदाहरण गुरु जी ने नहीं दिया। सबसे सही उदाहरण है यह, रीना राय—ऊँची दुकान फीके पकवान। हा-हा-हा-हा। औरत को नागिन, नागिन को औरत होते देख नशे ने दिमाग पर जोर डाला। एक दर्जन लड़के नागिन के मनोवैज्ञानिक भय से सीटों से पैर ऊपर उठाए अगले दो घंटे बैठे रहे। मुझे अब ऊँची दुकान की चाभी मिल गयी थी, जो गुरुजी ने भी अपने उदाहरण में नहीं बताई थी। जैसे विषकन्या नगरवधू होने का दावा करे। पकवान तो खरीदा जा सकता है, जबकि कुलवधु अपने को विक्रय नहीं करती, बाजार में तो नगरवधू उपलब्ध हैं। लेकिन एक पेंच यहाँ भी आ गया। पकवान जीने के लिए खाया जाता है, मरने के लिए नहीं। ऊँची दुकान का जहरीला पकवान कौन खायेगा। "या रब, कोई मुझे इस नागिन से बचाये।" मैं चिल्लाता हूँ।

बहरहाल मैं यह मानकर खुश हूँ कि मैं "ऊँची दुकान" का अर्थ सही तौर पर नहीं समझ सका। वैसे भी हिन्दी की कहावत का कोई सही अर्थ होता ही नहीं है, तभी तो इस भाषा को कोई पढ़ना नहीं चाहता। मेरी खुशी का कारण यह है कि मेरी हिन्दी समझ पाने की असमर्थता मेरे पूर्वजों के अंग्रेजी रक्त से मिश्रित होने की सबसे बड़ी दलील है। जाने-अनजाने मुझे हमेशा ऐसा लगता है जैसे मैं किसी अंग्रेज मां का बेटा हूँ, तभी तो मैं ठीक से हिन्दी नहीं समझ पाता। लेकिन मेरी मां तो अंग्रेज नहीं है। तब जरूर मेरा कोई पूर्वज किसी अंग्रेज मां का बेटा होगा। ऐसा महसूस कर आज मुझे अपने भीतर एक स्पष्ट गर्व, एक अव्यक्त हर्ष, एक अचूक ऊँचाई की अनुभूति होती है, जिसके सामने वह ऊँची दुकान कितनी बौनी सी दिखती है। है ना।

●

बवासीर

उत्तर भारत में सब काम उलटा किया जाता है। जिसे "गुप्त" कहा जाना चाहिए, वह प्रकट होता है, जिसे " प्रकट" कहा जाना चाहिए उसे "गुप्त" कहा जाता है। बबासीर, भगंदर जैसे रोग गुप्त ही रहें तो ठीक है, लेकिन इन्हें गोपनीय रखने की जरूरत समाज अनुभव नहीं करता। इसके विपरीत सेक्स सम्बन्धी रोग गुप्त रोग कहलाते हैं, जिन्हें उजागर किया जाना चाहिए ताकि उनसे बचाव किया जा सके। यह उलटी रीति सबसे अधिक उत्तर प्रदेश में देखने को मिलती है। लगता है इसी कारण कुछ लोग व्यंग्य में इसे उल्टा प्रदेश कहते हैं।

"सेक्स" को भारत में वर्जित ज्ञान समझा जाता है, जबकि मेरे हिसाब से आज सेक्स का ज्ञान सर्वाधिक आवश्यक ज्ञान है। चूँकि वर्जना की श्रेणी सामाजिक है, अतः सेक्स-समस्याओं से जूझता व्यक्ति कुंठित ही हो सकता है, मुँह नहीं खोल सकता। इन समस्याओं से जूझने की ताकत देने वाले वैज्ञानिक चिकित्सक भारत में अब काफी हैं, किन्तु वर्जना की चादर ताने इन सेक्स-समस्याओं के भीतर कुछ गजब की शक्तिवर्धक औषधियां बनाने वाले वैद्य और हकीम भी मिलेंगे। मैं इनकी योग्यता का कायल चाहे न हो सकूँ, इनके प्रचार का सौ फीसदी कायल हूँ। किसी रेलवे स्टेशन की दीवार पर जहाँ अक्सर रेल के यात्री लघुशंका करते हैं, आपको लिखा मिलेगा कि गुप्त रोगी/ पेशाब रोगी/मर्दाना कमजोरी/निःसंतान मर्द के लिए उसके पास ऐसी जड़ी बूटी उपलब्ध है, जिसे खाते ही वह बिजली के खम्भे जैसा मजबूत हो जायेगा। मेहरबानी करके हर जुमेरात को ट्रांसफार्मर के पास वाले दवाखाने पर तशरीफ लायें।

मैं नहीं समझ पाया कि "गुप्त" रोगी से उनका आशय क्या है? क्या ऐसे रोगी अपने चेहरे को छुपाकर उनके पास जाया करें। मैं यह भी नहीं

समझ पाया कि क्या किसी शख़्श की पेशाब में भी कोई रोग हो सकता है, मर्दाना कमजोरी फिर भी कुछ-कुछ ठीक है, मगर निःसंतान मर्द को क्या करने हकीम के पास जाना चाहिए। गौरतलब है कि ऐसे वी.आई.पी. रोगियों को अक्सर जुमेरात (बृहस्पतिवार) को ही बुलाया जाता है। मुमकिन है कि जुमेरात को जिन्न या पिशाच कोई शक्तिवर्धक दवा की सप्लाई हकीम जी को करते होंगे। ट्रान्सफार्मर का बहुत सीधा सम्बन्ध तो पेशाब से नहीं जान पड़ता है, गोकि ट्रांसफार्मर की विद्युत तरंगे शक्ति का ही एक रूप होती है। हो सकता है कि ट्रान्सफार्मर के बगल में हकीम जी ने अपना दवाखाना इसी वास्ते खोल रखा हो कि जब गुप्त रोगी वहाँ आये तो उसके जिस्म में बिजली की करेन्ट दौड़ा दीं जाये। चूँकि आजकल बिजली कम आती है, इसीलिए लगता नहीं कि ट्रांसफार्मर से अपनी शक्तिवर्धक दवा का सम्बन्ध स्थापित करके कोई हकीम अपनी प्रैक्टिस को जोखिम में डालेगा।

विश्व स्वास्थ्य संगठन की अद्यतन रिपोर्ट बताती है कि भारत विश्व में सर्वाधिक प्रगतिशील एड्स संक्रामक देश है। चूँकि जाहिल होने के कारण यहाँ किसी बात को बारीकी से नहीं समझा जाता है, इसी नाते एड्स के रोगी बच्चों को जंजीर से बांध कर रखा जाता है और एड्स से मृत व्यक्ति की लाश को भी कोई हाथ लगाना पसन्द नहीं करता। अपने जिस्म की इस भावी दुर्गति के मद्देनजर कोई एड्स रोगी यह हिमाकत नहीं कर सकता है कि वह यह घोषणा कर दे कि वह एच.आई.वी. पाजिटिव है। एड्स रोगियों का यह व्यवहार समाज की प्रतिक्रिया के कारण है क्योंकि उत्तर भारतीय समाज, सेक्स, सेक्स विषयक समस्याएँ, सेक्स समस्याओं के निवारण/तरीकों को इतना ही गोपनीय रखना चाहता है। इसी समाज में हकीम और वैद्य भी हैं जो सेक्स को प्रचारित कर समाज को नाराज नहीं करना चाहते। जाहिर है कि सेक्स रोगी को इसी कारण ये लोग गुप्त रोगी/पेशाब रोगी जैसे मनोरंजक नाम प्रदान करते हैं।

अब जबकि सारे विश्व में यह बात बहुत प्रचारित हो रही है कि सेक्स शिक्षा बच्चों में अनिवार्य कर दी जानी चाहिए, तब हमारे यहाँ सेक्स को लेकर परम्परागत व्यवहार करने का क्या औचित्य है? यह सही है कि यह ओरियंटल सोसाइटी हजारों वर्षों से सेक्स को एक निजी गोपनीय सम्बन्ध मानती रही है, परन्तु आज के सन्दर्भों में भी इसे ऐसे ही मानते रहना भूत को अपने सिर पर लादे रहने के बराबर है। इसी कारण कहा जा सकता है

कि जो चीज उत्तर भारत में उजागर रहनी चाहिए, वह गुप्त रखी जाती है। इसके नतीजे बड़े भयावह होंगे। हमारी गुणवत्ता एवं प्रगति को बढ़ती जनसंख्या नष्ट कर रही है। परन्तु जनसंख्या-नियंत्रण का कोई प्राविधान यहाँ नहीं है। निश्चित रूप से ऐसे कानून की जरूरत है कि 01 जनवरी 2005 के बाद होने वाले किसी आम चुनाव में कोई भी मतदाता, जिसके इस तिथि के बाद तीन बच्चे हैं, मतदाता होने के आयोग्य होगा। यह भी कि उसे नौकरी में इस तिथि के बाद नौकरी एवं आरक्षण दोनों ही नहीं मिलेगा तथा नौकरी में भी उस तिथि के बाद तीन बच्चे पैदा होने पर स्वतः बर्खास्तगी हो जायेगी। लेकिन जनसंख्या नियंत्रण इतना नाजुक मुद्दा है कि हमारा समाज इस विषय पर किसी कानून बनाने की हिम्मत करना तो दूर रहा, चर्चा तक नहीं करना चाहता। क्योंकि समाज के जेहन में यह बात कहीं न कहीं जरूर है कि सेक्स गुप्त, गोपनीय, निजी बना रहे।

जब समाज यह काम नहीं करेगा तो कौन करेगा। जाहिर है कि तब प्रकृति यह कार्य, करेगी। आज से दस साल बाद भारत दुनियां में सबसे अधिक एड्स बीमारों का देश होगा और इसकी मुख्य वजह समाज का बंद एवं गोपनीय होना है। जो समाज इतनी विषम स्थिति में भी अपना मुख नहीं खोलेगा, उसके सदस्यों को एड्स से एडियां रगड़कर मरना ही होगा। आखिर कहीं तो हमें 'फुलस्टाप' लगाना ही होगा।

बवासीर और भंगदर हमारे शरीर के ही रोग हैं, जो मरीजों को असहनीय पीड़ा देते हैं। ये वास्तव में गुप्त रोग हैं, लेकिन जिन्हें उजागर किया जाता है। बंगाल के चांदसी दवाखाने आपको शहर में पचासों की तादाद में मिलेंगे। जिसके बोर्ड पर डाक्टर का नाम और सर्प की आकृति दिखेगी। कहते हैं कि ये नौजवान बंगाली डॉक्टर बवासीर का सफल आपरेशन करने के अभ्यस्त होते हैं। अब हम तो इतनी गिजा, मिर्च-मसाला नहीं खाते हैं कि गुदाद्वार की चीरफाड़ के लिए चांदसी क्लीनिक का दौरा करें किन्तु आपको यदि कोई ऐसे तकलीफ हो तो एक बार मेहरबानी करके इन नौजवान डाक्टरों से मशविरा जरूर कर लें। सुनते हैं कि ये अपने फन में बड़े माहिर होते हैं।

गांवों में एक कहावत चलती है। जो शख़्श अनावश्यक रूप से बहुत कटु बोलता है, अनावश्यक प्रतिशोध एवं प्रतिक्रिया व्यक्त करता है, हमेशा ही उत्तेजित रहकर अंट-शंट बोलता है, उसके बारे में कहा जाता है कि

उसके 'मुख में बवासीर' हो गया है। इसमें अगर हेकड़ी-पूर्ण कृत्यों को भी सम्मिलित कर लिया जाये तो इसे आग मूतना कहा जाता है। यह कहावत बड़ी गंदी है। जितना कटु सम्बन्धित व्यक्ति बोलता है, उतनी ही कटु यह कहावत है। इस कहावत में सम्बन्धित व्यक्ति के मुख की तुलना एक प्रकार से गुदाद्वार से की गयी है। जैसे बवासीर में मस्से बड़े होकर तकलीफ करते हैं, वैसे ही ऐसे आदमी में मुंह में खून-पके दुर्भावना के मस्से होते हैं और उसके मुख खोलते ही निंदा, गाली, भर्त्सना के रूप में बाहर आने लगते हैं।

इतनी बड़ी गाली देने के बाद भी समाज ऐसे शोहदों को उकसाता है, जिनके मुख में बवासीर है, ताकि उससे भिन्न-भिन्न लोगों के बारे में बेलौस नंगी राय जानकर निंदा-सुख, परपीड़न सुख लिया जा सके। चूँकि उत्तर भारत में अब सहनशीलता की कमी हो गयी है, इसीलिए अब प्रायः लोगों के मुख में बवासीर की खुजली होने लगती है और ये लोग मौका ताड़ते ही अपने मुख से खून, विष्ठा, गंदे जल की बौछार करने लगते हैं। समाज के प्रमुख लोगों का आत्मकेन्द्रण, उनकी अपने हित की सर्वोच्चता उन्हें प्रेरित करती है कि जो व्यवस्थाएँ उनके पूर्वज छोड़ गये हैं, उन्हें वह चार लातें और जमाएं तथा देश के आम आदमी तक यह संदिग्ध वातावरण पैदा कर दें कि आज के बाद दुनियां का कोई मनुष्य विश्वास योग्य नहीं रहा तथा अपने हित के लिए हर व्यक्ति पर संदेह करो, मौका लगे तो उसके धन-बल को अपहृत कर लो, यदि ऐसा न कर सको तो बवासीर एवं सेक्स रोगों से सम्मिलित रूप से कुंठित होकर आत्महत्या कर लो ताकि आपके पड़ोसी आपकी हत्या के जुर्म में जेल भेजे जा सकें।

बेलौस गाली, छिद्रान्वेषण, जन-धन-बल अपहृत करने की नवीन तकनीक, सहिष्णुता का वध करने वाले पाखण्ड में आपाद मस्तक डूबे लोगों का अपना श्रद्धा-गान यदि कबीर, तुलसी सुन लेते तो काशी से भागकर श्रीलंका जाकर बस जाते। कहाँ ये विषाक्त बवासीरी वातावरण और कहाँ दुर्लभ प्रीति की पराकाष्ठा,

जाकै प्रिय न राम-वैदेही
तजिये ताहि कोटि वैरी सम-जद्यपि परम सनेही—

ये लोग दूसरों में नहीं अपने में गलती खोजते थे—

मुझसे बुरा न कोय

आज हम अर्थ के दास हैं, इसी कारण अनर्थ के दास हैं। मगर ये तत्कालीन उत्तरभारतीय अर्थ को देश की माटी से निर्मित ढेले के बराबर भी नहीं समझते थे। किसी के धन-बल का अपहरण तो दूर धन-बल का अपने नजदीक आना तक इन्हें तंग कर देता था—

तुलसी अब का होहिंगे नर के मनसबदार

तिस पर भी ये दरिद्र नहीं थे, इनके पास एक विशिष्ट स्वाभिमान था—

जाको मुख देखत दुख लागै
ता को करन परयो परनाम।
सन्तन को का सीकरी सो काम।

मगर आज जितने संत हैं, सबको सीकरी में कुछ न कुछ काम चाहिए। आप बेशक सुरति में डूबे बेगमात के बवासीरी वस्त्रों का जिम्मा इन्हें सौप दें, ये गद्‌गद हो जायेंगे और बड़े मनोयोग से बादशाह, बेगमात के अंग-वस्त्रों को पछींटकर, सफाई करके, निचोडकर लालाकिले के फटे हुए बांसों पर फहरा देंगे। ये संत थककर चकनाचूर हो जायेंगे, तो किले के किसी कोने में सो जायेंगे, दूसरे मातहतों के लिए सुल्तान के सामने अपने मुंह की बवासीर उघाड़ देंगे। यह सब काहे के लिए। सुल्तान की एक अदद मुस्कान की खातिर। इस मुस्कान के लिए ये सुल्तान के ढहते किले को एक धक्का और दे देंगे। इन्हें तो बस मुस्कान चाहिए, एक जालिम बवासीरी मुस्कान।

सी.सी. फाइव

पिछले एक सौ पच्चीस बरस के हिन्दी लेखन पर नजर डालिए, जहाँ भी सरकारी नौकरी का जिकर है, वहीं ऊपरी आमदनी का भी इशारा किया गया है। उत्तर भारत की नब्ज परसने वाले सबसे बड़े डाक्टर मुंशी प्रेमचन्द की कहानी 'नमक का दरोगा' पढिये, जिसमें उन्होंने ऊपरी आमदनी की तुलना नदी के स्वच्छन्द, उन्मुक्त जल से की है, जिसे पीने से इन्सान की प्यास बुझती है और तनख्वाह की तुलना चांद से की है, जो पूर्णमासी के दिन दिखाई देता है और घटते-घटते एक दिन समाप्त हो जाता है। इसी कारण से बंदे की नजर गंगाजल पर ठहरती है, जिसमें चांद भी दिख जाता है। लानत है उन बेगैरत लोगों पर, जो गंगाजल का अर्थ दारू समझते हैं और लानत है उन नामाकूल लोगों पर भी जो ऊपरी आमदनी को रिश्वत, घूस, सुविधाशुल्क जोगाड़, सोर्स जैसे हकीर नाम देते हैं।

यह तो एक शुल्क है जो आपको दफ्तर में धक्के खाने से बचने के लिए देना पड़ता है। इसे सेवा शुल्क या सर्विस चार्जेज भी कहा जा सकता है, लेकिन बुद्धिमान लोग इसे कन्वीनियेन्स चार्जेज या सी.सी. भी कहते हैं। यह कोई टैक्स या कर नहीं, जिसे देना आपकी कानूनी बाध्यता है, यह तो एक शुल्क है जिसे देकर आप धक्का खाने से बच सकते हैं। अपने बच्चे को तालीम दिलाना या न दिलाना सिर्फ आप पर मुनहसर है। बच्चे को स्कूल में डालते हैं, तो फीस देते हैं, बच्चे को जाहिल बनाकर साईकिल पंक्चर की दुकान पर काम करवाते हैं, तब तो तालीम के वास्ते आपको फीस भी नहीं देनी पड़ती बल्कि पंक्चर वाला ही आपको प्रतिदिन 20-25 रू. दे जाता है। जाहिर है कि सी.सी. क़ानूनी मजबूरी नहीं, आपके ऊपर है कि आप दें या न दें।

मध्य युग में मुस्लिम शासक थे, उस जमाने में सरकारी दफ्तर बड़े कम थे, मगर जितने भी दफ्तर थे, उनमें सी.सी. का चलन था। अंग्रेजी जमाने में सी.सी. ने बहुत तेजी पकड़ ली, क्योंकि इस दौर के नियमित अदालतें, तहसीलें, थाने बनाये गये तथा नहर, तालीम, रेल, सड़क के महकमें बने। आज मुल्क में दफ्तर ही दफ़्तर हैं, उसी की तर्ज पर देश में सी.सी. का जाल बिछ गया है। सबसे ज्यादे सी.सी. वहाँ है, जहाँ आर.सी.सी. का काम हो रहा है, चाहे सड़क हो, पुलिया हो या नेशनल हाइवे।

अंग्रेजी जमाने में सी.सी. का चलन आरंभिक अवस्था में था, इस कारण लोग इसका सही नाम नहीं रख सके। उस जमाने में इसके कई नाम थे। मसलन आप किसी बड़े अफसर या गर्वनर जनरल से मिलने गये, तो मुलाकात के वक्त उसकी नजर कुछ भेंट करना लाजिम था। यह भेंट नजराना कहलाती थी। मान लो, आपका वायसराय से कुछ काम था, वह काम हो गया, तब आप उनसे मिलकर जो भेंट देते हैं, वह शुकराना कहलाता था। लाट साहब गर आपसे नाराज हो जायें तो आपकी जान के लाले पड़ सकते हैं, ऐसी हालत में उनकी नाराजगी दूर करने के वास्ते आप उन्हें जो भेंट करेंगे, वह आप भले ही नजराना कहें, हम तो उसे जबराना ही कहेंगे, जो एक बड़ा गुण्डा आम आदमी से वसूलता है। आजकल ये गुण्डा टैक्स या रंगदारी भी कहा जा सकता है। आपने जानबूझकर या गलती से साहब का कोई काम खराब कर दिया, तब आप उसे हरजाना के अतिरिक्त और क्या भेंट करेंगे, जो उसकी नाराजगी को कम कर सके।

लाहौल बिला कूबत। छोटी सी सरल बात का बतंगड़ बना दिया। गंगा जैसी पवित्र संस्था (सी.सी.) को जैसे प्रदूषित कर दिया है। माशूक से मिलन के लम्हें का जैसे पोस्टमार्टम कर दिया हो। एक साधारण सी बात को नजराना, शुकराना, जबराना, हरजाना जैसे चार-चार भारी भरकम 'लफ्जों' का नाम देकर उसके वजन से उस भावना को ही कुचल डाला, जो लोगों के दिलों में प्रेरणा का संचार करती है। आखिर क्योंकर अंग्रेजों ने एक ऐसा बेहूदा मजाक किया कि गांव का जाहिल आम आदमी फर्क ही नहीं कर पाता होगा कि उसने नजराना दिया या शुकराना। खामखाह लोग अंग्रेजों को बुद्धिमान कहते हैं, मुझे तो उनमें साफ-साफ अक्ल की कमी दिखती है।

हमारे मुल्क के लोग अंग्रेजों जैसे बेवकूफ नहीं हैं जो इन बातों का साफ मतलब न समझ पायें। अंग्रेज यहाँ से नजराना, शुकराना जो भी ले गये हों, इंग्लैण्ड वापस जाकर सभी पर मुकदमा चला! लार्ड क्लाइव हो या लार्ड विलियम बैंटिक। सभी जेल गये। कुछ जेल में मर गये, कुछ पागल होकर। हमारे देश में देखिए, मरता है कभी कोई शख्स सी.सी.-5 का सेवन करके। आप अगर उल्लू न होंगे तो तत्काल समझ लेंगे कि छोटे स्तर पर सी.सी.-5 पचास रूपये का नाम है, उससे ऊँचे लेवल पर क्रमशः पाँच सौ, पाँच हजार, पांच लाख या पचास लाख तक जाया जा सकता है। चूँकि एक करोड़ की गिनती में कितने सिफर होते हैं, मुझे नहीं मालूम, इसलिए पाँच करोड़ को मैंने किसी लेविल में नहीं रखा लेकिन उत्तर भारत की पब्लिक जाहिल तो है, बेवकूफ नहीं। वह बड़े मजे से पांच करोड़ के स्तर का मामला समझ सकते हैं।

हिन्दुस्तान का आदमी इस मामले में वाकई काबिले तारीफ अक्ल का बंदा है। वह साफ-साफ कहता है कि तनख्वाह का मतलब है-तन खा। जो आपका जिस्म (तन) खा डाले, उसे तनखा कहते हैं। जब आपका जिस्म कोई खोलेगा तो आप बीमार हो जायेंगे। तब यही सी.सी. फाइव आपके दारू के काम आवेगा। इसीलिए तो इसे गंगाजल की भाँति पवित्र माना जाता है। इसकी सुरक्षा के लिए स्नान, पूजा, गीता, रामायण सबका पाठ किया जाता है। प्रकारान्तर से सी.सी. फाइव हमारी आध्यात्मिक चेतना में एक विशिष्ट गुरूता का एहसास कराता है। ये हमें प्रेरणा देता है कि हम नम्र, सद्भाषी, दूरन्देस, आध्यात्मिक जीवन की ओर अग्रसर बने रहे, ताकि कोई खलनायक हम पर कुदृष्टि न डाल सके।

सी.सी. फाइव का असल मजा सुल्तान और बेगमात लेती हैं। अंग्रेजी अमलदारों का नजराना, शुकराना, जबराना, हरजाना, सभी चारों काम सुल्तान के अलावा दूसरा नहीं कर सकता। दफ्तर में नजराना, शुकराना ही मुमकिन है, बाकी दो की गुंजाइश नहीं। आज अंग्रेजी अमलदारी नहीं रही, मगर सी.सी. फाइव का जोर किसी कदर कम नहीं हुआ। सी.सी. फाइव के लेने की भी एक अजीब पद्धति है।

कुछ लोग सुविधा शुल्क लेते हैं या लानत हो आम पब्लिक की अक्ल पर, जो कहती है कि रिश्वत खाते हैं, तो वे खाते हुए दिखते हैं। आप देखेंगे कि उनकी मुंह, दाढ़ी, खींसें खाने से सनी हुई हैं गोया कि वे किसी

बच्चे के जन्मदिन समारोह में बैठकर दिल को सुकून देने वाली मीठी पेस्ट्री खा रहे हैं और अपनी टाई के ऊपर गिरा रहे हैं। सी.सी. फाइव का यह तरीका मुझे सबसे ज्यादे पसन्द है। अरे, खाया सो खाया, छिपाएं क्यों? हम तो ऐसे खाते हैं कि मीलभर दूर से आम आदमी को मालूम हो जाये कि हम किसी के जन्म दिन की पार्टी से अभी-अभी आये हैं, और हैंकि से अपना मुंह, दाढ़ी, खींसें पोंछ रहे हैं। खुदा गारत करे, उन लोगों को जिन्होंने दाढ़ी की रिवाज खतम करके 'चोर की दाढ़ी में तिनका' साबित करने वाले शख़्स की नसबंदी कर दी।

कुछ लोगों का रिश्वत खाना जायज है। वे आपके काम के लिए जान दे देते हैं। अपनी नींद, सुख, चैन, बाल बच्चों को छोड़कर दर-दर की ठोकर खाते हैं, महज आपके काम के लिए। कुछ लोगों के लिए रिश्वत खाना फर्ज है क्योंकि विभाग में ऐसा ही दस्तूर है कि यदि आपने अपनी आदर्श नीति के तहत दस्तूरी छोड़ दी, तो आपके मातहत या अफसर उसे खा जायेंगे और डकार तक नहीं लेंगे। डकारते वे इस भय से नहीं कि आप समझ जायेंगे कि उन्होंने आपकी दस्तूरी भी खा डाली है। इस दस्तूरी का आप नजराना, शुकराना वाली, कटेगरी में पांचवें स्थान पर रख सकते हैं। इसे न लेना पागलपन है क्योंकि यह एक फर्ज है। इस लेने में कोई भी आदर्श, भक्ति अध्यात्म या आत्मा घायल नहीं होती।

लोकमान्य बाल गंगाधर तिलक ने कहा था कि स्वराज मेरा जन्मसिद्ध अधिकार है, मैं इसे लेकर रहूँगा। इसी की तर्ज पर कुछ लोग सी.सी. फाइव का सेवन करते हैं। इस प्रकार का सी.सी. फाइव नजराना, शुकराना के अतिरिक्त जबराना की श्रेणी में भी आ जाता है। जबराना वाले लोग लोकमान्य तिलक के बड़े भारी अनुयायी हैं। वे जबराना वसूल ही लेंगे, आप उनके सामने रोयें, गायें, गिड़गिड़ाये या मिमियायें। इन्हें आम आदमी जबराना भी देता है और मुंह से इसका जिकर भी नहीं करता। बस, वह अपनी जान या तो छुड़ाना चाहता है या अपने पड़ोसी की जान फंसाना चाहता है।

उत्तरभारत की आम पब्लिक समझ रही होगी कि ऊपर मैं किन लोगों की बात कर रहा हूँ। लेकिन मेरे तरकश में अभी एक ब्रह्मास्त्र है, जिसे निकालकर जब मैं चलाऊँगा, पब्लिक के छक्के छूट जायेंगे, उसकी आँखें चौंधिया जायेगी, उसका बेड़ा गर्क हो जायेगा। कुछ लोग होटेल में खाना

खाते हैं। जिन्हें भूख नहीं होती या जो अपने घर बैठकर होटेल के खाने का मजा लेना चाहते हैं, वे होटल से पैक कराकर खाना घर ले जाते हैं। ठीक इसी प्रकार कुछ लोग अपनी सी.सी. फाइव पैक कराकर घर ले जाते है। यह भी खाने का एक स्टाइल है। ये बहुत ही साफिस्टीकेटेड लोग होते हैं, जो दाढ़ी न रखकर क्लीनशेब रहते हैं और प्रायः गंम्भीर रहते हैं ताकि उनकी भावनाओं को आप भांप न सकें।

पैंकेजिंग के माहिर ये लोग होते तो साधारण हैं, इनकी भावनाएं भी साधारण होती है, मगर वे सब फाइवस्टार कवर में एअर कंडीशन पैकेट्स में होती हैं। ये प्रभु किस्म की वराइटी है, अंग्रेजी अमलदारी में जिसकी किसी से तुलना नहीं की जा सकती। ये विशेषाधिकार सम्पन्न वर्ग हैं, जिसकी गाड़ी की हवा भी आपको लग जाये तो आपके स्कूटर का बाजा बज जायेगा। इनसे सदा सर्वदा उचित दूरी बनाए रखना ही ठीक है। इन्हें सी.सी. फाइव का भुगतान माहौल, स्थान एवं समय देखकर किया जाता है। इसमें चूक होने पर आपसे जो कोताही होगी, उसकी भरपाई मुमकिन नहीं।

बंद लिफाफा

सरकारी नौकरों के लिए यह शब्द अनजानें नहीं है, मगर शायद आम पब्लिक इन शब्दों से ठीक से परिचित न हो। सरकारी मुलाजमत में जो कुछ कायदे कानून हैं, अंग्रेजों की देन है, यह शब्द भी उन्होंने दिये होंगे। किन्तु वे बंद लिफाफे की जगह अंग्रेजी में क्या कहते थे, मुझे नहीं मालूम। हम तो उर्दू के इन दो लफ्जों का मतलब ही आपको बता सकते हैं, जिनकी हिन्दी आज तक नहीं बनी। लिफाफा बंद, कोई मामूली लफ्ज नहीं है, जिसके नाम के आगे ये लफ़्ज टांक दिये जाते हैं, उसके दर्द का अन्दाजा एक औसत आदमी नहीं लगा सकता।

लिफाफा वह कागज का कवच है जिसके भीतर कोई चिट्ठी, खत, पत्र या सूचना रखी जाती है। यदि गोंद से आपने लिफाफे का मुंह चपका दिया तो लिफाफा बंद कहा जाता है, यदि लिफाफे का मुंह खुला है तो उसे बंद नहीं कहा जा सकता। लेकिन गोंद की भूमिका बड़े-बड़े गुल खिलाती है। लिफाफे की यह औकात तब पता लगती है जब आपका प्रमोशन करीब आता है। यदि आप थकी हुई पोस्ट पर तैनात है, तब प्रमोशन सुखद एवं यदि आप मलाईदार ओहदे पर काबिज हैं, तब प्रमोशन दुखद होता है।

प्रमोशन करने के लिए एक विभागीय प्रोन्नति समिति, जिसे डी.पी.सी. कहते हैं, सभी पात्र अभ्यार्थियों के नामों पर विचार करती है। जिस कर्मचारी के खिलाफ विभागीय कार्यवाही गतिमान होती है, उसका लिफाफा बंद समझकर डी.पी.सी. उसके नाम पर विचार नहीं करती। यदि लिफाफा बंद नहीं है, तभी उसके नाम पर विचार किया जाता है। साफ

जाहिर है कि जिसका लिफाफा बंद है, तो गयी भैंस पानी में। डी.पी.सी. के पहले इस बंद लिफाफे को खुलवाने हेतु सरकारी मुलाजिम को कितने पापड़ बेलने पड़ते हैं, यह तो कोई भुक्तभोगी ही जानता है।

उर्दू में कहा गया है कि खत का मजनू भांप लेते हैं लिफाफा देखकर। लगता है कि इस शायर ने बंद लिफाफा नहीं देखा होगा, यदि देख लेता तो शायद शेर में 'भांप लेता' न कहता बल्कि तब कहता कि 'खत का मजमूं पढ़ लिया मैंने लिफाफा देखकर।'' वंद लिफाफे का यही संदेश है कि इसके भीतर कुछ नहीं जो इस समय सार्थक हो सके। यह तो लू के थपेड़े खाया, काला पड़ चुका किसी शख्स का चेहरा है जो अपने अन्तर में जल रहा है।

बाज, सरकारी मुलाजिम अपनी प्रकृति में बंद लिफाफे जैसे होते हैं। क्लीन शेव चेहरा, डाई से काले किये बाल, परम्परागत टाई, हास्यविहीन, गंभीर, गंजी होती शक्ल। इनमें आपको किसी उत्साह, ऊर्जा का एहसास नहीं दिखता। यद्यपि कार्पोरेशन के सांड से इनकी तुलना करना मुनासिब नहीं क्योंकि सांड आखिरकार स्वेच्छाचारी जानवर है, जबकि ये शरीफ व्यक्ति हैं, मगर एक मामलें में ये सांड जैसे ही है। बंद लिफाफे की प्रकृति जैसे सोये हुए से ये लोग पांच मील दूर से लिफाफे में बंद पैसे की गंध सूंघ लेते हैं और अगर बादल न हो तो दस मील दूर से। ठीक कार्पोरेशन के सांड की तरह जो अपना समय सोने में व्यतीत करता है, बशर्ते उसे गाय न दिख जाये।

अंग्रेजी अमलदारी में लोग मजबूरन अपने दूरस्थ रिश्तेदार का हाल चाल जानने के लिए खतो-किताबत करते थे। तब लिफाफे की बड़ी कीमतें थी। डाकिया दिखते ही दिल धक-धक करने लगता था कि हो न हो, मेरे बेटे का खत आया हो। तब बंद लिफाफे का मुहावरा पड़ा होगा। आज जबकि टेलिफोन ई-मेल का जमाना है, तब बंद लिफाफे की क्या बिसात। अब इसे कुछ दूसरा नाम देना चाहिये।

बंद लिफाफा भविष्य की ओर भी एक गूढ़ संकेत करता है। कायदे से ज्योतिषियों की रूचि इसमें होनी चाहिए, मगर मैंने देखा कि ज्योतिषी इन शब्दों का इस्तेमाल बिल्कुल नहीं करते हैं। लिफाफे के अन्दर, मुलाजिम की सर्विस रोल रखे होते हैं जिन्हें लिफाफे से बाहर निकालकर विचार

किया जाता है। यदि लिफाफा बंद है तो साफ जाहिर है कि सम्बन्धित कर्मचारी का भविष्य उसमें बंद है। ऐसे निश्चयपूर्वक शब्द का इस्तेमाल ज्योतिषियों को करना चाहिए।

'बंद लिफाफा' शब्द बहुत कुछ 'दाखिल दफ्तर' से मिलता जुलता है। 'दाखिल दफ्तर' फाइलों के लिए इस्तेमाल किया जाता है। जब फाइल समाप्त हो जाती है, तो उसे इन्डेक्स करके दाखिल दफ्तर करने का हुक्म दे दिया जाता है। लेकिन यदि जरूरत पड़े तो वह फिर से निकलवायी जा सकती है। ठीक इसी तरह बंद लिफाफे में अस्थायी रूप से कर्मचारी का भविष्य दाखिल दफ्तर कर दिया जाता है जिसे जरूरत हो तो पुनः निकलवा लिया जाता है तथा खोलकर हुक्म दे दिया जाता है।

ऐसा नहीं कि बंद लिफाफा, यदि एक बार बंद हो जाये तो मुलाजमत के दौरान, दोबारा खुलता नहीं है। जिस कारण लिफाफा बंद हुआ है, उस कारण के समाप्त हो जाने पर लिफाफा खुल जाता है, मुलाजिम प्रमोट हो जाता है। हो सकता है कि इस प्रक्रिया में दो-चार साल लग जाये। तब तक आपके साथ भर्ती लोग आपके बॉस हो चुके होंगे, और आपकी उन्हें यस सर, राइट सर कहने की आदत पड़ चुकी होगी।

कभी-कभी इन्सान का जीवन न चाहते हुए बंद लिफाफे की भाँति हो जाता है। वह अपनी जटिल परिस्थितियों में ऐसा जकड़ जाता है कि चाहते हुए भी उसे बाहर का रास्ता नहीं दिखता। परिस्थितियों की जटिलता उसके भविष्य का मार्ग अवरुद्ध कर देती है। इस तरह से उसके भविष्य का लिफाफा बंद हो जाता है। लेकिन स्थितियों के इन घात-प्रतिघात में उलझकर भी साहसी मनुष्य अपनी राह तलाश लेता है, उसका बंद लिफाफा खुल जाता है। वह बाहर आकर फिर से प्रगति पथ पर चल निकलता है।

बंद लिफाफे की यही कहानी है कि फिलहाल इसकी कोई कहानी नहीं। लिफाफा बंद, मतलब भविष्य अंधेरे में। अब मारो अंधेरे बंद कमरे में हाथ-पांव। जब रौशनी की किरण दिखे, तो खिड़की, रोशनदान या दरवाजा खोलने की कोशिश करो। यदि कोशिश कामयाब हो गयी, तो आप लिफाफे के बाहर होंगे।

गौर से देखें तो लगता है कि बंद लिफाफे में कागज नहीं खुद मुलाजिम बैठा है। अब ये उसे तय करना है कि वह भीतर ही रहना चाहता है या बाहर निकलेगा। अगर बाहर निकलने की चाह है तो एक दिन लिफाफा जरूर खुलेगा। दुनियां की कोई ऐसी रात नहीं होती, जिसका सबेरा न हो, चाहे वह रात कितनी ही लम्बी क्यों न हो।

●

पाइप लाइन सिस्टम

बढ़िया सिस्टम है ये। एक लम्बी सी नली में एक सिरे पर आप पानी का प्रवाह करा दें, तो दूसरी ओर से पानी निकलना शुरू हो जायेगा। किन्तु जो पानी एक सिरे से आप भर रहे हैं, ठीक वही पानी दूसरे सिरे से नहीं निकलेगा। वह पानी नली के माध्यम से होता हुआ, कुछ समय बाद, दूसरे सिरे से निकलेगा। किसी भी समय यह नलिका पानी से भरी हुई मिलेगी। यानी किसी का फौरन परिणाम नहीं मिलेगा-पाइप लाइन की लम्बाई तय करने का समय तो लगना ही है। यही पाइप लाइन सिस्टम है कि कार्य करने में एक निश्चित समय की दरकार होती है।

अब मान लो, इस पाइप लाइन में पानी की जगह रूपया भरना है, तो वह रूपया कुछ समय तक तो पाइप लाइन में गुजारेगा, तब दूसरे किनारे से उसका आउटपुट निकलेगा। आम आदमी को क्या मालूम कि पाइपलाइन में कितनी जंक लगी है, जो रूपया सोख लेती है या कि पाइप लाइन का कितना तापमान है, जो जल को गरमकर वाष्पित कर देता है। आम आदमी तो यह भी नहीं जानता है कि पाइप लाइन कितनी लम्बी है तथा किन-किन गलियों, किन-किन घरों से होकर गुजरती है।

यदि आम आदमी यह समझ लेता कि ये पाइप लाइन कितनी लम्बी है, किन गलियों, घरों से होकर गुजरती है, तब वह यूँ गला फाड़-फाड़कर सड़क और चौराहों पर उजड्डों की भाँति न चीखता फिरता। अब देखिए न, मीलों लम्बी पाइप लाखों घरों और गलियों से होकर गुजरती है। यह किसी लोहार की भट्ठी के ऊपर से निकलती है, जहाँ की आँच में यह गर्म हो जाती है और कुछ पानी तरल बूदों के रूप में इसके ऊपर जम जाता है, जिसे उस लोहार के बच्चे आसव की तरह एक पात्र में टपका लेते हैं।

कहीं कहीं पाइप लाइन को चूहों ने कुतर दिया है, माफ करिये, चूहे लोहे की पाइप को कैसे कुतर सकते हैं। लेकिन जंक लगे होने की वजह से पाइप कमजोर हो गयी है, इस नाते पानी चूने लगा है। अब उस घर का वासिन्दा उस पानी का प्रयोग कर ले तो मुनासिब होगा, क्योंकि टपकते पानी को जाया करना देश का नुकसान होगा।

कहीं किसी इन्जीनियरिंग दिमाग के हेकड़ आदमी ने पाइप लाइन को बिल्कुल काट दिया है तथा वह सारा पानी खुद इस्तेमाल करता है। कटे हुए दूसरे हिस्से में वह जब तब पानी प्रवाहित कर देता है। हमें तो ऐसे आदमी का शुक्रगुजार होना चाहिए, जो पता नहीं क्यों ऐसी टूटी पाइप लाइन में पानी प्रवाहित तो करा देता है। यदि वह ऐसा न करे, तो हम आप उसका क्या बिगाड़ लेंगे। कुछ लोगों ने पाइप लाइन में इन्जेक्शन जैसा एक सिरिंज लगा दिया है, जिससे वे गाहे बगाहे पानी खींचते रहते हैं। कहीं-कहीं पाइप लाइन मोरियों के बीच से गुजरती है, जहाँ से पानी नाली में चला जाता है और नाली का गंदा पानी पाइप लाइन में भरता रहता है।

गरज यह कि पाइप लाइन के पानी के सब दीवाने हैं। हों भी क्यों न। आखिर पानी, हवा, अग्नि, मिट्टी को महाभूत कहा जाता है। एक पिशाच या जिन को मना लेने पर कोई योगी परमसत्ता का दर्शन करता है, यदि किसी ने महाभूत को साथ लिया तो उसकी शक्ति सामर्थ्य की तुलना भला किसी से कैसे की जा सकती है। महाभूत की किस्म ही ऐसी है कि वह जिसे अपना वरदान दे देता है, वह कबीर की भाँति उन्मत्त घूमता रहता है और उसे अपने शरीर की भी सुधि नहीं रहती है—

मैमन्ता घूमत रह्या, नाही तन की खैर।

सिस्टम और भी कई तरह के हैं, लेकिन इस महाभूत 'पाइप लाइन सिस्टम' का जोड़ नहीं। इसके इसी करिश्में को देखकर कुछ बड़ी कम्पनियों ने पाइपलाइन बनाने का ठेका ले लिया है। वे पाइप लाइन के निर्माण के दौरान ऐसी तकनीकी व्यवस्था कर देते हैं कि बिना किसी शिकवा-शिकायत के उससे एक निश्चित मात्रा में पानी, एक खास व्यक्ति को, मिलता रहे। इससे पाइप-लाइन के साथ छेड़खानी भी नहीं होती है, पानी चौकस मिलता रहता है। यह बुद्धि का खेल है, सब इसमें माहिर नहीं होते हैं, न ही सबकी सामर्थ्य पाइप लाइन के निर्माताओं को प्रभावित करने

की होती है। पानी पीने का यह सबसे 'बेस्ट' तरीका है।

जिसने सरकारी नौकरी में रहकर भी इस महाभूत को बस में नहीं किया, उसका जन्म अकारथ गया। मैं तो ऐसे शख्स को बछिया का ताऊ ही कहूँगा। कुछ लोग इतने डैशिंग होते हैं कि दो तीन साल की नौकरी में ही पाइप लाइन का न केवल भौतिक सत्यापन कर लेते हैं बल्कि एक सिरे से दूसरे सिरे तक छेद में आँख लगाकर झांक भी लेते हैं। वे निर्वेद भाव से पाइप लाइन सेवा के सक्रिय सदस्य बन जाते हैं और आजीवन निरपेक्ष भाव से अपना कर्तव्य निवाहते हैं। पाइपलाइन सिस्टम समझ पाना सरल नहीं। इसके लिए तो कठिन तपस्या करनी पड़ती है।

जिसे संस्कृत में 'काक चेष्ठा, बको ध्यानम्' कहा गया है, वैसे ही व्यवहार की दरकार है, इस महाभूत को बोतल में बंद करने के लिए। गर्मी की दोपहर में पसीना बहाना हों या जाड़े की रात में ठिठुरना हो, वारिश में भीगना हो या गणेश परिक्रमा करना हो-आपको बगुले की भाँति घंटों एक टांग पर खड़े रहकर मछली की प्रतीक्षा करनी होगी। मछली दिखते ही आप उसे तत्परतापूर्वक निगल जाये। कौए की भाँति चपलता, बेशर्मी, मनमानेपन से परे रहकर इच्छित वस्तु की प्रतीक्षा करें और मौका लगते ही अपनी मंजिल पा ले। इससे इतर चेष्टा करने पर आप पाइप लाइन के सूराख में नहीं घुस सकते।

कुछ ऐसे लोग भी होते हैं, जिनका जन्म ही पाइप लाइन में होता है। कुछ लोग प्रयास करके पाइप में प्रवेश कर लेते है तथा कुछ लोगों को इत्तेफाक से पाइप लाइन में जबरदस्ती ढकेल दिया जाता है। तीनों तरह के लोग महान एवं सौभाग्यशाली कहे जाने चाहिये। इन लोगों से वे लोग ईर्ष्या करते हैं, जो जंक के कारण कमजोर पाइप लाइन से टपकता पानी पीते है। पाइपलाइन में जन्में ये परम सत्तावान, सम्प्रभु टाइप के विशिष्ट लोग है, जिनसे ईर्ष्या ही की जा सकती है, बराबरी करना मुमकिन नहीं। हमें भी ऐसे लोगों से रश्क है जिनका जन्म ही पाइप लाइन में हुआ।

●

गणेश-परिक्रमा

भारत में तैतीस करोड़ देवी देवता माने जाते हैं। इतनी बड़ी तादाद में दो चार की घट-बढ़ से कोई फर्क नहीं पड़ता। गौतम बुद्ध ने जब तत्कालीन समाजिक असमानता के खिलाफ आवाज उठाई, तो मनुवादी व्यवस्था की चूलें हिल गयी। हजारों उच्च कुल के ब्राह्मण गौतम के शिष्य बन गये। ब्राह्मण समाज ने तत्काल अपने तौर तरीकों में सुधार किया ताकि समाज में भगदड़ को रोका जा सके। 80 बरस के होकर तथागत इस दुनियां से कूंच कर गये। उनके जीवित रहते उनकी आवर्तनी माया के प्रभाव से कोई भी उत्तर भारतीय परिवार नहीं बच सका। देहान्त के बाद जाहिर है, बौद्ध प्रताप में कुछ कमी आयी। मनुवादियों को मौका लग गया। उन्होंने तड़ से गौतम बुद्ध को अपने 33 करोड़ देवताओं में शुमार कर लिया।

इन्हीं तैंतीस करोड़ में से एक देवता हैं, गणेश, जो सबसे अलग, सबसे अधिक बुद्धिमान, विघ्नों का हरण करने वाले, शिव परिवार की दूसरी पीढ़ी के प्रथम पुरुष हैं। इनका सिर हाथी की भाँति, सुन्ड तथा बड़े-बड़े कानों से संयुक्त है, शरीर मानवीय आकार का है। इन्हें मोदक (लड्डू) प्रिय है। सबसे बड़ा अचम्भा इनके वाहन (सवारी) को लेकर है कि ऐसे भारी भरकम शरीर वाले देव का वाहन मूषक कैसे हुआ। गणेश जी तीव्र लेखन में भी सबसे आगे हैं। सारे देवों में वे सबसे प्रथम पूज्य है। वे शुभ कार्यों के देवता है।

ऐसा लगता है कि गणेश देवता न होकर देव-संस्था की संज्ञा है। कारण कि जब शिव-पार्वती का विवाह हुआ तो विवाह पूर्व वर-वधू ने गणेश की पूजा की। आज भी विवाह के पहले गणेश की पूजा करने का रिवाज है और निमन्त्रण कार्डों पर गणेश वंदना अंकित रहती है—

वक्र तुन्ड महाकाय सूर्य कोटिश सम्प्रभ
निर्विघ्नं कुरू में देव सर्वकार्येषु सर्वदा।

कलान्तर में जब शिव-पार्वती के प्रथम पुत्र उत्पन्न हुआ तो लगता है उन्होंने उसके गुण देखकर उसे गणेश नाम ही दे दिया।

गणेश के हाथी जैसे सिर की भी एक अलग कहानी है। अपने जन्म से ही गणेश जी माता पार्वती के अनन्य साधारण भक्त एवं आज्ञाकारी थे। एक बार कैलाश पर अपने स्नान के समय पार्वती 'मेरे नहाने तक किसी को भी कक्ष के अन्दर प्रवेश मत होने देना' यह कहकर वे स्नान करने चली गयीं। इत्तफाक से कुछ देर बाद शिवशंकर उस कक्ष में प्रवेश करने लगे, तो मातृभक्त गणेश ने अपने पिता को भी कक्ष में घुसने से रोक दिया। महादेव ने उन्हें समझाया कि बेटा, मां के कहने का मतलब किसी अन्य व्यक्ति को कक्ष में प्रवेश करने से रोकना था, लेकिन गणेश न माने।

बालक की इस हठधर्मिता पर प्रलयंकर महादेव कुपित हो उठे, त्रिशूल उठाया और चला दिया। गणेश जी का मस्तक काटता हुआ त्रिशूल वापस आ गया और धड़ पृथ्वी पर आ गिरा। तभी पार्वती स्नान करके कक्ष से बाहर आयीं और मृत पुत्र को देखकर विलाप करने लगी। चूँकि पार्वती स्वयं जगदम्बा की स्वरूप हैं, इसलिए उन्हें शांत करने के उद्देश्य से महादेव ने एक हाथी के मस्तक को गणेश जी के धड़ पर लगा दिया, गणेश जीवित हो गये।

गणेश जी के सैकड़ों नाम हैं। शायद ही कोई अन्य देवता होंगे जिसके नाम गणेश जितने अधिक हों। कुछ नाम मैं दे रहा हूँः वक्रतुण्ड, महाकाय, विघ्नेश, त्रयम्बक, लम्बोदर, गजानन, गणपति, विघ्नेश्वर।

शुभ कार्यों में प्रथम पूज्य, विघ्न बाधाओं का निराकरण करने वाले गणेश जी बुद्धि-वैभव में भी अग्रगण्य हैं। कहते हैं कि महर्षि व्यास ने अपनी महाभारत को गणेश जी से ही बोल बोलकर लिखवाया। उनकी दिमागी उत्कृष्टता का एक नमूना तब देखने को मिला, जब एक बार देवताओं की सभा हुई। सभा से कहा गया कि जाओ, पृथ्वी की एक परिक्रमा करो, जो सबसे पहले वापस लौटकर आयेगा, उसे प्रथम देव माना जायेगा। वह देवताओ में सबसे बुद्धिमान प्रमाणित होगा। सारे देवता दौड़ चले, गणेश जी हिले तक नहीं।

सबने सोचा कि गणेश जी सबसे फिसड्डी होंगे, क्योंकि अन्य देवता जब वायुवेग से उड़ रहे हैं और गणेश जी का वाहन मूषक है, तो जाहिर है कि वे (अन्य देवता) ही पृथ्वी की परिक्रमा पहले पूरी करेंगे। गणेश जी तो अभी तक दौड़े ही नहीं। नारद जी ने जब यह बात गणेश जी को कहकर उत्तेजित करना चाहा तो गणेश शांत भाव से बोले-पृथ्वी को शास्त्रों में माता माना गया है। मेरी माता पार्वती सामने खड़ी हैं। मैं इन्हीं की एक परिक्रमा कर लेता हूँ। एक मिनट से कम समय में गणेश जी ने मां पार्वती की एक परिक्रमा कर ली और अन्य देवताओं के वापस लौटने की प्रतीक्षा करने लगे।

पृथ्वी की परिक्रमा करके धीरे-धीरे देवगण वापस आने लगे। सभी पसीने से लथपथ हो रहे थे तथा लम्बी-लम्बी सांसे लेते हुए थककर चूर हो रहे थे। उन्होंने देखा कि गणेश जी अपनी सूढ़ हिलाते हुए शांत भाव से खड़े मुस्करा रहे थे। जब सब वापस लौट आये तो गणेश जी ने हुंकार कर घोषणा की कि बुद्धिमता में वे सबसे आगे हैं क्योंकि उन्होंने पृथ्वी की परिक्रमा सबसे पहले की है। अन्य देवता चीख पुकार कर विरोध करने लगे कि गणेश जी तो दौड़े ही नहीं, सबसे पहले परिक्रमा कैसे पूरी कर ली। फैसला एक वरिष्ठ सदस्य पर डाला गया जिसने विचारकर घोषणा की कि माता की परिक्रमा करने के कारण गणेश ही प्रथम देव तथा सर्वाधिक बुद्धिमत्ता के पात्र हैं।

तब से गणेश-परिक्रमा का महात्म्य बहुत बढ़ गया। मां की परिक्रमा करो, सारी पृथ्वी तुम्हारे कन्ट्रोल में है। माता क्षीरदायिका पोषण करने वाली, एकांत हित साधिका एवं आरंभिक शिक्षक होती है। उसकी परिक्रमा सफलता की दलील है। बाप तो फिर भी डांट देता है या कभी कभार ठोंक पीट भी कर देता है। माता न तो डांटती है, न कभी पीटती है।बस, प्यार ही उसके जीवन का सारांश है।

गणेश जी के इस उदाहरण को उत्तर भारतीयों ने गंभीरता से समझ लिया है। हर आदमी अपने से ज्यादे बड़े, पुश्तैनी शैतान की गणेश-परिक्रमा करता है। इस आधुनिक गणेश-परिक्रमा का लाभ भले ही वह न मिल पाये, जैसा गणेश जी को मिला था, किन्तु थोड़ा-बहुत लाभ तो मिल ही जाता है। जब माता किसी करणीय कर्त्तव्य का पालन करने को कहे, तो सिरदर्द का बहाना करके टाल दो और जब तुम्हारा काम पड़े तो शुरू कर

दो गणेश परिक्रमा।

नौकरपेशा लोगों ने अपने समाज का अनुकरण करते हुए गणेश-परिक्रमा के श्रम साध्य काम को चरम-पूर्णता के साथ करने में सफलता पायी है। यदि इक्जाम में अच्छे मार्क्स लाना है, तो गुरु जी की गणेश -परिक्रमा करनी होगी, ठीक उसी तरह यदि नौकरी में अच्छे मौके तलाशना है तो बॉस की परिक्रमा करनी होती है। दफ्तर के सात घंटों में क्या होता है। बुद्धिमान नौकरी पेशा लोग इसी सात घंटे में अच्छे नम्बर पाने के लिए गणेश-परिक्रमा करते हैं।

गणेश-परिक्रमा कोई हीन या ग्लानि का नाम नहीं है। सीधी-सी बात है :

त्वमेव माता च पिता त्वमेव
त्वमेव बन्धुश्च सखा त्वमेव

बस इसी कीर्तन की धुन पर बॉस के आगे-पीछे घूमिए। गांव में कहावत भी है कि जब पूजा-पाठ से पत्थर के देवता तक पिघल जाते हैं, फिर भला आपका खबीस बॉस कैसे नहीं झुकेगा। क्या हुआ जो उसने चार रातें आपकी बीबी की सोहबत में गुजार लीं। दो बड़े-बड़े बच्चों की अम्मा हैं आपकी बीबी। अब तो मिसेज वर्ल्ड प्रोग्राम में भी इन्ट्री पाने लायक नहीं रही, लेकिन आपका फ्यूचर ब्राइट करने की काबिलियत उसमें बाकी है। फिर यदि जेब में गर्मी है, तो एक से एक कड़क जवान छोरियां बुढौती में भी आपकी सोहबत के लिए हाजिर रहेंगी।

अरे जनाब, कहां आप मिडिल क्लास नैतिकता के चक्कर में फंस गये। एक दम हाई क्लास की ओर कुलांच भरिये। ऊँचा देखिए, ऊँचा सुनिये, ऊँचा बोलिए, ऊँचे हो जाइये। दो पटियाला पैग जानी वाकर ब्लैक लेबल के हलक के नीचे उतरे नहीं कि आप सीढ़ियां फ्लांगते हुए झिझक, शर्म, थोथा अहंकार, मिडिल क्लास समस्याएँ छोड़कर एकदम छत पर पहुँच जायेंगे। जेब में कौड़ी रहेगी, तभी न कोई घास डालेगा। सारा जीवन सिम्पिली नौकरी करते रहे, तो साठ साल बाद घर में आपकी औलाद आपका तबला बजा देगी।

गणेश जी का मार्ग सतयुग का था, सात्विक प्रवृत्ति का था, इसलिए सरल था। आजकल कलियुग है, जिस कारण तामसिक प्रवृत्तियां प्रभावी हैं। ऐसे में यदि आज का मार्ग कंकरीला, पथरीला, रपटीला, जठरीला हो

गया, तो इसमें औसत आदमी का क्या दोष। माननीय गणेश जी से मेरी इल्तिजा है कि वे अपने देशवासियों को माफ करेंगे और विश्व के रहनुमाओं के पास ऐसा कोई प्रस्ताव कराने में अपना पूरा सहयोग देंगे कि पृथ्वी पर संसाधन, सुख, सुविधाएँ, धन, दौलत, औलाद बराबर-बराबर हर आदमी को दे दिया जाये। यदि ये प्रस्ताव जल्दी प्रेषित न किया गया, तो दुनियां के लोग अपनी परिक्रमा और जटिल, अंधेरे, भयानक मार्गों से प्रारम्भ कर देंगे और तब गणेश जी, परिक्रमा की परम्परा प्रारम्भ करने के कारण शर्मिन्दगी महसूस करेंगे।

●

हर दिल अजीज

कचहरी में हाकिम के सामने खड़े फर्यादी का साहब के लिए संबोधन आपने गौर से सुना कभी? यदि नहीं सुना तो कभी सुनिये, फर्यादी क्या कह रहा है। "हुजूर! माई बाप! सरकार! नेकदिल! इन्साफ पसंद! गरीब परबर! हरदिल अजीज! तनी मेरी दरखास पर गौर फरमाय लीन जाये। मेरा पड़ोसी रामलाल बहुत कमीना है। मेरे घर के आगे सहन की जमीन पर दीवार बना लिया है। हंम जौन पुलिस से शिकायत करे, तब दरोगा जी ने गांव आयके उसको बहुत डांटा, उसकी महतारी-बिटिया एक कर दई। थाने पर पकरि के लै गयी पुलिस उसको। मगर रामलाल ने दरोगा को रूखसत चटाय दई और उसने रात में मजूर लगाय के दीवारन पर लेंटर डार लओ। हुजूर, सरकार गरीब परवर हैं। हमारे साथ इन्साफ कीन्ह जाय।" यह कहते कहते फरियादी ने एक दरख्वास्त साहब की टेबिल पर बढ़ा दी।

मुंह में पान की गिलौरियां दबाए हाकिम ने झुर्रियों भरे, श्याम लाल का मुंह नहीं देखा, जो काला-ललछौंहा हो गया था। आगे के दो दांत टूटे थे। बाकी के दांत बीडी पीने के सबब जर्द पीले पड़ गये थे। चार-पांच दिन से हजामत नहीं हुई थी और बिना वर्षा के सूखे खेत में पड़ी दरारों जैसे गालों पर, सफेद बालों की खूंटिया दिख रही थी। कड़कड़ाती ठंड में श्याम लाल एक कमीज के ऊपर पुलिस कलर का एक फटा पूरी बाह का खाकी मटमैले रंग का एक स्वेटर पहने था। पांव में एक मैली चट्टी, हाथ में एक थैला पकड़े रामलाल के अधपके कांपते बाल ऐसे हिल रहे थे, मानों उन्हें सर्दी का सबसे ज्यादा एहसास हो रहा था।

हाकिम आज कुछ हैवी नाश्ता लेकर चले थे। रात में कुछ ज्यादे हो गयी थी। सुबह साढ़े ग्यारह का टाइम रहा होगा जब साहब सूट, पैण्ट, टाई, कोट, मफसर, जूते मोजे, टोपी डांटे दफ्तर में मेज की बगल में

जलते हीटर से आंच सेंक रहे थे। अकस्मात् पेट में गैस का एक गतिमान गुबार सा उठा। किसी शुभ की आशा में, वे कुर्सी पर तनिक टेढ़े से हुए। एक हल्की आवाज के साथ औसत मात्रा की हवा पास हुई। हाकिम की शक्ल पर कुछ राहत सी दिखाई दी। इसी तरन्नुम में वे सीधे हुए, मेज की ओर कुछ झुके और मुंह से आवाज दी "हूँ"।

श्यामलाल समझा कि साहब ने उसके तर्क को कुछ तवज्जो दी है। वह ठंड से कांपने के बावजूद कुछ अधिक उत्साह से बोलने लगा। सरकार! माई बाप! ई रामलाल जौन है, बहुत पाजी मनही है। हम आज मुंह खोलित है कि मालिक इसके घर मां छापा परै के चाही। कच्ची, पक्की सब तरा की दारू बेचत रहा। नायब दरोगा से इसकी पुरानी सांठ-गांठ रही। गरीब परबर! हमन के गाय गोंरू सहन में बंधत रहे। अब का होई।

सुनते-सुनते हाकिम लगा कि कुछ ऊंघ गये। श्यामलाल ने सोचा, बड़े हाकिम पर काम का बोझ बहुत है, लेकिन जबड़े किस तरह धीमे-धीमे चलते हुए पान की गिलौरी कुचल रहे हैं। उसने गौर से देखा, तो पाया कि साहब बहुत आहिस्ते से कुछ तिरछे होकर टेबिल लैम्प की रौशनी में मेज पर बिछे ब्लाटिंग पेपर पर हाथ से पकड़े आलपिन को चुभो-चुभोकर बहुत छोटे-छोटे छेद बना रहे हैं।

अब श्यामलाल कुछ निराश हो गया। लगता है कि साहब उसकी बात पर गौर इसलिए नहीं कर रहे हैं कि वह तमीज से, सलीके से अपनी बात नहीं कह पा रहा है। उसने फिर हकलाते हुए प्रयास किया, "गरीब परवर! आपै सोचिये कि सहन में लैंटर पर जान के बाद हम लोगों का रस्ता भी बंद हो जायेगा और हवा भी सरकार........।" तब तक हाकिम कुर्सी पर फिर से तिरछे हो गये। श्यामलाल समझ गया कि कानून की किताबों की गर्मी दिमाग से निकलकर पेट में पहुँच गयी है। एक फरियादी के लिए गौरमेंट जितना वक्त मुकर्रर करती है, उससे ज्यादे श्यामलाल ले चुका था। हाकिम ने मेज के नीचे कुछ टटोला, पास के कमरे में घंटी बजी। तत्काल सारस की सी गर्दन लिए एक चिड़ीमार टाइप का आदमी पर्दों के बीच से झांका।

हाकिम ने सिर का तनिक नवाकर उसे इशारे से अपने पास बुलाया। पान को बायें जबड़े से निकालकर दाहिनी ओर जबड़ों के नीचे फिट

किया। आहिस्ते से डलिया उठाकर पीक थूकी। डलिया नीचे रखकर कुर्सी पर सीधे हुए और जोर से बोले "हूँ"। फिर इशारे से श्यामलाल के साथ खड़े अहलकार को कमरे से जाने का संकेत किया। अहलकार के हाथ में अपनी दरख्वास्त जाती देखकर श्यामलाल इस तरह उसके पीछे लपका जैसे ताजा ब्यानी गाय अपने बच्चे के पीछे लपकती है। दोनों दफा हो गये तो साहब ने फिर हीटर तापना शुरू कर दिया।

उधर अहलकार श्यामलाल को हड़का रहा था कि रामलाल ने पुलिस को रिश्वत दी, तुम लाख जनम में साबित नहीं कर पाओगे। तभी तो उसका लेंटर पड़ गया। तुम तो चाय-पानी भी कराने के नाम पर सन्नाटा खीच रहे हो, तुम्हारी दरख्वास्त पर हुक्म क्या कराऊँ। श्यामलाल सिटपिटाया-सा खड़ा ठंड से कांप रहा था। उसने झोले में हाथ डाला, एक पोटली बरामद की। दस मिनट तक उसकी तहें सीधी करता रहा। अहलकार सोच रहा था कि पोटली की गांठ खुलेगी तो दस पांच रूपये की भेंट-पूजा होगी। उसे खीज आ रही थी कि ये देहाती दो पैसा भी कितना जतन से बांध कर रखते हैं।

पोटली खुली, तो उस चिड़ीमार जैसे अहलकार ने फिर सारस की सी गर्दन उचकाकर देखा और अपना माथा पकड़ कर बैठ गया। श्यामलाल उसे फोटो दिखा रहा था अपने उस सहन का, जब वहाँ मैदान हुआ करता था और जहां कल की रात रामलाल ने लैंटर डाल दिया। अहलकार ने डांटकर श्यामलाल को कहा कि फोटो-वोटो थैलें में ही रखो। जब तुम कोई बात समझना ही नहीं चाहते, तब तुम्हें क्या समझाएं। फोटो देखकर रामलाल कह देगा कि यह फोटो तो उसके खेत के सामने पड़ी चकरोड़ के हैं। फोटो में क्या लिखा है कि यह तुम्हारे सहन की है। कैसे-कैसे जाहिल पड़े हैं—दुनिया में। जाओ, तुम्हारी अर्जी थाने पर जांच के लिए भिजवा दी जायेगी।

श्यामलाल ने फिर कोई चीज अहलकार की ओर बढ़ाई। वह झल्ला पड़ा। ओटो-फोटो की कोई जरूरत नहीं है। थाने से रपोट आने पर हुक्म दिया जायेगा, मुनासिब कार्यवाही हो जायेगी। उसने तनिक गौर से देखा, श्यामलाल के हाथ में इस बार फोटो नहीं, कुछ गुजला, मुड़ातुड़ कागज था। श्यामलाल ने धीरे-धीरे उसे सीधा किया। यह तो छोटा गांधी था। अहलकार अकस्मात् खुशी की उत्तेजना से उठकर खड़ा हो गया। कितनी डांट पिलाने पर आसामी सीधा होता है।

नोट उसने तत्काल झपट लिया और इसके पहले कि उसके साथी कुछ देखें, समझें—बोला, "सामने बैंच पर बैठ जाओ, या मेरे सिर पर ही खड़े रहोगे। साहब से हुक्म कराकर तुम्हारी अर्जी आज ही तहसील के हरकारे से थाने भिजवाता हूँ। तुम गरीब और सच्चे आदमी लगते हो। हमें तो सरकार तनखा ही इस बात की देती है कि गरीबों को इन्साफ दिलाने में, जो बन पड़े किया जाये।"

अहलकार के साथी समझ गये कि क्या घटना हो चुकी है। बड़े बाबू की तकरीर की दिशा इस तरह कभी नहीं बदलती है? जरूर श्यामलाल ने इन्हें राधारानी भेट कर दी है, जभी तो सरकार के खैरख्वाह बने हैं, खैर उन्हें क्या? जब उनका आसामी आयेगा, तब उनकी पौ बारह होगी। कुछ हुक्म दर्ज करके बड़े बाबू हाकिम के कमरे की ओर लपके। दस्तखत कराकर एक चपरासी फौरन रवाना थाने कर दिया।

फिर श्यामलाल को लेकर कैंटीन की ओर निकल पड़े। श्यामलाल ने चाय, पकौड़ी की सेवा की, तब बड़े बाबू खुलकर बोले 'सहन लैंटर सहित कुर्क कराना है, तो बोलो श्यामलाल। कुछ खर्चा पानी करो, तो हाकिम से बात करें। ऐसी कितनी रिपोर्ट थाने से यहाँ आती है, उन पर कुत्ते मूत जाते हैं, वे सड़ जाती है। दो हजार रुपये से नीचे ये काम नहीं होने का, शाम तक कुर्की का हुक्म थमा दूँगा तुमको।

मोल भाव चलता रहा। दो बड़े वाले गांधी पर बात पक्की हुई। बड़े बाबू ने फौरन साहब की टेलीफोन पर थाने से बात कराई। दोपहर बाद रिपोर्ट अहलकार की मेज पर थी और उसकी उंगलियाँ रोड़ी कूटने वाले इंजन की तरह टाइपराइटर पर दनादन बज रहीं थीं। पांच बजते, न बजते आदेश हाकिम की मेज पर।

हाकिम ने लंच बहुत हल्का लिया था, सो तबीयत अब कुछ ठीक-सी लग रही थी। आहिस्ते से पेन निकालकर कागज पर एक छोटा घेरा बनाया जिसके बीच एक जरा सी लाइन करी। देखने पर चिड़िया के बीट से भी कम जगह पर दस्तखत किये लगते थे। फिर इत्मीनान से कुर्सी से उठकर खड़े हुए। कुर्सी पीछे सरकाई और बोले-हूँ। पान बदस्तूर उनके जबड़े चबा रहे थे। वे धीरे-धीरे गाड़ी की ओर बढ़ गये।

हरदिल अजीज हाकिम को सलाम बजाते बखत श्यामलाल सोच रहा था कि नौजवानी में भी साहब इतने सुस्त क्यों? इतना कम क्यों बोलते

हैं? वह जब जवान था, तो बात की बात में पाँच बीघा खेत जोतकर घर आ जाता था। आलस के बजाय जिस्म में जैसे बिजली थी। जबकि हाकिम लोग हर इजलास में ऐसे ही ढीले-ढाले सुस्त दिखाई देते हैं। श्यामलाल को पक्का यकीन हो गया कि कानून की किताबों में भरी गर्मी ही इसका एक मात्र कारण है, जो पहले दिमाग में जाती है, फिर दिल से होती हुई पेट में ठहरकर घुटनों तक पहुँच जाती है। जभी हाकिम लोग इतने धीरे चलते हैं।

जेड प्लस

जेड प्लस महापुरुषों को प्रदान की जाने वाली सुरक्षा की एक श्रेणी है। सुरक्षा की विशेष श्रेणियों में जेड प्लस शब्द को गहराई से देखें तो इससे आपको निश्चय ही सर्वोच्चता का बोध होगा। सीधा-सा मतलब है कि जिस व्यक्ति को जेड प्लस की सुरक्षा छतरी प्राप्त है, वह अंग्रेजी वर्णमाला के बाहर है। चूँकि अंग्रेजी के साथ हिन्दी भी भारत की राष्ट्रभाषा है और दोनों ही वर्णमालाओं में कुछ अंतर है, अतः हो सकता है कि जेड प्लस हिन्दी की वर्णमाला में कहीं मिल जाये। हमने अपने मित्र मिर्जा बेग से इस सम्बन्ध में पूछा, तो वह तपाक से ठठाकर हंसा और बोला, "तुम भी बिल्कुल पोंगे पंडित हो म्यां। हिन्दी में एक शब्द आता है—ओम, जो प्रभु के लिए प्रस्तुत किया जाता है। कुलीन, धनवान तथा हर प्रकार से शक्तिशाली लोगों के लिए भी परम्परा से 'प्रभु' शब्द का इस्तेमाल किया जाता है। इसलिए तुम जेड प्लस को 'ॐ' ही समझो।

सचमुच प्रभु को 'ॐ' न कहा जायेगा, तो क्या कहा जायेगा। आखिरकार मिर्जा ने जेड प्लस को अंग्रेजी वर्णमाला में न सही हिन्दी में ढूंढ ही लिया। वस्तुतः जेड प्लस की छतरी जिसके ऊपर लगी होती है, एक किलो मीटर दूर से उसका एहसास होता है और अगर बादल न हों तो पांच किलोमीटर दूर से पता चलता है कि किसी प्रभु ने हमारे शहर में कदम रखकर हमें सम्मानित किया है। प्रभु का काफिला देखते ही बनता है। जैसे आर.डी.एक्स. विस्फोट के क्षेत्र में अद्वितीय है, वैसे ही जेड प्लस की गति पलक झपकते आपकी आँखों को चकमा दे जायेगी। इस जेड प्लस के बजाय जेट प्लस कहा जाता तो शायद ज्यादा मुनासिब होता।

चूँकि जेड प्लस वर्णमाला के बाहर है, इसलिए वह शब्दकोष की सीमा के भी बाहर है। जाहिर है कि जो वस्तु शब्दकोष में नहीं है, वह

अरूप, अनाम, अनुभवैकगम्य, वर्णनातीत, मानवीय पहुँच के परे है। केवल भक्ति ही ऐसा रसायन है जिसे पीने से कोई मानव प्रभु के दर्शन कर पाता है, उनसे सायुज्य स्थापित कर सकता है। 'हम भक्तन' के भक्त हमारे'। केवल यही तरीका है कि प्रभु के निकट भक्त पहुँच सकता है। लेकिन कुछ सिरफिरों को देखिये, उनकी हिम्मत देखिए, दीदादिलेरी देखिये कि न सिर्फ प्रभुओं को खत लिखते हैं, परन्तु उनकी पीठ पीछे उन्हें पानी पीकर कोसते हैं और उनकी राह में फूल बिछाने के बजाय कांटे के रूप में प्रभु के काफिले में अपने स्कूटर, अपनी कारें घुसेड़ते हैं।

प्रभु शब्दकोश के बाहर है, इसलिए किसी परिभाषा में उनको फिट करने का प्रयास भी व्यर्थ है। कहा जाता है कि वही राह सच्ची है, जिस पर महापुरुष जाते हैं। ये कहावत महापुरुषों की बावत है, प्रभुओं की बावत नहीं। महापुरुष एक देश में हजारों होंगे मगर प्रभुओं की गणना चार-छह पर समाप्त हो जाती है। यदि आप प्रभुओं की राह पर चलेंगे, तो यकीन मानिये, आपको पछताना होगा, तो सही, पर आप चलकर देखिये निश्चय ही आपकी स्कूटर या गाड़ी दुर्घटनाग्रस्त होकर कचरे की भाँति किसी कोने में टेढ़ी पड़ी होगी और आप खूबसूरत प्रेमिका के प्रेमी की 'आह' की तरह 'हाय' कर रहे होगे।

प्रभु के सम्बन्ध में कोई नियम नहीं है, क्योंकि वे बन्धन की परिधि के बाहर हैं। मगर हम जीवधारी फिर भी उनको नियमों में बांधने का प्रयास करते हैं। वस्तुतः वाणी का यह प्रयास उस अद्वितीय तत्त्व, उस ज्वाला की एक झलक ही प्रस्तुत कर सकता है, जिसके आलोक में हम सब जगमगाते हैं। प्रभु न केवल उत्पत्ति में सहायक है वरन् हमारे पालन-पोषण और हमारे संहार के कारक भी हैं। यह मायालोक उन्हीं के इशारे पर अपनी छवियां बदलता है। हम नहीं कहते हैं कि प्रभु का सायुज्य न करें। हम कहते हैं कि प्रभु की कृपा आपको सम्पूर्ण समर्पण के बगैर नहीं मिल सकती। तन-मन धन से सम्पूर्ण समर्पण ही हमें आनन्द के उस उत्स तक ले जाता है, जब हमारा बावरा मन स्थिर होकर उस रस का पान करता है, उस अनहद नाद को सुनता है, जिसे कबीर वाणी में महात्मा कबीर ने उद्धृत किया है—

गंग जमुन उर अंतरे
सहज सुन्न ल्यों घाट

तहाँ कबीरा मठ रच्या
मुनि जन जोबत बाट।

देखा आपने! अगर आपने कुँडलिनी को जागृत करके सहस्रार चक्र से टपकते रस का पान कर लिया, तो आपका वह स्थान होगा, जहाँ पहुँचने के लिए मुनि-जन प्रतीक्षा करते हैं। कुछ अज्ञानी इन बातों को या तो समझते नहीं या समझना नहीं चाहते। वे तो समर्पण की बात पर नाक भौं चढ़ाते हैं। ऐसे नास्तिक लोगों की सार्वजनिक स्थल पर भर्त्सना की जानी चाहिए। भला बताइये कि यदि नागरिकों का देश के प्रति अनन्य समर्पण न हो, तो क्या देश महान बन सकता है। जब देश महान नहीं बन सकता, तो प्रभु के प्रति अनन्य समर्पण के बगैर व्यक्ति कैसे महान बन सकता है।

देश के महान होने के साथ व्यक्ति का महान होना भी जरूरी है। लेकिन यदि देश और नागरिक ने यह महानता कछुए की गति से प्राप्त कर भी ली, तो क्या बात हुई। इसी गति को तेज करने के लिए जेड प्लस का फार्मूला विकसित किया गया है। महान होना है, तो जेट की गति से उड़ो और महान बनो, यदि कछुए की रफ्तार पकड़े रहे, तो अगले 500 वर्ष तक वह टार्गेट नहीं मिल सकता, जिसकी अवधारणा जेड प्लस ने विकसित की है। इसलिए साथियों उठो, जेड प्लस के रास्ते में आये बगैर प्रभु से वहाँ मिलो, जहाँ से प्रभु का आगमन या प्रस्थान होता है।

●

मुझसे बुरा न कोय

कबीरदास अपने जमाने के सबसे बड़े व्यंग्यकार थे। उनका मकसद समाज की रचनात्मक आलोचना से था। यहाँ तक कि वे अपनी आलोचना करने से भी नहीं चूकते थे। कबीर ने ही कहा है—

बुरा जो ढूंढ़न मैं चल्या, मुझसे बुरा न कोय।

समाज में कहीं भी कलुष हो और कबीर चूक जायें, यह मुमकिन नहीं। ऐसे भिगो-भिगोकर मारते हैं कि खाने वाला अपनी इज्जत-आबरू की पर्वाह किये बगैर उनके सामने से दौड़कर भाग जाता है। किसी ने कबीर से झगड़ा नहीं किया। कारण था, कबीर की वाणी से तेजस्वी सत्य का निरूपण होना। जिस वाणी में खुद की आलोचना नहीं हो सकती, उसमें दूसरे की आलोचना करने की सामर्थ्य नहीं होती।

आज समाज पर एक विहंगम दृष्टि डालिए। हर जगह डैशिंग का, मार्केटिंग का जमाना है। हमारा उत्पाद अन्य उत्पादों से हद दर्जे बेहतर है। हमारी परम्परा अन्य परम्पराओं से ज्यादे प्रामाणिक एवं शुद्ध है। हमारा आचरण पड़ोसी के आचरण से बेहतर है। हमारा बच्चा सारी दुनियां के बच्चों से उत्कृष्ट है। कबीर इसी उत्कृष्ठता के खिलाफ थे। दुनिया के किसी घर में ऐसी सरसों नहीं है, जहाँ कोई न मरा हो। हम कैसे इतने श्रेष्ठ हो गये कि बुराई हीन हो गये। हममें सुधार की सम्भावना ही समाप्त हो गयी।

अगर ऐसा वाकई हो गया है, तब हम इन्सान नहीं रहे, खुदाबन्द करीम हो गये। एक ईश के सभी बंदे हैं, चाहे कबीर हों या गुरू गोविन्द सिंह। जिसको इस खुदा का एहसास हो जाता है, वह दूसरों की कमियों के साथ-साथ खुद अपनी कमियाँ भी देखता है। आज समस्या ही यही है कि समाज ने अपनी कमियां देखना बंद कर दिया, क्योंकि यह मार्केटिंग का जमाना है, अगर अपनी कमियों की गिनती शुरू कर दे, तो जिन्दगी इसी

में चुक जायेगी, माल कब बिकेगा, दुकानदारी कैसे चलेगी। दूसरों का शोषण रूक जायेगा।

इस नाते हम दबादब बिना आगा-पीछा देखे, मार्केटिंग किये जा रहे हैं। जाहिर है कि हमें कबीर की वाणी सुनाई नहीं देगी और अगर सुनाई दे जाये तो बेसुरी, बाहियात, आऊटडेटिड बात लगेगी। मेरे एक मित्र कबीर के जबरदस्त आलोचक हैं। वे कहते हैं कि कबीरदास ने अपने आत्मावलोकन के क्षण में इन्सान की कमीनगी ही देखी, उसकी अच्छाई नहीं। वे हर बात को तोड़ मरोड़कर उल्टा-सीधा कह देते थे कि उसका सही अर्थ समझ पाना मुश्किल ही है।

मैं सवाल करता हूँ कि अगर आदमी अपनी मूल वृत्तियों में है ही कमीना तो कबीर कैसे उसे इन्सान घोषित कर देते। श्रीराम शर्मा आचार्य कहते हैं कि आदमी का जन्म लेना बड़ी बात नहीं, आदमी बनना बहुत श्रमसाध्य है। आदमी ने अपनी जरूरतें हद से ज्यादे बढ़ा ली हैं, तो खुदा का इसमें क्या रोल है? अगर आदमी की नीयत में खोट है, तो वह ईश्वर को दुख ही पहुँचा सकता है। खुदा ने जमीन पर आदमी भेजा था, अब अगर वह कीड़े-मकोड़े की मानिन्द व्यवहार करने लगा, तो खुदाई खत्म नहीं हुई जनाब। अपने कमीनेपन को कबीर की चादर में मत ढको।

खुदा ने तुम्हें न्योता दिया है कि आओ इस दुनिया में, आकर अपनी नीयत बिगाड़ लो। जाड़े में कोई गरीब आदमी ठंड से मर गया। अखबारों में बड़ा बबेला मचा कि सरकार सो रही है, लोग मर रहे हैं। किसी ने गहराई में जाकर उस गरीब आदमी के जीवन के सही चित्र को देखने की जहमत नहीं की कि उसने कैसे जीवन शुरू किया। उसके क्या साधन थे? उसने कैसे अपने जीवन को परवान चढ़ाया? किन परिस्थितियों में उसे जाड़े के निरभ्र एकांत में ठंड खाकर मरना पड़ा। यह तो गनीमत हुई कि टाल्सटाय भारत में नहीं, रूस में मरे, नहीं तो सरकार को उनके परिजनों को हर्जाना देना पड़ता।

तीन बातें इस सिलसिलें में गौरतलब है। पहली यह कि मृतक की पारिवारिक एवं वैयक्तिक पृष्ठभूमि कैसी थी? अगर उसका जीवन जरायम के साये में बीता है, तो ऐसे शख़्श को इससे बहुत पहले मर जाना चाहिए था। अगर किसी शख़्श की अपने ही परिजनों से नहीं बनती और वह

तनहा रहता है, ऐसे में बाथरूम में ठंड के सीजन में गिरकर मर जाना कौन बड़ी बात है। अगर किसी आदमी ने भिक्षावृत्ति को व्यवसाय के रूप में अपना लिया है, तो उसका मर जाना तो शुभ है ही, हमारा भी उसकी मृत्यु के साथ आत्महत्या कर लेना शुभ होगा। यदि मृतक व्यक्ति मानसिक रोगी है, तब उसकी मृत्यु एक दुर्घटना अधिक है। ऐसे सैकड़ों मामले हो सकते हैं। बताइये सरकार कहाँ जिम्मेदार होती है। सरकार लोगों से बनती है, लोग सरकार से सन् पिचहत्तर तक नहीं बनते थे, अब बनने लगे हैं।

दूसरी बात यह है कि अगर जाड़ा, गर्मी, बरसात, भूस्खलन, तड़ित विद्युत, भूकंप, दुर्घटना, बीमारी से लोग नहीं मरेंगे, तो काहे से मरेंगे। युद्ध अब बहुत कम होते हैं, जिस नाते युद्ध से मरने की संभावनाएँ काफी क्षीण हो गयी है। एक सड़क दुर्घटना और एड्स ही बच गये हैं, जिसमें किसी देश का भविष्य उज्जवल हो सकता है। दोनों ही इक्सीवीं सदी की देन है। इन दोनों के अलावा प्राकृतिक आपदाएँ ही जनसंख्या में थोड़ी बहुत कमी कर सकती है। गुजिस्ता मर्दुमशुमारी में हम सौ करोड़ के ऊपर निकल गये। सन् 2050 में हम चीन को पछाड़ देंगे जनाब। तब एक बड़ी दुर्घटना की आशंका है। भारतीय उपमहाद्वीप लोगों के बोझ से धसक जायेगा और हम सब गहरे समुन्दर में समा जायेंगे, भारत ग्लोब से गायब हो जायेगा।

कृपया इसे मजाक में न लें, संजीदगी से लें और तनिक भी न डरें। क्योंकि ऐसा आपके जीवनकाल में नहीं होगा। आपके पोतों या परपोतों की जिंदगी के दौरान ऐसा हादसा होगा। तब वे (पड़पौते) मरने के बाद अगर आप के नाम पर इस नाते थूक दें कि आपने लोगों की बढ़ती तादाद को रोकने के लिए कुछ नहीं किया, तो इसमें शर्मिन्दा होने की कोई बात नहीं। आप तो बस तादाद बढ़ाते रहिये इसी तरह, अपनी मर्दानगी का सुबूत पेश करते रहिये इसी तरह, जाहिल बने रहिए/बनाये रखिए इसी तरह, मरने के बाद नरक में सरकारी मुआवजे की बाट देखते रहिये इसी तरह, लानत है आपको।

तीसरी और सबसे अहम बात यह देखने की है कि मृतक ने इस मुल्क के लिए क्या किया? बेशक मुल्क ने उसके लिए कुछ किया हो या न किया हो, उसने (मृतक ने) मुल्क के लिए क्या किया? कबीर की

तरह एक विचित्र शख्स अकबर इलाहाबादी भी हुऐ हैं। एक शेर में वे कहते हैं :

ए मेरे जौके-रियाया, जाने क्या क्या कर गये
बी.ए. किया, नौकर हुए, पेंशन लिया और मर गये।

अकबर ने तो कर्मचारियों के लिए यह बात कही है। इसकी दूसरी लाइन सैकड़ों तरीकों से कही जा सकती है :

1. *जाहिल किया, मुल्जिम हुए, भिक्षा लिया औ मर गये।*
2. *दंगा किया, कीड़े बने, बूढ़े हुए और मर गये।*

मैंने केवल एक इशारा किया है, बाकी काम आप खुद करिये।

तो जनाब अगर आपने मुल्क के लिए, मुल्क के बाशिन्दे के लिए, अपने पड़ोसी के लिए या अपनी औलाद के लिए-भविष्य के लिए कुछ भी नहीं किया है तो लानत है आप पर। आप उस वक्त के पहले मर जाने के काबिल थे जो खुदा ने आपके लिए मुकर्रर किया था। आप यह नहीं कह सकते कि जालिम जमाने ने आपको जिस निचले पायदान पर बैठाया था, वहाँ से होकर आगे बढ़ने की कोई जुगाड़ नहीं थी। अगरचे कोई शख्स साफ नीयत, सबर से सच्चाई की राह पर हैं, तब ऐसा कोई पायदान नहीं जिसके ऊपर सीढ़ियाँ न हों।

उस आदमी को एकबारगी माफ किया जा सकता है कि जिसने अपनी औलाद के लिए ही कुछ किया। (जैसा कि उत्तर भारत में आमतौर पर हो रहा है।) क्योंकि आखिर उसकी औलाद भी तो दुनियां का एक हिस्सा है। इसके बरखिलाफ, उसे कैसे माफ किया जा सकता है, जिसने किसी के लिए भी कुछ नहीं किया है। उसने मुल्क में जहर बोया, उसे सींचा और काट लिया। जहालत बोयी गयी, सींची गयी, काट ली गयी। सरकारी अहलकार को खलनायक कहकर गाली देना सरल है, सच्चाई के गज भर लम्बे रास्ते पर चलना बहुत कठिन है जनाब।

इतने डिटेल में जाना बहुत मुश्किल है। कबीर दास कह गये हैं—

जिन ढूढा तिन पाइयां, गहरे पानी पैठ

ऐसे में उस खबर में वजन नहीं होता, जिसमें ठंड से मरे आदमी की तरफदारी में सरकार पर लानत भेजी जाती है। बेहतर हो कि सब लोग

सच्चाई से मुठभेड़ करें। मुल्क के पैसे वाले वासिन्दों का भी फर्ज है कि वे अपने सहनागरिकों को जाड़े से बचाने की गरज से दिसम्बर-जनवरी की रातों में बिस्तर और स्काच छोड़कर बाहर आयें। मेरा दावा है कि जिस दिन रात में इन लोगों ने बिस्तर छोड़ दिया है, सरकार उसके पहले जाड़े-पाले में बाहर खड़ी मिलेगी। सरकार तो यूं भी जाड़े-पाले में निकलती है, लेकिन नागरिकों की संवेदनहीनता के कारण उसका तेवर कुछ ढीला हो जाता है।

एक आखिरी बात और है। जाड़े में अपना फर्ज निभाकर अपने बंगलों में जाकर न सो जायें जनाब। आपका फर्ज एक रात में खतम नहीं हो जाता है। आपका फर्ज तब तक कायम है, जब तक कोई ऐसी व्यवस्था न बन जायें कि समाज के संसाधनहीन तबके अपना विकास खुद करने की स्थिति में पहुँच जायें। कृपया भीख मत दीजिये, यह खतरनाक है, भीख देकर आप एक क्षण में अपने दायित्व से पीछा छुड़ा लेते हैं, जब कि मुल्क के जिस्म पर लंबे समय तक सालने वाला एक जख्म लग जाता है। भीख खतरनाक है। अपना फर्ज कायदे से निभाइये।

फर्ज-अदायगी के दौरान आप देखेंगे कि आपका जीवन जिस दर्शन पर आधारित रहा है, उसमें कितनी कमी है। आप पायेंगे कि आपकी परम्पराएँ कितनी थोथी हैं कि आपकी मार्केटिंग में कितनी खामियां थी कि आपने खुद मुल्क के लिए कभी एक बूंद पेशाब करना भी मुनासिब नहीं समझा। तब आपको समझ में आयेगा कि एक जिन्दा आदमी (बेशक वह गलीज हो) के मुकाबले दुनियां के सारे पोथों में लिखे शब्द कितने छोटे हैं। तभी आप समझ सकेंगे कि कबीर क्यों कहते हैं :

बुरा जो ढूढ़न मैं चल्या,
मुझसे बुरा न कोय

अब क्या कबीर के जबरदस्त आलोचक अपने दोस्त की इस टिप्पणी पर कुछ कहने को बाकी है कि कबीर अपनी हर बात को तोड़ मरोड़कर उल्टे सीधे तरीके से कहते हैं। कबीर ने कभी कागज-कलम को हाथ नहीं लगाया, पेपर-मैग्जीन नहीं पढ़ी, टीवी-सिनेमा नहीं देखा। ऐसा बंदा जो कुछ कहता है, अपने अनुभव के आधार पर कहता है। हम लोगों की खुदगर्जी, कमीनगी देखकर खुदा तक जब शर्मिन्दा हैं, तब कबीर की क्या औकात कि वे होश में रहकर कोई बात कहते। उन्होंने तो बेहोशी के

आलम में कुछ सच्ची-सच्ची बातें कह दी हैं, जिनका अर्थ हर बेहोश आदमी समझता है। दोस्त, कबीर को न समझ पाने का नाटक बंद करो। आंखे खोलकर पढ़ो कि कबीर उल्टी नहीं सीधी बात कह रहे थे। तुम्हीं उसे उल्टे होकर शीर्षासन की मुद्रा में सुन रहे थे जनाब। तुम्हारी देखादेखी मुल्क के दीगर वासिन्दे भी कबीर को उल्टा होकर सुन रहे थे। अब तो सीधे हो जाओ दोस्त। सन् 47 से अब तक कुल 56 साल से तुम उल्टे खड़े हो, तुम्हारी आंखें लाल पड़ गयी हैं और मुंह से झाग निकलने लगा है।

●

मुमताज नगर

जी हाँ, हमारे गाँव का नाम है मुमताज नगर। गाँव वाले इसे अकसर मुन्ताजनगर कहते हैं। लेखपालों के बही-खाते में भी मुन्ताजनगर लिखा रहता है। मगर जब गाँव तक पक्की सड़क पी.डब्लू.डी. वालों ने निकाली, तब उत्साही नौजवानों ने खोज की कि गाँव का असली नाम मुमताज नगर है। चुनांचे सड़क पर एक बोर्ड लग गया-मुमताज नगर। तब से यह मुमताज नगर हो गया। खुदा जाने लेखपाल के खाते में यह तरमीम हुआ या नहीं।

जब गाँव है, तो गाँव वाले भी होंगे, 8-10 ब्राह्मणों के घर, 60-70 कुर्मियों के, सौ सवा सौ अनुसूचित जाति के, इतने ही मुसल्मान, 4-6 घर लाला-बनिया, जायके के लिए एक आध घर यादव का है। दो-चार घर और दीगर जातियों के होंगे। गाँव में प्रभावशाली वर्ग कुर्मियों का है जो ज्यादेतर काश्त वाले हैं। गाँव के मसलों में इन्हीं की राय सबसे ऊपर होती है, क्योंकि यह आर्थिक व्यवस्था को संभालते हैं।

मुमताज नगर की बोली भदेस कनौजी है, जिसमें बृज का इक्का दुक्का शब्द प्रवेश कर जाता है। आजकल अंग्रेजी जमाना है, सो इसकी भाषा में अंग्रेजियत काफी घुस गयी है। चाहे लोग ठीक से न बोल पायें, मगर नौजवान अंग्रेजी जुम्लों का इस्तेमाल अपनी धाकड़ई पेलने के लिए जरूर करते हैं। 'लम्प सम' को अकसर 'लम-सम' कहते हैं।

पुख्ता सड़क से जब गाँव जुड़ गया, तब आधुनिक विचार भी सड़क के रस्ते गाँव में घुस आयें। टी.वी. लगा, तो लोग पिक्चर ट्यूब समझने लगे, एंटिना घरों के ऊपर बांधने लगे। टेलीफोन जुड़ा, तो डायल-टोन गायब हो गयी। बिजली लगी, तो फ्रिज चलने लगे, ट्यूबवेल तो पहले ही चलते थे। मोटर साइकिल अपने साथ क्लच, गीयर, पैडल, हैण्डिल, ब्रेक

यानी ढेर सारी अंग्रेजियत साथ लायी। अब धीरे-धीरे कार्य के बढ़ते चलन के साथ कुछ अंग्रेजी और बढ़ जायेगी। अजब नहीं कि कुछ दिन बाद लोग भैंस, पंडिया, गोबर, लीपना, होली, दीवाली, दशहरा भूल जायें।

गाँव के लोग शुरू से ही आपस में बहुत प्यार करते हैं। पहले प्यार के प्रति गाँव का रवैया सामन्तवादी था, लोग एक दूसरे का कत्ल कर देते थे, मगर जब से टी.वी., अखबार का चलन बढ़ा है, लोग प्यार को सहन करने लगे हैं। प्यार का सच्चा अर्थ लोगों ने फिल्मों से सीख लिया है कि यह तो शरीरों का नहीं, हकीकतन दो आत्माओं का मिलन है। ठीक इसी तरह पहले लड़कियों को चौका-चूल्हा, सिलाई-बुनाई सिखायी जाती थी, आज पढ़ाई-लिखाई, उठने-बैठने, कपड़े पहनने, बात करने और बाल कटवाने-सुंदर दिखने की तालीम दी जाती है। अब तो लगता है कि वाकई मलिका-ए-हुश्न मुमताज महल की यादगार में इस गाँव को बादशाह सलामत शाहजहाँ ने बसाया होगा।

यहाँ एक शब्द बहुत इस्तेमाल हुआ है—'सुक-सुक'। यह बहुत विस्तृत अर्थों वाला शब्द है। जैसे शहर में आफवाहें गश्त करती हैं, वैसे ही मुमताज नगर में सुक-सुक होती है। सुक-सुक ही आपको गारण्टी से बताती है कि फलाने की जवान कुँवारी लड़की को फलाने आदमी से गर्भ ठहर गया था कि वह लड़की कल ही अपना चौमासा गर्भ गिराकर शहर से लौटी है। किसी विवाहिता औरत के विवाहेतर मोहब्बत की चर्चा का जरिया भी सुक-सुक है। आप किसी गर्मागर्म खबर का श्रोत पूछें तो जवाब मिलेगा, हमें नहीं मालूम, मोहल्ले में सुक-सुक है। यह सुक-सुक खुदा की मानिन्द अन्तर्यामी है, जर्रे जर्रे में समायी है मुमताज नगर के।

सुक-सुक जैसा ही एक और शब्द यहाँ चलता है मिस्कौट। पता नहीं कैसे रानीखेत (जिला अल्मोड़ा) कोतवाली की एक पुलिस चौकी का नाम मिस्कोट पड़ गया। मिस्कौट का शाब्दिक अर्थ 'योजना' लगता है। लेकिन इस गांव में मिस्कौट जिस अर्थ में इस्तेमाल होता है, उससे इसका अर्थ 'आपराधिक योजना' लगता है। मिस्कौट होने के बाद ही किसी प्रेमी या प्रेमिका के जीवन का फैसला होता है। आपका जीवन यदि प्रेम पूर्ण है, तो आप मिस्कौट होने के पहले तक खुश रहिये, प्रेम करते रहिये। मिस्कौट के बाद तो बस आपकी कहानी रह जायेगी, जो पुलिस की फाइलों में दर्ज होती हैं। कहीं इसी कारण तो रानीखेत वालों ने अपनी पुलिस चौकी का नाम मिस्कौट नहीं रख लिया था।

सुरते लोग ऐसी मिस्कौट बनाते हैं कि पुलिस जांच में यह भी सामने न आ सके कि कत्ल की प्रेरणा उनकी है, कत्ल कोई दूसरा करे और मृतक की तरफ से नामजदगी किन्हीं और पैसे में मजबूत आसामियों की करा दी जाये ताकि दौरान मुकदमा उनकी आर्थिक मजबूती ढीली पड़ जाये और वह औसत मुमताजनगर वासी की तरह जमीन पर चले, आसमान में उड़ना छोड़ दे। यह एक तीर से पांच शिकार करने के बराबर है, जिसे गाँव वाले अक्सर करते हैं। फिर गवाह होस्टाइल करके कत्ल के मुकदमों में भी समझौता करा देते हैं। यह अक्ल का खेल है, जिसे कोई शातिर वकील देख ले तो उसकी अक्ल चकरा जाये। इसी को कहते हैं कि बिस्तर पर भी हम, डोली के साथ भी हम।

जब से टेलिफोन आया है, गांव की जुबान पर कुछ नयी कहावतें चढ़ गयी हैं। किसी के घर बच्चा न हो तो पहले लोग उसे कमजोर, हिजड़ा कहते थे। यदि वह दुबला पतला हो और उसकी बीबी मजबूत और भारी भरकम हो तो "जबर देवी, निबल पंडा" कहते थे, अब कहते हैं कि उसके 'डायल टोन' नहीं है। एक साहब, जो ट्रेजरी में बाबू हैं, के दस बरस से औलाद नहीं हुई, तो लोग कहते थे कि या तो बाबू जी के डायल-टोन नहीं है या चाची जी के 'डबल लाक" लगा है। 'डबल लाक' सरकारी ट्रेजरी में इस्तेमाल होता है, जिसका कितना सुंदर उपयोग किसी होनहार ने किया है।

गरज यह कि हमारे गांव में कोई बात सीधे तौर पर न कहकर उल्टे तौर पर कहने का रिवाज है। हर बात यहाँ एक मजाक होती है, जिसका गूढ़ार्थ ज्ञानी लोग खोज ही लेते हैं। एक आदमी साईकिल का ज्यादे इस्तेमाल करता है, एक दिन उसकी साईकिल का रिम टूट गया, उसके लड़के से पूछा कि तुम्हारे पिता जी क्या कर रहे हैं। लड़का निर्विकार भाव से कहेगा कि उनकी टांग टूट गयी है, प्लास्टर करवा रहे हैं। आप अगर गांव के नहीं हैं तो संवदेना प्रकट करेंगे, तब वह बतायेगा कि बाबूजी साईकिल ज्यादे चढ़ते हैं, आज उनकी साईकिल का रिम टूट गया है, ठीक करवा रहे हैं।

मजाक के लेबिल पर यहां दादी, मौसी, बुआ, चाची, बहिन का कोई भेद नहीं। इस सम्बन्ध में आम नियम यह है कि जो आदमी आपसे मजाक कर रहा है, आप उससे मजाक कर सकते हैं। भतीजे की मम्मी चाचा की

भाभी हुई। भाभी से मजाक का रिश्ता पुराना है। चाचा ने भतीजे से कहा कि भाभी (भतीजे की मम्मी) का उठना-बैठना आजकल बदनाम जगहों पर हो रहा है, तो भतीजा तपाक से कहेगा कि मेरी मम्मी अपनी सास (चाचा की मम्मी) को ढूंढने उस बदनाम जगह पर गयी थी, जहाँ वे (दादी) आजकल रहती हैं। यदि दादी जीवित नहीं तो भतीजा यह भी कह सकता है कि मम्मी बुआ (चाचा की बहन) को तलाश करने की गरज से बदनाम अड्डे पर गयी होंगी।

दूसरे के फटे कपड़े में टांग फंसाकर उसे उधेड़ डालना; पैसे से मजबूत आदमी का पैसा कैसे खरच हो जाये, इसकी मिस्कौट बनाना; शाम होने पर किसी मुरगे का फंसाना ताकि मधुशाला में छककर दारू पी जाये। कौन-सी ऐसी ताजी जवान कन्या हुई है जिससे सुरक्षित रूप से यौन सम्पर्क साधा जा सके। ऐसे आसामी की तलाश करना जो कर्ज दे, मगर वापसी के लिए तगादा करने में डर जाये। ऐसे खेतों की तलाश, जहाँ से नीबू, मूंगफली, आम, हरी मिरच, पपीता, आलू, शकरकन्दी चुराकर हासिल की जा सके अथवा जहाँ सुरक्षित यौन सम्बन्ध बनाया जा सके; ऐसे सरकारी मुलाजिमों की तलाश जिनकी काली करतूतों की पोल खोल देने की धमकी देकर कुछ जमीन अपने नाम करायी जा सके या कुछ पैसा मिल सके-यह जीवन है, जिसे मुमताज नगर पिछले सौ साल से जी रहा है। सच मानिये, यदि यहाँ ईर्ष्या, द्वेष चोरी-चकारी न हो तो जिन्दगी बेहद मुश्किल हो जाये और लोग आत्महत्या कर लें।

आत्महत्या के नाम पर एक बात मेरे दिमाग में कौंध गयी। अंग्रेजी अमलदारी में यहां लोग कत्ल करके फांसी पा जाना शौक समझते थे, मगर आत्महत्या नहीं करते थे। पिछले 20-25 साल में यहां लोगों को आत्महत्या का शौक चर्राया है। साल में औसतन एक आदमी तो इस तरह मर ही लेता होगा। आजकल आधुनिक स्तर पर इसका रिवाज है। गेहूँ में डालने वाली सल्फास की एक गोली अब हर बीमारी का इलाज है। गोली खाकर मरीज जिले (फर्रूखाबाद) पर डॉक्टर चतुर्वेदी की क्लीनिक पर जाता है, जो इस बीमारी के माहिर बताये जाते हैं। मरीज पहुँचते ही वे भर्ती कर लेते हैं, पुलिस को एक रूक्का भिजवाते हैं (पुलिस से उनके अच्छे सम्पर्कों की बात आम है), कुछ इलाज जैसा करते हैं, लाश पोस्टमार्टम को जाती है, घर वाले को चार पांच हजार की थूक तब तक लग जाती है।

मुमताज नगर आस-पड़ोस के छोटे गांवों के बीच सबसे बड़ा और नम्बरी गांव है। आपको सब्जी लेनी हो, गेहूँ लेना हो, बच्चे को पढ़ाना हो, शादी करना हो, सुरक्षित इश्क करना हो, मुमताज नगर आइये। यहां सब कुछ मिलता है, आपके जेब में वाजिब दाम हों तो। गांव वाले पड़ोसी गांव के निवासियों पर लानत भेजते हैं, जो उनके गांव को "मोहताज नगर" कहकर पुकारते हैं। भला यह भी कोई हिमाकत है कि शहंशाह शाहजहाँ की बीबी मुमताज महल के नाम पर बसे गांव का मखौल उड़ाया जाये। अबकी दशहरे में सिर न फोड़ दिया सालों का, तो कहना। जब देखो मादरचोदों को, तब साइकिल लिए मुंह उठाए मुमताज नगर की ओर दौड़े चले आते हैं। कमबख्तों की गांड में अबके डण्डा न ठूंस दिया तो हमारे गांव का नाम बदल देना। भैनचोद, कमीने, पाजी।

मुमताज नगर की दो-चार अदद ताजी टटकी गालियां सुनकर आपके मन में बुलबुले फूट रहे होंगे। ये गालियां यहां हर वक्त दी जाती है। यह जरूरी नहीं है कि इनका पात्र कोई व्यक्ति ही हो। किसी समस्या को भी इंगित करके गाली दी जा सकती है। प्रोब्लेम है भैनचोद। यदि कभी आपकी तैनाती यहाँ के स्कूल, अस्पताल, घोड़ा-अस्पताल, पुलिस या माल महकमें में हो जाये, तो डरियेगा नहीं। दो-चार महीनों में आप गालियां देने में माहिर हो जायेंगे और आपकी जेबें पैसे भरने में।

पैसा यहाँ बहुत है और सारी लड़ाई पैसे की ही तो है। खेती मटियार है, काश्त बहुत अच्छी होती है। आलू, गेहूँ, गन्ना, तम्बाकू ने काश्तकार को अमीर कर दिया है। क्या हुआ जो यहाँ के वासिंदे गाली देते हैं। दुधारू गाय की चार लातें सहन करना सीखिए जनाब। जिसकी यहाँ तैनाती होती है, वह जवान होकर आता है और पेंशन लेकर जाता है या यहीं बस जाता है। इस बात को ठीक से समझिये, मैंने इशारा दे दिया। गांव में कहावत भी है, अक्लमंद को इशारा काफी।

●